马克思主义理论研究和建设工程重点配套用书

《中国近现代史纲要》实践教程

主　审　张新光
主　编　陈园园　张岩竹　迟青峰
副主编　张弘毅　韩　玉　陈　红　赵　静

中国出版集团
中国民主法制出版社
全国百佳图书出版单位

图书在版编目（CIP）数据

《中国近现代史纲要》实践教程 / 陈园园，张岩竹，迟青峰主编 . —北京：中国民主法制出版社，2021.12

ISBN 978-7-5162-2734-3

Ⅰ . ①中… Ⅱ . ①陈… ②张… ③迟… Ⅲ . ①中国历史 – 近现代 – 高等学校 – 教材 Ⅳ . ① K25

中国版本图书馆 CIP 数据核字（2021）第 271739 号

图书出品人： 刘海涛
出版统筹： 石 松
责任编辑： 姜 华 高文鹏 鲁铁凡

书 名 /《中国近现代史纲要》实践教程
作 者 / 陈园园 张岩竹 迟青峰 主编

出版 · 发行 / 中国民主法制出版社
地址 / 北京市丰台区右安门外玉林里 7 号（100069）
电话 /（010）63055259（总编室） 63058068 63057714（营销中心）
传真 /（010）63055259
http：// www.npcpub.com
E-mail：mzfz@npcpub.com
经销 / 新华书店
开本 / 16 开 787 毫米 × 1092 毫米
印张 / 15 **字数** / 309 千字
版本 / 2022 年 1 月第 1 版 2022 年 1 月第 1 次印刷
印刷 / 北京荣玉印刷有限公司

书号 / ISBN 978-7-5162-2734-3
定价 / 46.00 元

前言
PREFACE

“中国近现代史纲要”课程是全国高校公共必修的一门思想政治理论课。这门课程通过讲授中国近代以来抵御外来侵略、争取民族独立、推翻反动统治、实现人民解放的历史，帮助学生了解国史、国情，深刻领会历史和人民是怎样选择了马克思主义，选择了中国共产党，选择了社会主义道路，选择了改革开放。近年来，高校贯彻落实中共中央办公厅、国务院办公厅印发的《关于深化新时代学校思想政治理论课改革创新的若干意见》和《新时代高校思想政治理论课教学工作基本要求》（教社科〔2018〕2号）等有关文件精神，全国高校在推进思想政治理论课建设方面进行了不懈的努力和有益的探索，取得了显著的成效。

本书在体例上严格遵循教材内在逻辑，以专题内容呈现。每个专题由理论知识模块、实践教学模块、自主学习模块、训练考查模块构成。在内容上，本书以教材为依据，适当增加历史资料，并借鉴了历史学界的最新研究成果。编著本书的主要目的是尽量为教师提供案例素材，为教师教学设计与实践提供思路，通过教师的教学设计与实践，为学生的自学提供辅导，使同学们能在短时间内掌握知识要点和最新史学观点，并通过课堂实践、自主学习和训练考查，检验教学、学习的整体效果。

本书是以浙江省和宁波市高校思政名师工作室和宁波市“新时代思想政治理论与实践”基地为平台，在结合地方实际、总结教学改革和实践经验的基础上编写而成的。在编写过程中，我们严格遵循高等教育出版社出版的全国统编教材《中国近现代史纲要（2021版）》的基本观点，并努力借鉴、学习、包容、吸收了学术界最新观点和前人的研究成果。

我们希望这部教辅书的编写出版能对进一步推动思想政治理论课的针对性、实效性起到积极作用；也期冀能在提高和增强教学水平、创新教学方式等方面起到借鉴作用。当然，我们也只是总结出了阶段性改革和实践的成果，书中难免存在许多不足和缺点，希望专家、老师们提出宝贵意见和建议，帮助我们更好地完善。

此外，本书作者还为广大一线教师提供了服务于本书的教学资源库，有需要者可致电13810412048或发邮件至2393867076@qq.com。

目　录

CONTENTS

第一章

进入近代后中华民族的磨难与抗争

一、理论要点

（一）内容提要

本章主要讲述资本－帝国主义对中国的入侵、中国人民反抗外来侵略的斗争，以及中国社会性质的变化和近代中国的主要矛盾和历史任务，让学生了解中国半殖民地半封建社会是如何形成的，知道近代中国反侵略战争的正义性和必要性，认识到近代中国的主要矛盾以及近代中国两大历史任务的相互联系。

（二）教学目的

运用马克思主义唯物史观分析鸦片战争前后的中国社会，了解鸦片战争发生发展的过程及结果，明确鸦片战争是中国三千年未有之大变局的开始，是中国近代史的开端，了解资本－帝国主义入侵中国及其与中国封建势力相勾结，给中国人民带来的深重苦难，了解近代以来中华民族面对的两大历史任务及其与中华民族伟大复兴的相互关系。

（三）教学要点

1. 中国半殖民地半封建社会的形成
2. 近代中国的反侵略战争
3. 近代中国民族意识的觉醒

（四）关键词

鸦片战争;《南京条约》；半殖民地半封建社会；反抗侵略;《辛丑条约》；民族觉醒

二、理论知识

中国古代社会经济和文化的发展都对人类的文明作出了巨大贡献，只是到了近代，特别是鸦片战争后，由于帝国主义的侵略，中国才积贫积弱。学生应正确认识近代中国革命的任务和性质，了解近代中国半殖民地半封建社会的形成及基本特征，明确近代中国的阶级状况、主要矛盾和历史任务，从而对半殖民地半封建社会的基本国情有一个整体的把握和充分的了解。

（一）中国半殖民地半封建社会是如何形成的

早在 18 世纪中叶，英国已经在西方各国的对华贸易中占据首要地位，工业革命开始后，英国对华贸易进一步扩大。然而由于中国自给自足的自然经济，近代资本主义国家在与中国的对外贸易中，并没有占到多大便宜，总是处于贸易入超状态。这时候资本主义国家对中国的鸦片输入已经构成其掠夺中国的前奏，鸦片的输入也使得中国人民身体素质大幅降低，白银大量外流，腐蚀了整个中国社会。

1. 鸦片战争——中国半殖民地半封建社会的起点

鸦片战争的发动是英国资产阶级蓄谋已久的事情。早在1832年，英国东印度公司在广东商馆的职员胡夏米等人就受命乘坐阿美士德号，从澳门出发，进行侦探活动，他们在经商和传教名义的掩护之下，收集了有关中国东部沿海的大量情报。根据这些情报，代表鸦片贩子利益的胡夏米，制定了对华侵略的具体作战方案，并以私人信件的方式向英国大臣巴麦尊谏言献策。

1839年8月5日林则徐禁烟的消息传到了伦敦，引起英国资产阶级强烈的战争叫嚣。1840年6月，英国政府发动了对中国的侵略战争，以大炮保护鸦片贸易。战争开始后，清军节节败退，道光帝任命琦善为钦差大臣赴广东和英国举行议和谈判，同时将林则徐、邓廷桢革职查办。此后英军节节进逼，1842年8月，英国舰队主力80余艘军舰闯入南京下关江面，进逼南京，清政府完全丧失了抵抗的信心和能力，被迫求和，与英国签订了丧权辱国的《南京条约》。

中英《南京条约》是中国近代史上第一个不平等条约，其后英国又先后与中国订立了《五口通商章程》和《虎门条约》作为《南京条约》的补充内容，英国侵略者在中国攫取了多项特权：

第一，强占香港。条约规定清政府将香港割让给英国，英国建立了其在香港的殖民统治，香港亦成为英国侵略中国的重要基地。

第二，勒索赔款。中国赔偿英国鸦片贩子烟价600万银圆，军费1200万银圆，偿还商业欠款300万银圆，共计2100万银圆。这笔巨款相当于当时清政府全年收入的1/3。

第三，五口通商。《南京条约》规定，开放广州、福州、厦门、宁波、上海五处作为通商口岸，允许英国在各通商口岸派驻领事，设立领事馆，管理英国通商事宜。自此，中国东南沿海门户大开，资本主义国家商品汹涌而来。《虎门条约》还允许英国人在五口租地建屋永久居住，这成为租界的来源，外国侵略者以租界为据点，不断加强对中国的控制和掠夺。

第四，协定关税。中国丧失了关税自主权。《五口通商章程》还规定了“值百抽五”的超低税率，为外国资本主义对中国的商品倾销和原料掠夺提供了便利的条件。

第五，领事裁判权。中国与英国之间的诉讼应由英国领事进行调停，英国人犯法要按照英国法律进行审判，这就是所谓的治外法权，严重破坏了中国的司法主权。中国人不仅无权管理外侨，而且也不得进行自我保护，外国人在中国的土地上可以为所欲为，不受中国法律约束。

第六，片面最惠国待遇。各国在华享有的特权和利益，英国都要有一份。这种“利益均沾”，并不是指中国和英国之间的相互平等待遇，而是指英国单方面在华享有片面最惠国待遇，无论哪个国家对华侵略的得逞，都是所有外国列强侵略中国的成功，这就使得资本主义各国在中国的侵略形成了一个无形的联合阵营，成为中国难以挣脱的枷锁。

为了索取更多的特权，英、法两国在美、俄两国的支持之下，于1856年对中国发动了第二次鸦片战争。之所以叫第二次鸦片战争，是因为这次战争是鸦片战争的延续，西方资本主义国家的目的是在打开中国国门的情况下继续扩大其侵略利益。这次战争历时四年多，英法联军所到之处，烧杀劫掠无恶不作，腐朽的清政府根本不能抵挡外国侵略者的铁蹄，被迫与英法签订了不平等的《天津条约》和《北京条约》，还签订了中俄《瑷珲条约》《北京条约》和中美《天津条约》。第二次鸦片战争加速了西方侵略者与中国封建统治者的勾结。

鸦片战争的失败使得清政府与帝国主义国家签订了一系列不平等条约。帝国主义国家抢占了中国的大片领土，并攫取了许多政治经济特权，中国开始丧失了独立的主权，领土完整遭到破坏，清政府逐渐沦为资本–帝国主义统治中国的工具。首先，帝国主义国家夺去了香港和北方的大片中国领土，中国的领土主权遭到破坏。其次，通过签订不平等条约，帝国主义国家还获得了巨额的军事赔款，甚至和清政府商定通过“协定关税”来偿还，中国的关税主权也开始丧失，自给自足的自然经济开始解体，甚至阻碍了初生的民族资本主义经济的发展。第三，在帝国主义国家强迫之下，中国开放了许多通商口岸，允许帝国主义国家设立租界并享有领事裁判权，中国的领土主权进一步遭到破坏，租界也进一步成为帝国主义国家侵华的据点和大本营。最后，允许帝国主义国家在内河和沿海航行通商以及片面最惠国待遇，进一步打开了中国的大门。

鸦片战争之后，帝国主义和中华民族的矛盾开始上升为社会的主要矛盾，农民和地主阶级的矛盾从属于这个主要矛盾，中外反动势力开始相互勾结利用，共同镇压中国人民的反抗斗争，使中国在半殖民地半封建的道路上越走越远。面对帝国主义和封建主义的双重压迫，争取民族独立、实现人民解放，成为中国人民最主要的任务。因此鸦片战争既是中国沦为半殖民地半封建社会的起点，也是中国人民反帝反封建的起点，是中国近代史的开端。

2. 甲午战争——中国半殖民地半封建化程度的加深

19世纪70年代，世界主要资本主义国家开始向帝国主义过渡，明治维新之后的日本也急需从对外扩张的道路当中寻求对外商品输出和资本输出。此时的中国正处于清朝晚期，政治腐败，人民生活困苦，国防军事软弱，特别是中国在中法战争中的不败而败使清政府的软弱暴露无遗，更加助长了西方列强侵略中国的野心。在这种情况下，日本于1894年悍然发动侵略朝鲜和中国的战争。虽然中国一部分爱国将领和官兵进行了顽强勇敢的抵抗，但当时掌握朝廷大权的官员从战争开始就想着和日本求和，根本不打算使战争进行下去。在战场上连连失利的情况下，清政府接受了丧权辱国的《马关条约》，同意了日本的各项无理要求。

《马关条约》规定：中国承认朝鲜完全独立；中国割让辽东半岛及其附属岛屿、台湾及其附属岛屿和澎湖列岛给日本；中国赔偿日本军费白银2亿两；中国开放沙市、重庆、苏州、杭州为通商口岸，日本可以在各通商口岸设立领事馆；中国允许日本人在中国通商口岸开设工厂，其产品免征各项内地税，日本的货物可以设货栈寄存。

《马关条约》的签订使日本实现了20多年的扩张目标，把朝鲜成功地变成了侵入中国的桥头堡。清政府把辽东半岛、台湾岛及其附属岛屿和澎湖列岛割让给日本，严重地破坏了中国的独立和主权。日本侵占台湾后，不仅对台湾同胞进行了残酷的殖民剥削，而且据此对中国东南沿海进行大肆侵略。巨额的赔款也加剧了清政府的财政负担，2亿两白银相当于清政府三年的财政收入，国库的空虚使清政府只能加大税收力度，统治者把这些赔款全部转嫁到人民的头上，使人民更加处于水深火热之中。而且《马关条约》进一步扩大了帝国主义国家在华的通商特权，列强纷纷援引“利益均沾”的条款，纷纷在中国开设工厂，掠夺中国的廉价原材料和劳动力，严重阻碍了中国民族资本主义的发展。总的来说，《马关条约》的签订使得帝国主义国家对中国的侵略进入到以资本输出为主要手段的新阶段，中国的半殖民地化程度大大加深了。

3. 八国联军侵华战争——中国半殖民地半封建社会的形成

19世纪末，帝国主义国家掠夺和瓜分中国的狂潮给中国人民带来了深重的灾难，造成了空前严重的民族危机，中华民族到了生死存亡的关头。在这种形势下，义和团运动爆发，以“扶清灭洋”为口号兴起的义和团运动是一场农民阶级发起的反帝爱国运动，也是“近代以来广大人民群众反洋教斗争的总汇合”。义和团运动刚刚兴起，就因旗帜鲜明地反对帝国主义侵略，遭到了一切帝国主义及反动势力的歪曲和污蔑。义和团运动席卷京津，波及全国，严重威胁了帝国主义在华的侵略利益。

面对这场农民运动，清政府再次暴露了其一贯的丑陋嘴脸：一方面伪装支持义和团的发展，以欺骗和控制义和团；另一方面调兵遣将，对其进行武力镇压。在这种情势之下，义和团运动仍旧迅猛发展起来，引起帝国主义的极度恐慌，列强谋划直接进行武装干涉。1900年5月28日，英、美、俄、日、法、德、意、奥八国，正式决定联合调兵进京镇压义和团，发动了罪恶的八国联军侵华战争。面对八国联军的入侵，清政府内部分成两派，一派主张镇压义和团使列强失去继续战争的理由，一派主张利用义和团抵抗帝国主义的侵略。就在慈禧太后举棋不定之时，其收到了列强“勒令太后归政”的谎报而恼羞成怒，发布宣战诏书。8月14日，八国联军侵占北京，慈禧太后仓皇出逃，于途中下令剿杀义和团，并请求八国联军“助剿”，八国联军所到之处，杀人放火，奸淫抢掠，无恶不作，京津一带大多变成一片废墟。

早在北京陷落之前，慈禧太后就任命李鸿章为议和大臣，从广东进京与帝国主义列强进行和谈。1900 年 12 月 24 日，列强向清政府提出《议和大纲》12 条，慈禧太后渐渐明白列强并未把自己当成罪魁祸首加以惩处，喜出望外之下，表示全部应允。经过对各自利益的激烈争辩，1901 年 9 月 7 日，英美等十一国强迫清政府签订了《辛丑条约》，其主要内容为：第一，向中国勒索巨额赔款，赔款总数达白银 4.5 亿两，分 39 年还清，加上利息共计 9.8 亿两，以关税、盐税、厘金支付，也就是说除了田赋以外，中国所有的税收皆由帝国主义国家控制，中国的经济几乎陷入绝境。第二，拆毁大沽炮台及北京城至滨海间交通要地的各个炮台，北京到山海关的铁路沿线由外国派兵驻守。第三，划定使馆界，并准许列强驻兵，中国人不准在界内居住。允许帝国主义列强在中国驻军，使北京城完全处于外国军队的监视之下。第四，永远禁止中国人成立或加入任何反帝性质的组织，违者处死，清朝政府官吏要负责替侵略者弹压、惩办人民的反抗，镇压不力或不及时者“即行革职，永不叙用”。第五，总理衙门改为外务部，班列六部之首。外务部成为清政府专门为帝国主义服务的机构，标志着清政府完全成为一个“洋人的朝廷”，完全成为帝国主义控制中国的工具。

《辛丑条约》是帝国主义对中国进行的一次空前的敲诈和勒索，也是清政府对中华民族利益的一次空前的大出卖，以慈禧太后为首的清政府完全成为帝国主义列强在华的代理人。清政府与帝国主义列强相互勾结起来，共同奴役中国人民，帝国主义在中国的统治秩序基本上确立起来，中国完全沦为半殖民地半封建社会。

自鸦片战争以来，清政府被迫与西方列强签订了一系列不平等条约，并对中国进行了惨无人道的掠夺和剥削，把中国变成其最大的商品倾销市场和原料产地，中国人民从此坠入苦难的深渊。尽管帝国主义的侵略在客观上对中国的政治、经济、文化的现代化起了一定积极的作用，但效果甚微。总的来说，近代以来资本－帝国主义对中国的侵略，是近代中国一切灾难的总根源。

资本－帝国主义对中国的侵略是非正义的战争，其主观目的是以武力打开中国国门，将中国变成其资本和产品的倾销地，使中国成为完全的殖民地。尽管在侵略过程中产生了一些客观效果，比如促进了中国资本主义经济的发展，激发起中国人民的民族感情，促使清政府进行改革以实现救亡图存，但是与帝国主义国家造成的破坏相比，这些都显得微不足道，他们只是“充当了历史的不自觉的工具”。更重要的是要真正获得这些客观作用所带来的成果，中国必须是一个完全实现民族独立的自主国家，而当时的中国国家主权早已被各种不平等条约破坏殆尽。中国广大人民群众从未放弃过反侵略的战争，力图收复国家的主权和领土，把中国从资本－帝国主义的侵略铁蹄之下解救出来。

（二）如何认识近代中国的反侵略战争

在中国近代的百年时间里，英、美、俄、日、法等资本主义列强对中国发起了大大小小的侵略战争，有数百次之多，其侵略手段对中国造成的损失难以估量。近代中国最终没有沦为完全的殖民地，其中一个原因就是中国人民的反抗斗争，不论是普通大众还是爱国官兵，都为抵抗列强的侵略做出了巨大贡献。尽管由于各方面原因，这些大大小小的反侵略战争没有取得完全的胜利，但在很大程度上也震慑了西方列强，牵制了侵略者的兵力，延迟了中国沦为半殖民地的进程。

1. 普通大众的反侵略斗争

在鸦片战争爆发后的第二年，广州三元里一带的农民首先发起了反抗英军侵略的斗争，与清政府的软弱妥协相比，三元里民众展示了中国人民所蕴含的伟大力量。鸦片战争之后，外国侵略者的残酷掠夺及清政府的搜刮，使广大农民的生活陷入了绝境，太平天国运动正是在这样的情况下爆发的。太平军英勇抗击外来侵略，屡次重创敌军，于1862年9月击毙“常胜军”的统领华尔，沉重打击了外来侵略者的嚣张气焰，但是太平天国运动由于遭到清政府和外国侵略者的联合绞杀，最终以失败告终。太平天国之后，农民在反洋教斗争中也起到了坚决反抗列强侵略的作用。鸦片战争之后，资本－帝国主义列强披着宗教的外衣，加紧了对中国的文化侵略，帝国主义传教士实际上充当着侵略中国的“急先锋”，他们到处利用特权搜集情报，为殖民主义提供便利，有些教堂甚至非法地组织武装力量，把枪口对准中国人民，最终激起了中国人民的反抗。以“扶清灭洋”为口号的义和团运动于1900年爆发，这是一次以农民为主体的人民群众的反帝爱国运动，是甲午战争之后中国人民反抗外来侵略、反对瓜分狂潮的高峰，也是之前反外国教会侵略斗争的继续与发展。义和团运动在短短几个月时间内席卷全国20多个省份，爱国群众奋起反抗帝国主义侵略，使西方侵略者意识到中国社会存在的巨大的反抗力量，在一定程度上阻止了西方列强瓜分中国的进程。

2. 爱国官兵的反侵略战争

鸦片战争前期，西方殖民者通过罪恶的鸦片贸易，对中国进行经济侵略，这使中国大量的白银外流，清政府财政陷入绝境。鸦片的泛滥也严重损害了社会风气，一些有识之士主张严禁鸦片贸易，林则徐成为禁烟的钦差大臣，在1839年4月到5月间，从毒贩的船上缴获了2万多箱鸦片，全部当众在虎门销毁。林则徐领导的禁烟运动是清朝官兵也是中国人民反抗外国侵略的正义战争，显示了中华民族反对外来侵略的坚强决心，揭开了中国人民反侵略战争的序幕。在鸦片战争中，东南沿海和长江流域的中国官兵奋勇抵抗英国侵略。第二次鸦片战争当中，爱国官兵与英法联军血战大沽口。中法战争当中，台湾守军主帅刘铭传英勇抗击法军，取得淡水大捷，老将冯子材取得了镇南关大捷。甲午战争当中，左宝贵指挥爱国官兵血战平壤，最终不幸身亡。黄海海战当中，北洋海军与日本海军英勇战斗，邓世昌指挥的致远舰勇往直前，全舰200多名战士壮烈牺牲。抗击八国联军的斗争当中，董福祥、聂士成所部清军在廊坊阻击八国联军，取得了廊坊大捷，迫使侵略军退回天津，在侵略者疯狂反扑的时候，聂士成指挥清军浴血奋战，亲自挥刀督战，最后血洒疆场。

3. 对反侵略战争的评价

近代以来中国人民的反侵略战争，虽然遭受了许多失败和挫折，但对中华民族和中国人民来讲，影响深远，意义重大。

中国人民的反侵略战争沉重打击了外来侵略者，粉碎了帝国主义瓜分中国的图谋。自鸦片战争以来，帝国主义步步紧逼，通过战争和不平等条约，使中国逐渐陷入了半殖民地半封建社会的深渊。但是中国人民的反侵略战争以及帝国主义国家之间彼此的冲突矛盾，阻碍了帝国主义侵略中国的步伐，使得他们中的任何一个国家都无法单独征服中国，也使得他们不可能共同瓜分中国，中国避免了完全沦为殖民地的厄运。中国人民的反侵略斗争，经常和反封建斗争相伴而行，最终汇成了一股历史潮流，破坏了清朝的政治根基，削弱了其赖以存在的经济基础，加速了清王朝统治的崩溃以及中国近代化的历史进程，中国人民的反侵略斗争鼓舞了中国民众的革命斗志，促进了中华民族的民族意识觉醒。在反侵略斗争当中涌现出了一大批仁人志士，他们没有被列强的坚船利炮所吓倒，而是怀着一颗赤诚之心，前赴后继，无所畏惧地同侵略者进行战斗，捍卫了国家的统一和民族的尊严，他们的精神鼓舞了一代又一代的中国人民，为民族独立、人民解放而努力战斗。

近代中国受到资本－帝国主义的侵略以来，中国人民就从未放弃过对外国侵略的抗争，无数大大小小的反侵略战争轰轰烈烈地展开，却总是未能取得最终的胜利，分析其原因，大概有两点：

一是社会制度的腐败，也就是清政府的腐朽。一方面，面对资本－帝国主义的侵略炮火，清政府总是对其屈服妥协，往往是不战而败，甚至是不败而败。以中法战争为例，这场战争中中国在军事上取得了胜利，然而清朝的统治者却把这一点当成与外国侵略者妥协求和的资本，最终接受了法国的侵略要求。另一方面，清王朝统治者害怕人民的反侵略斗争会危及其自身的封建统治，对于太平天国运动和义和团运动等采取镇压政策，帮助外国侵略者镇压中国人民的反抗斗争。

二是经济技术的落后。鸦片战争前中国自给自足的封建经济制度占据主体地位，经济技术的落后直接影响着国家的军事实力，因此近代中国的军事实力非常落后，与外国侵略者相比差距太大。人数不多的西方列强之所以敢到中国本土发动大规模的侵略战争，就是仰仗着自己先进的军事武器。与此相比，中国的武器装备落后，思想陈旧，将领临阵脱逃，根本不具备指挥战争并取得胜利的素质。

（三）近代中国的民族意识是怎样觉醒并形成中华民族共同体认识的

近代中国民族意识的觉醒总是伴随着西方列强对中国的侵略所造成的民族危机，以及仁人志士想要救国救民的强烈愿望。

首先，鸦片战争使得中国人民的民族意识开始萌发，殖民者以鸦片战争的炮火惊醒了闭关沉睡的中国人，从此中国人民的民族意识在反侵略斗争中不断觉醒。林则徐是中国睁眼看世界的第一人，他组织人员翻译了大量西方书籍，介绍西方的地理、历史等情况，使人们不断了解外面的世界。魏源继承林则徐的思想，著成《海国图志》，提出了“师夷长技以制夷”的思想，然而林则徐、魏源的急切呼声，并没有唤醒沉睡中的清王朝。

第二次鸦片战争的失败使清王朝的统治陷入风雨飘摇中，洋务派开始登上历史舞台，试图从西方资本主义那里学习坚船利炮的技术，以维护清王朝的统治。洋务派先后创办了江南制造总局、金陵机器局、福州船政局、天津机器局等一系列军事企业。从19世纪70年代开始，洋务派转入了“求富”的阶段，在继续筹办军事工业的同时，采用“官督商办”“官商合办”等形式，着手筹办民用性质的厂矿企业，通过“求富”来达到兴商务以自强的目的，维护清王朝的封建统治。洋务派在军事方面筹办海防，相继向英德两国购买了各种船舰，建立了北洋、南洋、福建和广东四支水师。洋务派还创办了一些新式学校，兴办近代教育事业。然而甲午战争的失败宣告了洋务运动的破产，一些有识之士认识到物质技术的学习，只是舍本逐末，只有从政治制度上进行变革，才能从根本上自强起来。

随后中国出现了一股维新思潮。甲午战争血雨腥风的洗礼加剧了民族危机，唤醒了以救亡图存为己任的资产阶级改良派，他们掀起了一股资产阶级改良思潮，并迅速演变为一场变法维新的政治运动。1898年6月11日，光绪皇帝颁布《定国是诏》，宣布变法维新，但维新变法运动遭到以慈禧太后为首的顽固派的抵制和反对。9月21日，慈禧太后发动政变，维新变法运动失败。

以孙中山为代表的资产阶级革命派，是与资产阶级改良派同时登上政治舞台的。1894年冬天，孙中山在檀香山联合20多位爱国华侨，建立了中国资产阶级第一个革命团体——兴中会。1905年8月20日，中国第一个资产阶级革命政党——中国同盟会在东京正式成立，同盟会以“驱除鞑虏、恢复中华、创立民国、平均地权”为纲领，创立了民族、民权、民生的“三民主义”。“三民主义”是中国历史上第一个较为鲜明和完整的资产阶级民主主义纲领。同盟会成立之后，在全国各地举行了大大小小的起义，旨在推翻清王朝的残酷统治，1911年10月10日，武昌起义吹响了辛亥革命的号角，革命军在三天之内占领了武汉，成立了湖北军政府，在不到两个月的时间里，就有15个省市宣布脱离清政府的统治。1912年1月1日，孙中山在南京宣誓就职，改国号为“中华民国”，并正式成立南京临时政府。辛亥革命极大地促进了中国人民的思想解放，激发了人民的民主精神和革命精神，鼓舞了中国先进的知识分子为探索救国救民的真理而进行斗争的士气，其中“振兴中华”思想的提出，更为中华民族意识的觉醒发挥了重要作用。

中华民族共同体的形成是历史的产物，中华民族共同体是伴随着中国民族危机的加深、中华民族意识的觉醒而逐渐形成的。随着帝国主义与中华民族的矛盾不断加深，中国丢失了众多领土，边疆发生了众多危机，中国遭遇帝国主义列强瓜分的狂潮。这一悲惨命运将全国各族人民深刻地联系在一起，大家都紧密团结起来，共同抵抗侵略，争取中华民族的独立，虽然没有明确提出中华民族的概念，但已经形成了事实上的中华民族共同体。面对列强侵略，全国各个民族都严阵以待，誓死捍卫国家尊严和民族独立。

最早使用“中华民族”这个词的人是梁启超，1902年，梁启超在《论中国学术思想变迁之大势》一文中写道，“上古时代，我中华民族之有海权思想者，厥惟齐”，这是“中华民族”这个词首次出现。1912年，中华民国的成立使得“五族共和”“五族平等”的主张成为基本国策，对中华民族观念的确立和形成起到了极大的促进作用，辛亥革命构成了中华民族共同体的新起点。革命党人作为政治实体，将民族国家建构和作为社会实体的民族一体化建设结合起来，将中华民族作为国家建设的基石，他们基本上摆脱了种族革命、民族冲突的羁绊，更多地赋予其政治革命意义，他们以建立各民族平等的、以中华民族为现代民族国家基石的民主共和国为根本诉求，对内要实行各民族一律平等，对外要使中华民族成为世界民族之林中平等的一员。

总的说来，西方列强的侵略使中国人民认识到深刻的民族危机，在中国人民反抗侵略的过程当中逐渐形成了高度自觉的民族意识，也诞生了高度统一的中华民族共同体。

三、案例思考

案例 1

案例呈现

圆明园位于北京西北郊，建于明朝。康熙四十八年（1709年），清朝康熙帝把该园赐给四子胤禛（后来的雍正帝），并赐名圆明园。经雍正、乾隆、嘉庆、道光、咸丰五位皇帝150多年的经营，集中了大批物力，役使了无数能工巧匠，倾注了千百万劳动人民的血汗，把它精心建造成一座规模宏伟、景色秀丽的离宫。清朝皇帝每到盛夏就来到这里避暑、听政，处理军政事务，因此也称“夏宫”。

1857年，英国借口“亚罗号”事件，法国借口“马神甫事件”，联合出兵侵略中国，在侵占广州后，继续进攻北京，咸丰皇帝吓破了胆，派恭亲王奕䜣为钦差大臣，留守北京，主持议和，自己带着后妃、皇子、亲王和一批大臣，慌忙逃到热河行宫（今河北承德避暑山庄）。10月5日，英法联军兵临北京城下。根据俄国外交官伊格纳提耶夫提供的情报：清朝守军集中在东城，北城是最薄弱的地方，应先攻取，并听说中国清朝皇帝正在西北郊的圆明园。于是，英法联军绕过安定门、德胜门，进犯圆明园。10月6日，英法联军闯进圆明园，立即疯狂地进行抢劫。

清咸丰十年（1860年）英法联军攻占北京后，于10月6日占据圆明园，中国守军寡不敌众，圆明园总管大臣文丰投福海自尽，住在园内的常嫔受惊身亡。英法军队洗劫两天后，向城内开进。10月11日英军派出1200余名骑兵和一个步兵团，再次洗劫圆明园，英国全权代表詹姆士·布鲁斯以清政府曾将巴夏礼等囚于圆明园为借口，将焚毁圆明园列入议和先决条件。10月18日，3500名英军冲入圆明园，纵火焚烧圆明园，大火三日不灭，圆明园及附近的清漪园、静明园、静宜园、畅春园及海淀镇等均被烧成一片废墟，安佑宫中，近300名太监、宫女、工匠葬身火海，犯下了世界文明史上罕见的暴行。

首先闯入圆明园的是法国侵略军，他们见物就抢，每个法国士兵口袋里装进的珍品，都价值三四万法郎。他们空手而进，满载而归。在法国军营里，堆积着珍奇的钟表、五光十色的绫罗绸缎，以及珍贵的艺术品，价值达3000万法郎。英国侵略军虽然来迟了一步，但金银财宝也装满口袋；更可恶的是，对那些搬不走的大瓷器和珐琅瓶，他们打得粉碎。英法侵略军把圆明园抢劫一空之后，为了让清政府签署《中法北京和约》和《中英北京和约》，英国全权大臣额尔金在英国首相帕麦斯顿的支持下，竟下令烧毁圆明园。大火连烧三昼夜，使这座世界名园化为一片焦土。

英法联军火烧圆明园时，本意是将其夷为平地，但是由于圆明园的面积太大，景点分散，而且水域辽阔，一些偏僻之处和水中景点幸免于难。据同治十二年（1873年）冬查勘，园内尚存有建筑13处，如圆明园的蓬岛瑶台、藏舟坞、绮春园的大宫门、正觉寺等。第二次火烧圆明园是清光绪二十六年（1900年），八国联军入侵北京，再次放火烧圆明园，使这里残存的13处皇家宫殿建筑又遭掠夺焚劫。

这场浩劫，正如法国著名作家雨果所描绘的那样：有一天，两个强盗闯进了夏宫，一个进行抢劫，另一个放火焚烧。他们高高兴兴地回到了欧洲，这两个强盗一个叫法兰西，一个叫英吉利。他们共同"分享"了圆明园这座东方宝库，还认为自己取得了一场伟大的胜利。

——摘编自中国圆明园学会:《圆明园》，中国建筑工业出版社，2007年版

案例讨论

1. 圆明园的毁灭造成的损失为什么是不可估量的？

2. 假如此时你正在圆明园的废墟旁，你想说些什么？

3. 结合本案例谈谈侵略者在中国的所作所为是如何暴露帝国主义、殖民主义势力践踏文明的野蛮本性的？

案例点评

1856—1860年，英法发动了第二次鸦片战争。1860年10月，英法联军攻占北京，

咸丰皇帝逃往热河，英法联军侵入圆明园。圆明园是一座皇家花园，始建于1707年，由圆明、长春、万春三园组成，前后营建了151年，园中有200多座金碧辉煌的宫殿，收藏着难以计数的艺术珍品和图书文物。侵略者在被称为“万园之园”的圆明园疯狂抢劫3天，最后又将她付之一炬。熊熊大火烧了三天三夜，滚滚的浓烟遮天蔽日。法国大作家雨果说，把法国各大教堂的财富集中在一起，也抵不上一座圆明园。圆明园的“一个宫殿就需要金法郎四百万，而这样的宫殿圆明园就有两百座”。壮丽的世界奇观圆明园经侵略者的掠夺和焚烧，化为一片废墟。所以，我们常说圆明园是近代中国遭受苦难的缩影。

英法联军焚烧圆明园后，从留下的照片中可看出多数建筑残迹还较完整，清廷在三十多年间里仍将此当成重兵看守的禁苑，并进行了一系列修复工程，同治、光绪两代皇帝和慈禧太后也常到此巡游。1900年，八国联军入侵北京，不仅颐和园遭到一场洗劫(后于1903年修复)，圆明园遗址也遭彻底破坏。因管园的人员逃走，园内无以为生的闲散旗兵和城里流氓游民群起盗运建材。民国时期，遗址更无人看护，各派军阀乃至许多富户都到此搬运石料用来建墓修园，几十年间前来盗运的马车几乎每天络绎不绝，残垣简直成了“石料场”。直至中华人民共和国成立，圆明园遗址才得到保护，近些年并得到一定的修复。令人伤心不已的是，侵略者劫走的圆明园文物百年来长期在欧美市场上展览出售。直至2009年，圆明园鼠首与兔首铜像还在巴黎佳士得拍卖行被高价拍卖。无情的事实昭示着国人，英法联军号称“西方文明”的传播者，但在中国土地上竟是那样野蛮。圆明园的灾难也激起了无数中华儿女的自尊心和自强感，为使中国摆脱受西方歧视的地位而自立于世界民族之林，中华儿女不断抗争，不断奋斗。

19世纪到20世纪交替时期，西方列强掀起了瓜分中国的狂潮。11个国家通过与中国共同签署的《辛丑条约》调解了他们内部的利益矛盾。《辛丑条约》还把中国对其的一部分赔款转变成分期支付，这方便西方国家更容易长期控制中国自身的经济发展。从此，中国半殖民地半封建社会的统治秩序完全确立起来。中国半殖民地半封建社会正式形成了。

历史学家宋小庆和马执斌在《怎样认识近代中国人民的反侵略斗争》一文中指出，从所谓的“现代化理论”，到时下流行的新自由主义、“历史终结论”、新帝国主义等西方各主流学说，都自觉地为资本主义世界体系寻求历史和现实的依据。在它们的理论框架中，血腥的殖民侵略和惨烈的反侵略斗争被过滤、淡化，甚至消失得无影无踪。留下的只是“自由”“友谊”“发展”等一系列悦耳动听的谎言，以及一条必须跟着西方亦步亦趋发展的道路。因此，能否用历史唯物主义的观点正确认识中国近代历史，不只关系到我们民族的现在，而且关系到我们民族的未来。近代中国的基本矛盾是帝国主义和中华民族的矛盾、封建主义和人民大众的矛盾。中国所面临的两大任务是民族独立、人民解放，完成现代化以实现国家富强和人民幸福。然而，没有民族独立就没有真正的现代化，不推翻半殖民地半封建的统治秩序、粉碎旧的生产关系，不将中国人民从帝国主义和封建主义的压迫下解放出来，新的生产力就难以发展，全面建设更无法展开。

如今的圆明园遗址公园，以遗址为主题，形成了凝固的历史与充满蓬勃生机的园林气氛相结合的独特的旅游景观，既具有重大的政治历史价值，又是一处难得的旅游胜地。圆明园被毁的悲剧，曾是中华民族屈辱的象征，圆明园的重生，已经成为并将继续成为中华民族奋发图强、日益繁荣昌盛的见证。

案例 2

案例呈现

1885 年 2 月 23 日，法军攻占了中越边境上的重镇——镇南关（今广西友谊关），战火烧到中国境内，商民惊徙，游勇肆掠，逃军难民蔽江而下，广西全省大震，形势十分严峻。新任两广总督张之洞为挽回不利形势，起用了退职老将冯子材帮办广西关外军务。冯子材虽年近七旬，但因久任广西提督，三次出关，威惠素著，颇得桂、越人心，被新任广西巡抚李秉衡等前敌将领推为前军主帅。冯子材在中越人民高昂斗志的鼓舞下，团结各军将士，大力整顿溃军，迅速稳定后方，广泛联络边民，加紧修筑工事，积极准备反击侵略军，收复镇南关。法国侵略军慑于中国军民的强大声势，在炸毁镇南关后退到关外 30 里地的文渊城，伺机反扑。

法军退出镇南关后，冯子材移驻关内 8 里处关前隘。他和各军将领到前线反复勘察，选定形势险要的关前隘附近的有利地形构筑防御阵地，作为同法军进行决战的地点。关前隘在镇南关内约 8 华里（4000 米）处，东西两面高山夹峙，中间为宽约 2 华里（1000 米）的隘口。东面的大青山高 800 余米，向南倾斜与小青山相连，再南为马鞍山，一直延伸到镇南关的东面。西面的凤尾山高 600 余米，同样向南倾斜，直至龙门关，然后经一座大石山延伸到镇南关的西面。关前隘南面的谷地宽 2 华里（1000 米）多，谷地南端有几座小石山，往南直至镇南关都是起伏不平的山丘，统称横坡岭。冯子材命令部队在关前隘两旁的东西岭上赶修炮台多座，在隘口前抢筑了一条横跨东、西岭的土石长墙，墙外挖掘 4 尺宽的深堑，以利坚守，从而构成一套较完整的山地防御阵地体系。

冯子材周密布防后，便先发制人，于二月初六主动出击法军占据的文渊城，打乱法军侵略部署，提高了将士的战斗情绪。初七，尼格里为争取主动，率法军第二旅 2000 余人分三路发起攻击，进入镇南关，企图占领关前隘清军阵地。冯子材指挥苏元春、王孝祺等部迎击，战斗甚为激烈。当地壮、瑶、白、彝、汉等族人民也前来助战。越南人民闻讯，亦建立忠义军五个大团共 2 万余人在关外配合作战。经过一场激烈的白刃战，终于将法军逼离长墙，压下山谷。初八，法军分三路再次发起冲击。其主力猛扑关前，冯子材身先士卒，率部英勇杀敌。接着，发起声势浩大的反攻，以排山倒海之势向法军勇猛冲杀过去，进行围攻。经过两天的激战，中国军队取得大胜，法军全线崩溃，狼狈逃出镇南关，退到文渊城。前线中国将士群情振奋，乘胜追击逃敌，于二月初十攻克文渊城。十二日攻克驱驴，重伤法军总司令尼格里。十三日收复谅山。十五日收复屯梅、观音桥。十七日收复谷松。法军犹惊弓之鸟，一口气逃到郎甲、船头一带。

镇南关、谅山一役，法军伤亡近千人，冯子材领导中国军队取得了巨大的胜利，法国茹费理内阁也为此倒台。中国的胜利扭转了整个战局，冯子材决定于二月底三月初亲率东线全军进攻北宁、河内。但就在此刻，清廷下诏停战撤兵，彻底破坏了前线军民乘胜进军的作战计划。

——摘编自丁名楠等:《帝国主义侵华史》第1卷，人民出版社，1961年版

案例讨论

1. 中法战争是如何引起的？
2. 中国军队取得镇南关大捷的根本原因是什么？
3. 为什么说中法战争是中国“不败而败”，法国“不胜而胜”之战？

案例点评

镇南关大捷是中法战争期间，清军在广西镇南关（今友谊关）大败法国侵略军的著名战役，在中国近代反侵略战争史上占有重要地位。19世纪50年代，法国在远东地区积极推行殖民政策。1862年，法国吞灭越南的南圻诸省，70年代又把魔爪伸向北圻。中法战争是由于法国武装入侵越南，并企图以之为基地，进而入侵中国引起的，中国军民为阻止法国吞并越南和保卫祖国安全而进行的反侵略战争，完全是正义的战争。就军事而言，中国军民在此次规模远比两次鸦片战争还大的战争中显示了自己的决心和力量，并取得了最后的胜利。只是由于清政府的腐败无能，才出现了“不败而败”的可悲结局，从而在中国近代史上产生了极为恶劣的影响。首先，清政府的昏庸表现，进一步刺激了资本主义列强的侵华胃口，以致边疆危机愈益加重，10年后便发生了后果更为惨重的中日甲午战争。其次，随着外国资本主义势力侵略的扩大和深入，中国社会进一步地向半殖民地化方向沉沦。另一方面，通过中法战争，中国人民进一步意识到民族危机加剧和清王朝的颟顸无能，自觉和不自觉地为改变自己国家的命运而寻找新的出路，于是，资产阶级改良主义逐步汇合成为一股新的社会潮流，为后来的维新变法进行了必要的思想准备。此外，清政府总结中法战争经验教训，认识到海军力量薄弱是法军得以横行东南沿海的重要原因，从而得出了“当此事定之时，惩前毖后，自以大治水师为主”的结论，于是成立总理海军事务衙门，大力加速海军建设，于1888年正式建成北洋舰队，军事实力有所加强。

中法战争中，双方都投入了大量的兵力。法军总数最多时约2万人，武器装备先进，特别是海军舰艇居于明显优势。清军前后参战兵力达10余万人，主要是武器装备

远逊于敌的陆军部队，其所以能取得军事上的最后胜利，是诸多因素相互作用和发展变化的结果。其中，战争双方在战略运用方面的优劣得失，对整个战争的进程起着十分重要的作用。随着军事技术的发展和战争经验的不断积累，清政府在正式宣战后采取东南沿海防御、北圻陆路反攻的方针，与以往相比，战略指导上注入了新的活力。老将冯子材身先士卒，显示出高超的用兵艺术。他采取坚固防御阵地待敌，尔后转入反攻的作战方针，激励官兵奋勇杀敌，并采用主动出击、阵前伏击、近战歼敌、夜袭、包抄迂回、连续追击等灵活有效的战术，始终掌握战场的主动权。就整体而言，这一战略方针是比较符合当时的主客观情况的，并在某种程度上具有积极防御的意义。当时北圻法军近 2 万人分驻于数十个据点，兵力相当分散。中国军队不但数量居于优势，而且比较适应越北地区的恶劣自然条件；同时，背靠滇粤，人力物力易于补充，无后顾之忧。战争实践表明，清军执行这一方针的结果，虽然迭经挫折，但最终效果还是相当可观的。这说明战略方针正确与否，固然是胜败攸关的重大问题，而方针一经确定，前敌将领是否得力，能否正确贯彻既定方针，便成为影响全局的决定性因素了。

清军武器装备的改善、技术战术水平的提高，也是中国能在军事上取得最后胜利的重要原因。19 世纪 70 年代中期以后，清政府在加强海防建设的同时，还大力加强陆军建设，主要是发展武器装备更新较快、训练要求较高的“练军”。而洋务运动的继续开展和近代军事工业的发展，为中国军事技术的发展和武器的更新提供了一定的条件。中法战争时期，清军在武器装备特别是海军舰艇方面虽然仍比西方列强差得很多，但和两次鸦片战争时期相比，这种差距毕竟明显地缩小了。部分清军不再囿于陈规陋矩，而是注意改进战术，以便避敌之长，补己之短。特别是针对敌军枪炮火力较强的特点，进一步重视野战筑城的作用，镇海抗战的胜利和镇南关大捷的取得，都与防御工事较为完善直接有关。黑旗军和滇军普遍采用地营法，利用有被覆的野战工事近战歼敌，大大减损了法军的火力优势。在基隆、沪尾抗登陆作战中，清军还注意预设埋伏，诱敌上岸，待其脱离舰炮火力支援后，再与之短兵相接，近战歼敌，都收到了较好的效果。

镇南关大捷沉重打击了法国侵略者的嚣张气焰，并迫使发动此次战争的茹费理内阁于 1885 年 3 月 31 日垮台。然而，清政府未能充分利用中国军民在战争后期取胜所造成的大好形势，反而采纳李鸿章等人“乘胜即收”的主张，授权英国人金登干代表中方于 4 月 4 日在巴黎与法方代表签订《停战协定》，随后强令前敌将领按期停战撤兵，使中越军民用鲜血和生命换来的胜利成果付之东流。6 月 9 日，李鸿章与法国驻华公使巴德诺在天津签订屈辱的《中法天津条约》，使法国侵略者得以在军事失败的情况下，仍然基本上达到了预期的战略目的，造成了世界战争史上罕见的法国“不胜而胜”、中国“不败而败”的奇异结局。

四、实践课堂

实践活动　实地调查资本－帝国主义对中国犯下的侵略罪行

内容

调查19世纪晚期帝国主义对各地的侵略，包括军事、政治、经济、文化等各个方面，亲身了解家乡、亲人所遭受的苦难。学生在调查的基础上，运用历史知识和表述历史问题的能力进行模拟时事新闻报道，揭露帝国主义列强对中国的侵略和掠夺。

活动实施步骤和过程

1. 在教师的指导下，根据学生的地区来源分小组。小组列出调查提纲，并可根据各地情况分主题开展，如可分为军事、政治、经济、文化等。

2. 在与教师沟通后，实施调查计划。学生重点在自己的家乡进行走访、调查、整理、记录资本－帝国主义入侵者在中国犯下的滔天罪行；各组汇总，提交文档、PPT等演示文件，在班级范围内交流；也可结集，将优秀采访报道向校报、校刊推荐发表。

五、习题训练

一、单项选择题

1. 中国近代历史上，第一次反对国内封建势力和外国侵略势力的斗争是（　）。

A. 三元里人民抗英斗争　　B. 太平天国农民运动

C. 义和团农民运动　　D. 辛亥革命

2. 在中国近代历史上，最早以法律形式，允许外国在中国设立工厂的不平等条约是（　）。

A.《辛丑条约》　　B.《马关条约》

C.《北京条约》　　D.《南京条约》

3. 在中国近代历史上，允许外国公使常驻北京的不平等条约是（　）。

A.《南京条约》　　B.《黄埔条约》

C.《天津条约》　　D.《北京条约》

4. 帝国主义瓜分中国图谋破产的根本原因是（　）。

A. 列强之间的矛盾和相互制约

B. 中国人民的反侵略斗争

C. 帝国主义国家中正义力量的干涉

D. 中国自给自足的社会经济结构

5. **中国近代历次反侵略战争失败的最主要原因是（ ）。**

A. 帝国主义列强优越的社会制度

B. 帝国主义列强强大的经济和军事实力

C. 中国落后的经济和军事力量

D. 中国半殖民地半封建的社会制度

6. **近代中国“睁眼看世界的第一人”是（ ）。**

A. 林则徐　　B. 魏源　　C. 郭嵩焘　　D 郑观应

7. **近代中国最早喊出“救亡”口号的是（ ）。**

A. 严复　　B. 康有为　　C. 林则徐　　D. 孙中山

8. **《海国图志》是一部介绍世界地理和历史知识的综合性图书，编撰该书的是（ ）。**

A. 林则徐　　B. 魏源　　C. 梁启超　　D. 郑观应

9. **发生抢劫和焚烧圆明园的侵略战争是（ ）。**

A. 鸦片战争　　B. 第二次鸦片战争

C. 甲午战争　　D. 八国联军侵华战争

10. **19世纪末，资本主义进入帝国主义阶段后，（ ）成为殖民主义剥削的主要形式并出现瓜分世界的狂潮。**

A. 商品输出　　B. 资本输出　　C. 贩卖奴隶　　D. 掠夺土地

二、多项选择题

1. **英国殖民主义者迫使清政府签订的有关香港问题的不平等条约有（ ）。**

A.《南京条约》　　B.《北京条约》

C.《天津条约》　　D.《展拓香港界址专条》

2. **19世纪七八十年代中国陷入边疆危机的地区主要包括（ ）。**

A. 西北地区　　B. 西南地区　　C. 东北地区　　D. 东南地区

3. **近代中国反侵略战争一再失败的原因有（ ）。**

A. 腐败的社会制度　　B. 综合国力的落后

C. 帝国主义列强的强大实力　　D. 民族意识的尚未觉醒

4. **19世纪70年代以后，提出中国不仅要学习西方的科学技术，同时也要吸纳西方的政治经济学说的人有（ ）。**

A. 王韬　　B. 薛福成　　C. 郑观英　　D. 马建忠

5．通过两次鸦片战争，英国殖民者除强占香港外，在中国攫取的权益还有（ ）。

A. 协定关税　　B. 投资设厂　　C. 设立租界　　D. 领事裁判权

6．鸦片战争后，资本主义列强通过发动侵略战争，强迫中国签订一系列不平等条约，但列强也没能如英国在印度那样对中国实施殖民统治，这是因为（ ）。

A. 中国人民顽强、持久的反抗

B. 列强间争夺中国的矛盾无法协调

C. 中国的封建势力拒绝与列强合作

D. 中国长期以来是一个统一的大国

三、材料分析题

材料 1：

伴随着中国沦为半殖民地的沉重步履，中国内部出现了资本主义经济的增长，它逐渐瓦解着中国的封建宗法制度，破坏着自给自足的自然经济。中国社会出现了轮船、电报、电话、铁路等近代化的文明成果，也出现了警察等现代化市镇管理的组织和机构，还出现了诸如上海、天津这些若干个畸形发展的工商业都市。

——杨沐喜：《怎样认识资本帝国主义入侵对近代中国的影响和中国的革命》，《思想理论教育导刊》，2001 年第 8 期

材料 2：

早期的外国资本主要是从战争掠夺、苦力贸易、鸦片贸易、军火贩卖、地产投机中积累起来的。他们对产业的投资基本上集中于航运业、船舶修造业和以丝茶为主的出口商品加工业等，主要是为贸易服务的。到 1894 年，外国在中国的航运业有 21 家，投资额约合 2642 万元，外国在中国的制造业约有 80 家，投资额约合 2791 万元，两项共计 5433 万元。1895 年以后，随着资本主义向帝国主义的发展，外国侵略者加强了对中国的资本输出，其中最突出的是铁路投资和矿山投资。1897—1914 年，他们所掠夺的路权达 3200 公里。他们先是直接经营如中东、南满、胶济、滇越等路，后来通过借款来控制中国铁路，1902—1914 年铁路借款达 2.5 亿美元。旧中国所有的铁路，几乎没有一条不受外国资本的控制。同时，他们利用特权兼并和强占中国矿山，开平煤矿、门头沟煤矿、焦作煤矿、抚顺煤矿、本溪湖煤矿、井陉煤矿、临城煤矿、汉冶萍煤铁矿公司先后落入外国资本之手。此外，英、美、德、日差不多占棉纺织业的半个天下。1902 年成立的英美烟草公司，10 年之间资本扩充到 1100 万元。日本在东北经营的南满洲铁道株式会社，资本达到 4.4 亿元。到了 1936 年，外国资本控制了中国生铁产量的 95%，钢产量的 83%，机器采煤量的 66%，发电量的 55%，就是说掌握了主要的资源和能源。

——魏金玉：《外国资本帝国主义的入侵与中国资本主义的发展（续）》，《教学与研究》，1988 年第 3 期

材料 3：

在中国的近代工业中，外国资本很快形成了垄断地位。1913 年外国资本占机械采煤投资总额的 79.6%，占新式采铁和冶铁企业投资总额的 100%，并且控制了 41.2% 的纱锭和 49.6% 的布机，使中国民族工业难以独立发展。

中国境内的铁路绝大部分由外国资本经营。1911 年，全国 9618.1 公里铁路中，由外国控制的达 8952.5 公里，占 93.1%。而中国自主修筑的铁路只有 665.6 公里，仅占 6.9%。帝国主义列强通过对中国铁路的控制，不仅攫取巨额利润，获得铁路沿线的许多权益，而且还由此从政治上、军事上取得对这条铁路及其沿线地区的控制权，确立和扩大自己在中国的势力范围。与此同时，外国资本还控制了中国沿海和内河主要航道的航运业。据海关报告，在各通商口岸进出的中外轮船的总吨位中，1877 年，中国占 36.7%，外国占 63.3%；到 1907 年，中国只占 15.6%，外国占了 84.4%。1911 年长江航线轮船吨位中，外资的太古、怡和、日清三个轮船公司就占了 83.8%，而中国的轮船招商局仅占 16.2%。至于远洋航线，则几乎全部为外国轮船公司所垄断。

——本书编写组：《中国近现代史纲要》（2018 年版），高等教育出版社，2018 年版，第 28-29 页

材料 4：

近代以后，由于西方列强的入侵，由于封建统治的腐败，中国逐渐成为半殖民地半封建社会，山河破碎，生灵涂炭，中华民族遭受了前所未有的苦难。

——习近平：《在庆祝中国共产党成立 95 周年大会上的讲话》（2016 年 7 月 1 日），《人民日报》，2016 年 7 月 2 日

请回答：

1. 由材料 1，能否得出资本 – 帝国主义的入侵具有进步作用的结论？

2. 阅读材料 2、3，谈谈怎样认识近代以来资本 – 帝国主义国家在中国投资办企业、修铁路等行为？

3. 综合材料 1、2、3、4，论述近代以来资本 – 帝国主义的入侵给中国带来了什么？

四、论述题

1. 为什么说鸦片战争是中国近代史的开端？

2. 资本 – 帝国主义对中国的政治控制的主要表现是什么？

3. 近代中国社会的性质和中华民族面对的两大历史任务是什么？

4. 近代中国反侵略战争失败的内部原因有哪些？

参考答案

一、单项选择题

1. B 2. B 3. C 4. B 5. D 6. A 7. A 8. B 9. B 10. B

二、多项选择题

1. ABD 2. ABD 3. ABCD 4. ABCD 5. ACD 6. ABD

三、材料分析题

1. 材料1说明，随着资本–帝国主义入侵中国，其对中国社会经济起了很大的分解作用。它破坏了中国自给自足的自然经济基础，破坏了城市的手工业和农民的家庭手工业，这样，就给资本主义提供了商品市场，又给资本主义提供了劳动力市场，为中国城乡商品经济和资本主义生产的发展提供了某些客观的条件和可能。但是，不能否认资本–帝国主义对中国资本主义发展的刺激作用，也不能因此而得出资本–帝国主义侵略具有进步作用的结论。

2. 首先必须明确的是，资本–帝国主义国家开办的这些工矿企业为外国资本家所有，并非为中国人民所有，铁路亦然。故意不谈，或忘记了归谁所有这个根本性的问题，径直把这些工矿企业算到中国现代化的账面上，由此说资本–帝国主义促进了中国近代工业的发展是荒谬的。对于落后的半殖民地半封建的中国来说，修筑铁路是资本–帝国主义控制、掠夺和剥削中国的重要手段，是搜刮中国财富的工具。问题的要害是，在旧中国连主权都丧失了的情况下，这些属于资本–帝国主义所有的铁路、厂矿、企业是不会给中国人民带来文明的果实的。事实上，正是由于资本–帝国主义的侵略，才使中国经济发展缓慢，中国近代历史证明，资本–帝国主义的侵略带给中国人民的不是什么近代文明，而是贫穷和落后。材料3所揭示的从鸦片战争开始到中华人民共和国成立的一百余年间，近代工业在整个国民经济中所占的只有10%的比重就是最好的证明。

毛泽东说："帝国主义列强侵略中国，在一方面促使中国封建社会解体，促使中国发生了资本主义因素，把一个封建社会变成了半封建的社会；但是在另一方面，它们又残酷地统治了中国，把一个独立的中国变成了一个半殖民地和殖民地的中国。"毛泽东还谈道："帝国主义列强侵略中国的目的，绝不是要把封建的中国变成资本主义的中国。帝国主义列强的目的和这相反，他们是要把中国变成它们的半殖民地和殖民地。"这是对近代中国历史的深刻总结。

3. 综上所述，我们必须清醒地认识到，1840年鸦片战争以来，帝国主义的入侵给中华民族带来的是深重的灾难。他们强迫中国与之订立了几百个不平等条约，中国的领土被割让、港口被霸占、关税主权被侵夺、财政命脉被操纵、路矿利权被掠夺，帝国主义列强的势力范围遍及全国，国家主权支离破碎，民族经济凋敝萧条，人民生活苦不堪言。近百年来的历史充分证明，资本－帝国主义的侵略和本国统治者的压迫是中国贫穷落后的总根源。

四、论述题

1. 以鸦片战争作为中国近代史的开端，主要是因为：

一是战争后，中国的社会性质发生了根本性的变化。鸦片战争后，中国领土、领海、司法等主权遭到破坏。外国侵略者利用侵略特权疯狂向中国倾销商品和掠夺原料，逐渐把中国市场卷入世界资本主义市场，中国的自给自足的封建经济由于遭受外国资本主义的冲击而开始解体。中国开始由一个落后封闭但独立自主的封建国家沦为一个半殖民地半封建国家。从半殖民地化来看，鸦片战争以后，中国的领土、领海、司法、关税和贸易等主权开始遭到严重的破坏，中国在政治上已经丧失了独立自主的国家地位。从半封建化来看，鸦片战争后，以小农业和家庭手工业为主要标志的自然经济开始解体。一方面，东南沿海以棉纺织业为主的家庭手工业受到外来商品的巨大冲击；另一方面，以丝茶为主的农产品日益商品化。

二是中国的发展方向发生变化。战前中国是一个封建没落的封建大国，封建制度已经腐朽，并且在缓慢地向资本主义社会发展，如果没有外来势力干扰，中国最终也会像西方大国那样发生资产阶级革命，成为资本主义国家；而鸦片战争后，中国的民族资本主义不可能获得正常发展，中国也就不可能发展为成熟的资本主义社会，而最终选择了经由新民主主义社会过渡为社会主义的道路。

三是社会主要矛盾发生了变化。鸦片战争前，清政府在财政上就已经入不敷出了。而《南京条约》又迫使清政府向英国支付赔款2100万银圆，加之列强继续向中国走私鸦片，大肆倾销商品，控制贸易，致使白银大量外流。清政府为支付战争赔款解决日益严重的财政危机，不断增加税收，加紧搜刮人民，贪官污吏、土豪劣绅也乘机勒索盘剥百姓。战前中国的主要矛盾是农民阶级与封建地主阶级的矛盾。而鸦片战争后，人民对外国侵略者的行径表现出极大的不满，不仅领土主权遭到了外国侵略者的破坏，而且由于支付赔款，大大增加了人民的负担，给人民带来了深重的灾难与巨大的屈辱。所以战后主要矛盾包括农民阶级和地主阶级的矛盾及中华民族与外国侵略者的矛盾，而外国资本主义与中华民族的矛盾成为各种社会矛盾中最主要的矛盾。

四是革命任务发生了变化。由于战前的主要矛盾是农民阶级与封建地主阶级的矛盾，战前的革命任务就是反对本国封建势力。战后的主要矛盾为外国资本主义和中华民族的矛盾，也相应地增加了反对外国侵略者的任务，革命的性质由传统的农民战争转为旧民主主义革命。鸦片战争之后，中国人民肩负起反对帝国主义侵略和反对本国封建统治的双重革命任务，中国从此进入了漫长的旧民主主义革命时期。

五是出现了学习西方的新思潮。旧的封建思想受到一定的冲击，中国思想界出现了一股前所未有的“向西方学习”的新思潮。这股新思潮的核心内容是要求学习西方，“师夷长技以制夷”，认识世界和走向世界，摆脱落后挨打的局面，实现民族振兴。虽然这种新思潮在本质上带有维护封建统治的色彩，并且其对于西方资本主义以及本国封建主义的本质的认识是肤浅和感性的，但却开启了近代中国人民向西方学习，寻求救国救民之路的大门。

所以，鸦片战争是中国遭受外国资本主义侵略和奴役的起点，它使中国由封建社会开始向半殖民地半封建社会转化，它改变了中国的社会性质、社会结构，以及人民的思想。所以，鸦片战争是中国近代史的开端。

2. 资本－帝国主义对中国的政治侵略的主要方式是控制中国政府，操纵中国的内政外交，把中国当权者变成其代理人和驯服的工具，共同镇压中国革命，统治中国人民。资本－帝国主义对中国的政治控制主要表现在以下方面：

第一，控制中国的内政外交。帝国主义对中国的政治控制是逐步实现的，在鸦片战争时期，外国侵略者还只能通过清政府内部的妥协派贵族来施加压力和影响。第二次鸦片战争，列强强迫清政府签订了《天津条约》和《北京条约》，并表示愿意帮助清政府镇压太平天国，这才使清政府基本屈服。第二次鸦片战争后，外国侵略势力逐渐直接插手中国的政治和外交，资本－帝国主义列强在中国享有领事裁判权和片面最惠国待遇，还通过控制中国海关来控制中国的政治经济和外交。近代中国海关的高级职员几乎全部由外国人担任，特别是英国人赫德担任中国海关总税务司四十余年，控制了中国的海关大权。

第二，镇压中国人民的反抗。资本－帝国主义还勾结清政府，镇压中国人民的革命斗争和爱国运动，帝国主义直接派兵，帮助清政府镇压了太平天国运动。当中国人民掀起反对外国教会侵略斗争时，侵略者更加穷凶极恶，指使清政府屠杀中国人民，惩办对人民镇压不力的地方官员。1901 年签订的《辛丑条约》中规定：永远禁止中国人成立或加入任何反帝组织，清政府各级官员必须弹压惩办中国人民的反抗斗争。列强还获得了在北京使馆区和北京周边军事要地的驻兵特权，随时可用武力干涉清政府和镇压中国革命。

第三，扶植收买代理人。为了控制中国的政治，把中国变成自己驯服的工具，资本－帝国主义特别注意在中国政府中扶持收买自己的代理人。第二次鸦片战争后，奕䜣、文祥等满洲贵族掌握了负责对外交涉的总理各国事务衙门，得到各国列强的支持。在中外勾结共同镇压太平天国的过程中，列强又扶植了一批湘淮系官僚，如曾国藩、李鸿章等，并帮助他们购买洋枪、洋炮、练兵及办理军事工业。辛亥革命之际，帝国主义又看中了握有军权的北洋军阀头子袁世凯，支持他篡夺了辛亥革命的果实，建立起北洋军阀的独裁卖国政权。袁世凯死后各国列强又分别扶植皖系段祺瑞、直系冯国璋、奉系张作霖等各派系军阀作为自己的代理人，指使他们进行军阀割据与混战。

3.（1）近代中国社会的性质。认识近代中国社会的性质，即近代中国的基本国情，是认识中国近代一切社会问题和革命问题的最基本依据。随着资本－帝国主义的入侵，中国社会发生了两个根本性的变化：一是独立的中国逐步变成半殖民地的中国；二是封建的中国逐步变成半封建的中国。近代中国社会的性质也逐步转变为半殖民地半封建社会。

鸦片战争后，中国在实际上已经丧失了拥有完整主权的独立国家的地位，在相当程度上被殖民地化了，但是仍然维持着独立国家和政府的名义，还有一定的主权。近代中国连名义上的独立也没有，而是与由殖民主义宗主国直接统治的殖民地尚有区别，成为半殖民地。随着资本主义的入侵破坏了中国自给自足的自然经济的基础，促进了城乡商品经济的发展，中国出现了资本主义生产关系，已经不是完全的封建社会；但是民族资本主义经济没有也不可能成为中国社会经济的主要形式，封建生产关系依然占据着显著的优势。中国的经济成为半殖民地半封建的经济。

（2）近代中国社会的主要矛盾和中华民族面对的历史任务。随着近代中国社会性质的演变，中国社会阶级关系也发生深刻的变化。除了原有的地主阶级和农民阶级，中国出现了新兴的资产阶级和工人阶级。中国的资产阶级主要由一些买办、商人、地主、官僚投资的新式企业转化而成，分为官僚买办资本家和民族资本家两部分。民族资产阶级在政治上表现出两面性。中国的工人阶级主要来源于城乡破产失业的农民、手工业者和城市贫民，中国的工人阶级是中国新生产力的代表，具有革命性最强、集中分布、与农民有着天然联系等优点，是中国近代最革命的阶级。

近代中国社会的矛盾呈现出错综复杂的状况。占支配地位的主要矛盾，是帝国主义和中华民族的矛盾、封建主义和人民大众的矛盾。其中，帝国主义和中华民族的矛盾，又是最主要的矛盾。这两对主要矛盾及其斗争贯穿整个中国半殖民地半封建社会的始终，并对近代中国社会的发展变化起着决定性的作用。近代中国革命，就是在这些主要矛盾及其激化的基础之上发生和发展起来的。

争取民族独立、人民解放和实现国家富强、人民幸福是近代以来中华民族面临的两大历史任务。这两大任务既互相区别又互相联系，只有首先改变腐朽的社会制度，争取民族独立和人民解放，才能为实现国家富强和人民幸福创造前提、开辟道路。才能为中华民族伟大复兴提供坚实的基础。

4. 近代中国人民进行了多次不屈不挠的反侵略的民族战争，但是最终都以失败而告终，其原因是复杂的，其内部原因主要包括：

第一，生产力和经济基础层面的原因。近代中国之所以一再失败，首先应该考虑的就是生产力当中最为活跃的人的因素。清王朝是皇权至上的封建王朝，远不是一个近代意义上的民族国家。在清王朝的统治之下，人民的地位低下，受到封建统治阶级的剥削和压迫。因此，当时的中国人普遍没有从蒙昧状态当中解放出来，人的蒙昧又导致了生产力的落后，这是中国近代以来一败再败、每每失败的核心原因。

第二，社会制度的腐败。1840 年以后，中国的封建制度已经腐朽没落，并逐步变为丧失独立主权的半殖民地半封建社会。掌握政权的清朝皇帝和权贵们，昏庸愚昧，不了解世界大势，贪污腐化，贪生怕死，甚至为了统治者的私利，不惜出卖国家和民族的利益。而面对内外交困的局势，他们不仅不发动和依靠人民的力量，还常常压制与破坏人民群众和爱国官兵的反侵略斗争，具体表现在以下几个方面。首先在政治方面，清王朝高度集权的君主专制制度已腐朽不堪，皇帝专横独断，骄妄自大，沉醉在“天朝上国”的美梦当中。一般封疆大吏又愚昧闭塞，官场贪污成风，吏治腐败，从中央到地方的高级官僚中多次爆发惊人的贪污案件，而这只不过是统治集团内部被揭发出来的一小部分丑闻而已。贪污腐败，在清王朝统治集团内部成为一种不可遏制的“流行病”，结党营私，在当时统治集团中也形成了恶劣的风气。其次，在军事方面，武器落后，军务废弛，军队缺乏训练，军纪败坏，国防力量十分薄弱，几乎一击即败。最后，在思想文化方面，清朝统治者实行严酷的文化专制政策，沿用八股取士的科举制度，大力提倡空疏的宋学和脱离实际的汉学，大兴文字狱，钳制和禁锢士人的思想。

第三，经济和科学技术的落后。中国自给自足的自然经济具有落后性和分散性，这就极大地禁锢了社会生产力的发展。中国自清朝以来实行闭关锁国的政策，这就必然使中国与世界隔绝，中国的科学技术远远地落后于世界其他国家，特别是军事技术和武器装备更是远远落后于西方资本主义国家。落后的军事装备，在对抗先进的军事武器的过程当中，必然会被打得落花流水。

第二章

不同社会力量对国家出路的早期探索

一、理论要点

（一）内容提要

本章主要讲述太平天国农民战争、洋务运动和戊戌维新运动三大历史事件。随着中国民族危机的日趋严重，农民阶级、地主阶级洋务派和资产阶级维新派，先后发动了太平天国农民战争、洋务运动和戊戌维新运动，对国家出路进行了早期探索，但由于领导阶级的局限性，这些探索都没有完成使中国实现独立和富强的目标。

（二）教学目的

通过本章教学使学生了解太平天国农民战争、地主阶级洋务派实行的洋务运动，以及资产阶级维新派所发动的戊戌维新运动，都是近代不同阶级及其代表人物对国家出路的探索。使学生认识到太平天国农民战争、洋务运动和戊戌变法的历史作用及其局限性，认清这些探索最终都不能为实现中国的独立和富强找到出路的根本原因。

（三）教学要点

1. 太平天国农民战争的意义及局限
2. 洋务运动的历史作用及其失败的原因
3. 戊戌维新运动的开展及其失败的教训

（四）关键词

太平天国;《资政新篇》；第二次鸦片战争；洋务运动；北洋水师;《马关条约》；戊戌变法；戊戌政变

二、理论知识

从第一次鸦片战争结束到 19 世纪末，中国社会的不同阶级在挽救民族危机和社会危机、探索国家出路的过程中，提出了不同的政治主张和救国方案。在深刻总结以改造中国社会为目的的太平天国农民战争、洋务运动和戊戌维新运动的失败原因和历史意义的同时，更应从深层意义上认识理解中国农民阶级、地主阶级和资产阶级在对国家出路的早期探索中的历史局限性。

（一）太平天国运动中农民的主力军地位与历史局限

农民是近代中国社会最基本的社会力量，占人口的绝大多数，不仅受到封建主义的残酷压迫，也受到帝国主义的压迫，因而是中国革命的基本力量。农民阶级在中国近代史上掀起过波澜壮阔的斗争热潮，其中太平天国运动是中国旧式农民起义的最高峰，在这场农民起义中，中国农民充分体现了其作为中国革命主力军的地位。

太平天国起义沉重打击了封建统治阶级，强烈撼动了清政府的统治根基。这次起义历时 14 载，转战 18 省，建立了与清王朝对峙的政权，把千百年来农民对拥有土地的渴望在《天朝田亩制度》中比较完整地表达了出来。太平天国起义加速了清王朝的衰败过程。太平天国起义还冲击了孔子和儒家经典的正统权威，在一定程度上削弱了封建统治的精神支柱。太平天国起义也有力地打击了外国侵略势力。太平天国的领袖们拒绝承认不平等条约，严禁鸦片贸易，尤其是当中外反动派勾结起来向太平军举起屠刀时，他们毫不犹豫地同英、法军队和由外国军官组织及指挥的“常胜军”“常捷军”进行英勇的斗争，给了他们应得的教训。它和其他亚洲国家的民族解放运动汇合在一起，冲击了西方殖民主义者在亚洲的统治。

但是，必须认识到，农民阶级的局限性使其不能解决中国人民最根本利益的问题。以太平天国为例：一是不能彻底反封建。虽然这场运动极大地打击了清王朝的封建统治，但其所建立的政权却又是带有封建性的。二是不能彻底地反对帝国主义。在对待帝国主义的态度上，太平天国虽然和攻打太平天国的帝国主义进行了坚决的斗争，但是由于其宗教信仰，又将帝国主义误认为“洋兄弟”，不能认识帝国主义侵略中国的本质。三是太平天国虽然也想解放、发展生产力，建立富强、平等的社会，但是却采取了空想的措施。他们制定的革命纲领——《天朝田亩制度》，虽然强烈地反映了农民渴望土地和摆脱封建剥削的要求，但单凭平分土地的措施来看，它并不能废除封建剥削制度，也无法达到“无处不均匀，无人不饱暖”的理想社会。因为平分土地不仅不能改变小农经济的社会结构，反而会助长私有制的发展，贫富两极分化就会重复出现。正如马克思所说：“平均分配办法是不会有任何结果的。”

（二）洋务运动在近代中国求强求富、走向现代化进程中的历史地位和作用

洋务运动是清朝封建统治集团中一部分大官僚、大地主，为适应帝国主义和镇压农民革命的需要而推行的一场利用西方生产技术来挽救清王朝封建统治的运动。

洋务派的主张顺应了中国现代化的历史趋势。所谓现代化，就英、法等西欧国家而言，就是使社会摆脱中世纪的封建形态而实现资本主义化，这是由其社会内部矛盾自然演化的结果。作为落后国家的中国的近代化，除了中国社会内在的动力之外，还是对资本－帝国主义殖民侵略和世界近代化浪潮冲击所作出的积极回应。国际环境迫使中国中断自己的历史发展程序，从西方移入资本主义的生产方式，变更或改造原有的经济、政

治结构，即推封建主义之陈，兴资本主义之新。近代化是一个综合概念，其核心是经济近代化，而经济近代化则包括工农业的生产关系从封建主义到资本主义的变革和生产力从手工劳动到机器生产的转变。在中国最早窥其崖岸的，是地主阶级改革派，他们提出了“师夷长技以制夷”的主张。把“师长之说”付诸实践的，则是以一批满汉军政要员为中坚的洋务派。洋务派前期的首脑是李鸿章，后期的代表人物是张之洞，洋务派是从顽固派中分化出来的，具有深厚的儒学素养和强烈的经世要求，掌握并利用清朝部分中枢和地方政权为杠杆，“借法自强”，他们从传统的“道体器用”观出发，归纳出“中学为体，西学为用”的理论模式，主张以中国之道，用西方之器，以儒家伦常名教为原本，辅以西方富强之术，借用西方资本主义的甲胄以保护清朝封建主义的躯体。他们在“中体西用”思想指导下，引进西方先进的机器装备、机器生产和科学技术，从而促使中国国防从传统迈向近代化，促使中国从封建主义向资本主义方向蠕动，促使中国逐渐形成了不同于传统学科的近代科技体制。

洋务运动进行了三十年，没有使中国走上富强的道路。洋务派为洋务运动定位的指导思想是“中学为体，西学为用”。所谓“中学为体”，就是以封建主义的统治秩序为体；所谓“西学为用”，就是学习和运用西方的科学技术来维护这个“体”，目的是为了巩固封建统治。因此当具有资本主义特色的洋务运动本身冲击到封建统治体系的时候，就是洋务运动倡导者也会本能地维护封建统治。在不触动腐朽的封建制度的前提下，洋务派试图利用西方资本主义的某些长处来维护封建专制统治，这种手段和基础的矛盾，使洋务运动注定是不可能成功的。同时，洋务运动处处受到顽固派的阻挠和破坏，从而加大了洋务运动开展的阻力。洋务派本身的阶级局限性决定了他们既是近代工业的创办者和经营者，也是其摧残者和破坏者，其封建衙门和官僚式的体制，必定导致洋务企业的失败。甲午战争后，洋务派标榜的“求强”“求富”目标未能实现，洋务运动基本失败。

（三）戊戌维新运动的性质与作用

关于戊戌维新运动的性质，主要有三种不同观点：改良主义运动说、政治改良运动说和资产阶级革命运动说。资产阶级革命运动说显然不符合历史事实；在马克思主义经典作家的著作中，“改良主义”指源于欧洲的一种反对社会主义的政治思潮和政治流派，戊戌维新运动与欧洲的改良主义也不可混淆。因此，教材用了“戊戌维新运动是一场资产阶级性质的政治改良运动”这一提法。

戊戌变法是在中国民族危机加深和中国民族资本主义初步发展的时代背景下，民族资产阶级作为一支独立的政治力量领导的一场具有一定群众性的、救亡图存的维新变法运动。戊戌维新运动是一次爱国运动，同时又是一场思想启蒙运动。维新派宣传维新变法主张，使西方资产阶级的社会政治学说及社会进化观念传入中国，推动了中华民族的觉醒。民族资产阶级有维新思想作理论指导，并通过与封建顽固势力的论战，形成了中国近代第一次思想解放的潮流。强学会、保国会作为政治团体，扩大了维新变法的影响，最后发展为百日维新，将资产阶级维新派的施政纲领变为了实践。戊戌变法作为一场资产阶级的改良运动，其发生、发展到最后失败，根本原因在于中国资本主义发展水平很低，经济基础还很薄弱，资产阶级力量较小，难以同强大的封建势力抗衡，弱小的资本主义经济基础还动摇不了以封建经济基础为依托的强大的封建上层建筑。此外还有资产阶级维新派的阶级局限性；采用改良的方法，政治经验不足，缺乏策略性；国际环境也对中国不利等因素。

近代中国历史风云剧变，改造中国的运动一个接着一个。历史雄辩地证明：在半殖民地半封建的中华大地，不仅像戊戌维新那样的自上而下的改革必然失败，甚至连资产阶级共和国的道路也行不通。只有在中国共产党领导下的人民大众的反帝反封建革命，才能取得胜利。1949 年，中国人民在中国共产党的领导下，推翻了帝国主义、封建主义和官僚资本主义的统治，取得了新民主主义革命的胜利，随即进行社会主义革命和社会主义建设，取得了极其伟大的成就。尽管其中有挫折和失误，但从总体看，其成就在历史上是无与伦比的。这一切，无论是戊戌维新，还是辛亥革命，都是难以同它相提并论的。然而，戊戌维新毕竟是近百年来中国变革社会制度的一系列伟大运动的开端，在中国近代史上有着重大的历史意义。

三、案例思考

案例 1

案例呈现

在北京中华世纪坛前的青铜甬道上，记载着这样一桩中华大事：“公元 1865 年乙丑，清穆宗同治四年，第一个大型近代企业江南机器制造总局在上海建立。”江南制造总局是洋务派在上海开设的规模最大的近代军事企业，又称江南制造局、上海机器局、上海制造局。1865 年李鸿章以 4 万两白银在虹口买下美商的旗记铁厂，并将苏州洋炮局的部分机器和曾国藩派容闳从美国买回的机器，以上海洋炮局并入铁厂，成立江南制造总局，其造办经费为 54 万余两，以后屡加扩充，由清政府指拨上海海关税收的两成作为常年经费，雇用工人 200 多人。该局以生产枪炮子弹为主，辅之以修造船舰，并附设翻译馆、机械学校，培养技术人员，翻译与军事、工程有关的书籍，也翻译少量的史志和政法方面的书籍。

江南制造总局的设备由三个部分组成，一是容闳在美国购置的机器，二是丁日昌在上海虹口地区收购的旗记铁厂设备，三是苏州和上海洋炮局的设备。1865 年春，和捻军作战的清军在山东曹州惨败，统帅僧格林沁丧命，清廷为之震惊，不但将曾国藩调去填补僧格林沁的位置，还命令江南制造总局提供武器弹药。但江南制造总局早期的生产却是举步维艰，1866 年 2 月中旬，由于锅炉问题，制造轻武器的机器一周没有运转。锅炉修好之后，又由于炉内材料不过关，因此无法承受生产轻武器的温度，而且制造毛瑟枪枪托的机器也无法正常运转。1867 年，江南制造总局由上海美国租界迁移至城南高昌庙新址，即今江南造船厂原址，规模开始扩大，局内划分了若干生产部门和行政管理部门。

在公司内部管理上，江南制造总局虽然从事的是近代重工业生产，但基本的体制还是沿用了官府作坊生产的模式。高级行政官员采取委任制，通常直接由政府官员调任，生产部门的工程师、工匠等人员则采取雇佣制。但是，由于制造局属于官办企业的特殊性质，政府即代表了雇主，工人与雇主之间并非是一种自由的劳资关系。制造局像衙门一样，可以用行政权力管制工人。因为局内的行政官员缺乏专业技术，故而生产部门长期被外籍技术人员把持，使得行政效率难以正常发挥。

实际上，当时虽然在李鸿章、曾国藩等人的大力支持之下，江南制造总局在设备和规模上不但在国内首屈一指，在亚洲也是位居前列。但由于大部分原料无法在国内获得，因此价格由于水运和保险等费用而暴涨。1875 年之前总投资中超过 50% 的资金就是耗费在这样的花费上。鉴于这样的状况，曾国藩曾经明智地制定了一个控制经费预算的制度，按照这个制度，制造局的总办和三个独立机构将参与每一件财务的处理。但这一制度随着曾国藩的去世而日益消亡，局内官员营私舞弊之风也日益发展。1905 年，局坞分家，造船部分从江南制造总局中分离，改名江南船坞，制造枪炮的部分后来分别并入金陵和汉阳两个兵工厂。1953 年，造船部分改称江南造船厂，即如今的江南造船（集团）有限责任公司。今天，该公司仍在为成为世界一流的大型企业而努力奋斗。

——摘编自周建波:《洋务运动与中国早期现代化思想》，山东人民出版社，2001 年版

案例讨论

1. 洋务派创办江南制造总局的动机是什么？
2. 如何评价洋务运动的历史作用？
3. 结合本案例谈谈洋务企业管理的落后性。

案例点评

江南制造局是整个晚清时期清政府先后兴办的 40 多个兵工厂中最有影响的一个。江南制造局的全称为“江南机器制造总局”，由晚清军政重臣李鸿章 1865 年在上海创办。它的建立，开创了中国近代军事工业完全采用机器生产的先河，为中国近代军事工业的发展作出了重要贡献，被誉为“中国第一厂”。江南制造局从它创办的那一刻起，便将西方的现代科技作为自强的巨大“推进器”。

1865 年 9 月 20 日（农历八月初一），两江总督李鸿章上书慈禧太后和同治帝，在《置办江南机器制造总局奏折》中，李鸿章写下“机器制造一事，为今日御侮之资，自强之本”等字样。这就是 1865 年李鸿章创建江南制造局的初衷。第二次鸦片战争后，为挽救摇摇欲坠的清王朝，以恭亲王奕䜣和曾国藩、左宗棠、李鸿章等为首的洋务派，发起了购买和仿造洋船洋炮、加强军事实力的洋务运动，兴办了一批近代军事工业，江南制造局就是由李鸿章在上海创办最早、规模最大的一个军工企业。但是，创办江南制造总局等一系列洋务派的举措并没有改变近代中国积贫积弱的局面，以“自强”“求富”为目标的洋务运动最终失败。1865 年，江南制造总局在上海成立。30 年之后，中国在甲午战争之中惨败给邻邦日本。在战争之前，中国人和日本人在日本发生冲突时，日本人一般都会避让。战争的胜负彻底改变了一切，也宣告了江南制造局这个中国最早、规模最大的官办军工企业的失败。

洋务运动在当时的中国，其失败命运是不可避免的。第一，在不触动腐朽的封建制度的前提下，洋务派试图利用西方资本主义的某些长处来维护封建专制统治，这种手段和基础的矛盾，使洋务运动注定是不可能成功的。同时，洋务运动处处受到顽固派的阻挠和破坏，从而加大了洋务运动开展的阻力。第二，洋务派本身的阶级局限性，决定了他们既是近代工业的创办者和经营者，也是其摧残者和破坏者，其封建衙门和官僚式的体制，必定导致洋务企业的失败。第三，洋务运动的目的之一是抵御外侮，但洋务派在主持外交活动中，坚持“外须和戎”，对外妥协投降，他们所创办的近代企业有抵御外侮和“稍分洋人之利”作用，但却不能改变中国半殖民地半封建社会的社会性质。洋务派标榜的“求强”“求富”目标未能实现，洋务运动最终失败。

案例 2

案例呈现

1898 年 6 月 11 日（光绪二十四年，农历四月二十三日），光绪帝颁布《定国是诏》，开始推行新政。但朝中以慈禧为首的守旧派势力相当强大。6 月 15 日慈禧迫使光绪帝任命荣禄为直隶总督兼北洋大臣。此后，慈禧太后和光绪帝的矛盾逐步升级，愈演愈烈，朝中局势剑拔弩张，血腥政变一触即发。

9 月初，直隶总督荣禄调兵聚集天津、长辛店。光绪帝想开懋勤殿并设顾问官，命谭嗣同拟旨，决定自己在 9 月 13 日这一天亲自去颐和园请示慈禧。可到了 13 日这一天，众臣都在等待皇帝的诏书，而诏书却迟迟没有下达，这说明慈禧与光绪已到了水火不容的地步。9 月 14 日，光绪帝召见杨锐，并赐予他衣带诏，内容是“朕位几不保，命康与四卿及同志速设法筹救”。康有为与谭嗣同等见到密诏后抱头痛哭，可是光绪只是个傀儡皇帝，手里没有一点权力，所以康有为这些人干着急没有办法。

当时朝中的所有将领之中，只有袁世凯曾长期驻兵朝鲜，知道国内外的形势，也主张变法，于是，谭嗣同以恳切的言辞密奏光绪，要拉拢袁世凯，给他一些恩惠，这样一旦情况有变，袁世凯可能会是勤王保驾之臣。9月16日，光绪帝召见袁世凯，加封他侍郎之职，命其专办练兵事务，并于17日再次召见了他。9月18日这天夜里，谭嗣同亲自去袁世凯所居住的法华寺见他，劝说袁世凯兵围颐和园。袁世凯却连夜赶回天津，去向荣禄告密。荣禄当即下令封锁进京的重要道路，没有他的命令不允许任何军队擅自进北京。荣禄还坐上专列连夜进京向慈禧太后告发。这天深夜，当慈禧知道这件事后，先是大惊失色，她做梦也不会想到，平日一贯唯唯诺诺的光绪皇帝胆敢这样做。但是，作为一个经历了几十年宫廷斗争冰刀雪剑的慈禧太后，立刻采取了行动。她以迅雷不及掩耳之势回到紫禁城，将光绪痛骂一番之后，把他囚禁在瀛台，自己重掌大权。与此同时，她下令关闭北京各城门，封锁交通，出动3000军士在全城搜捕维新派人士。梁启超逃到日本使馆，见到伊藤博文，请他照会上海领事馆，搭救康有为。从22日到24日的三天时间里，谭嗣同还策划组织要救出光绪帝，可最后没有成功。

9月24日，梁启超见到谭嗣同，劝他和自己一起去日本，谭嗣同不同意，梁启超再三劝说，谭嗣同也不应允。谭嗣同对梁启超说："各国的变法，无不是经过流血牺牲而成功的，而在中国从没听说过有为变法维新而流血的，这大概就是我们失败的原因吧。如果是这样，我谭嗣同愿意做为变法维新而流血牺牲的第一人！"第二天，谭嗣同被逮捕，在狱中，他在墙壁上题诗一首："望门投止思张俭，忍死须臾待杜根。我自横刀向天笑，去留肝胆两昆仑。"

9月28日，慈禧太后下诏，将谭嗣同、杨锐、刘光第、林旭、杨深秀、康广仁6人押赴菜市口开刀问斩，命军机大臣刚毅监斩。这6人即后人所说的"戊戌六君子"。这天，观斩的百姓达万人之多，谭嗣同面不改色，从容就义，这一年他年仅33岁。清朝政府随即又罢免数十名支持维新派的官员，除京师大学堂外，全部新政均被废除，戊戌变法宣告失败。

——摘编自王晓秋、尚小明：《戊戌维新与清末新政：晚清改革史研究》，北京大学出版社，1998年版

案例讨论

1. 戊戌维新运动失败的原因是什么？

2. 如何认识戊戌维新运动的历史意义？

3. 为什么说在半殖民地半封建的旧中国，企图通过统治者走自上而下的改良道路是根本行不通的？

案例点评

百年前的戊戌维新是指1898年维新派通过光绪皇帝所进行的资产阶级政治改革，也是继洋务自强破产后中国选择现代化道路的一次比较系统的尝试。以康有为和梁启超为代表的维新派意欲以日本明治维新为榜样，通过新旧势力的妥协，逐步而稳健地达成体制的转换，促使中国步入现代化富强之路。但它只维持了短短百余日便被顽固势力扼杀于摇篮之中，中国也因此失去了一次国家振兴的良好机会。

戊戌政变宣告了百日维新的结束，导致晚清政局发生重大转折，是近代史上划时代的历史事件。轰轰烈烈的维新变法失败后，梁启超在《戊戌政变记》中分析了政变失败的原因。他认为："政变之总原因有二大端。其一由西太后与皇上积不相能，久蓄废立之志。其二由顽固大臣痛恨改革也。"西太后与皇上长期不和，矛盾甚多，这是原因之一。而更重要的原因则是改革受到了顽固派的百般阻挠。新政的改革由于冲击到一部分守旧人物的既得利益，因此守旧派拼死反对，改革每前进一步都要受到重重阻力。

成功的变法，首先依赖于变法者握有相当强大的国家权力，构成强有力的领导变法的核心，足以将变法法令有效地贯彻下达。但纵使变法在中央一层没有阻力，康、梁掌握了朝中实权，在当时中国的社会政治背景下，变法法令亦难以顺利、有效地在全国推行，达到目的。变法成功与否，关键还取决于变法法令能否在地方上切实贯彻实施。这就要求中央政府要拥有相当的权威足以使法令畅行于地方。这是各国政府推进现代化运动所必须具备的条件。无论是西欧，还是俄国、德国、日本，当现代化启动之时，都出现了一个强大的王权或中央政府。特别是像中国这样一个大国，更需要有一个统一的强有力的中央政权。然而，清王朝远没有具备这种权威。维新派把自己的活动范围局限于帝党官僚和士大夫阶层的少数人的小圈子里面，没有去触及或者说不愿触及占人口大多数的劳动人民（主要是农民）的问题，即土地问题和与之相关的温饱问题，这也引起农民对变法的漠视甚至抵触。

维新派的措施虽未触及封建统治的基础，但这些措施代表了新兴资产阶级的利益，必然为封建顽固势力所不容。百日维新的新政诏书连篇颁发，然而，中央二品以上的大臣，只有一人讲新政，地方督抚中只有湖南巡抚陈宝箴推行新法比较得力。除此以外，各部堂官和各省督抚都或观望、延宕、抵制，或公开反对，拒不奉诏，形成"明诏但言其始，则彼必不竞其终"的局面。维新派企图通过光绪打击、抑制守旧官僚的嚣张气焰，扶持推行新政的督抚。然而，守旧大臣既然有掌握实权的慈禧作后盾，那么，严惩、严斥的诏令又哪能吓退这些人呢？新旧势力的斗争在进行了几个回合之后，就进入了决战阶段，戊戌政变便是它的最后结局。改革遇到的另一种阻力是守旧派的因循敷衍。晚清的封建守旧派是一个没落的政治集团，他们推行因循守旧的政策。这种人对于改革、对于新事物必然反对，处处掣肘新政。在变革时期，他们必然成为新政的一大障碍。梁启超在《政变前记》中指出："中国之言改革，三十年于兹矣，然而不见改革之效，而徒增其弊，何也？凡改革之事，必除旧与布新两者之用力相等，然后可有效也。苟不务除旧而言布新，其势必将旧政之积弊，悉移而纳于新政之中，而新政反增其害矣。”但除旧必有损于一部分官僚的利益，如裁减闲散衙门、冗员的改革，使一批守旧官僚面临失去权势的可能，因此引起的震动也非同小可。这项改革引起了轩然大波，一些守旧官僚见诏书颁发，与维新派更是势不两立。他们采用种种手法破坏这项改革，或者造谣惑众，或者上书恫吓，极力阻挠新政。

虽然戊戌变法最终失败了，但它却是中国近代史上具有重大意义的事件，是一次爱国救亡运动、思想解放运动，是维新志士们学习西方、改革现有政治体制的一次伟大尝试。它要求发展资本主义经济和扩大资产阶级政治权力，符合近代中国发展的历史趋势，因此也是一次进步的政治改良运动。它传播了资产阶级新文化、新思想；批判了封建主义旧文化、旧思想，是一次思想启蒙运动。它有利于资本主义发展和西方科学技术的传播，为资产阶级思想的传播奠定了基础。它对资本主义参与政权，发展资本主义经济，传播资本主义思想是十分有利的。

四、实践课堂

实践活动　经典文献研读

内容

研读文献，撰写心得体会并进行交流。

研读篇目包括：

1. 马克思：《中国革命和欧洲革命》（1853年6月）；
2. 洪秀全：《天朝田亩制度》（1853年）；
3. 洪仁玕：《资政新篇》（1859年）；
4. 康有为：《上清帝第二书》（1895年5月）；
5. 梁启超：《变法通议》（节选）（1896年）；
6. 严复：《原强》（1895年3月）。

活动实施步骤和过程

1. 将学生分成若干读书小组（每组5到10人），由教师指定或学生自愿报名选出小组长，指定学生以小组为单位阅读该组文章，并于两周内写出读书心得（可以论文或PPT形式呈现）。

2. 两周后，各组选派代表在课堂上汇报读书心得，教师要对各组工作进行点评，并给出成绩。该成绩将作为学生平时成绩的一部分计入总分。

五、习题训练

一、单项选择题

1．最能体现太平天国社会理想和太平天国农民起义特色的纲领性文件是（ ）。

A.《原道觉世训》　　B.《天朝田亩制度》

C.《资政新篇》　　D.《劝世良言》

2．中国近代历史上，第一个比较系统的发展资本主义的方案是（ ）。

A.《资政新篇》　　B.《孔子改制考》

C.《海国图志》　　D.《天演论》

3．洋务运动时期，清政府建立起四支水师，其中（ ）是海军主力。

A. 北洋水师　　B. 南洋水师

C. 福建水师　　D. 广东水师

4．洋务派新办的民用企业，多数采取了（ ）的方式。

A. 官办　　B. 官督商办

C. 官商合办　　D. 商办

5．对洋务派兴办洋务事业的指导思想，最先做出完整表述的是（ ）。

A. 奕䜣　　B. 冯桂芬

C. 曾国藩　　D. 李鸿章

6．康有为创立的宣传维新思想的新式学堂是（ ）。

A. 时务学堂　　B. 万木草堂

C. 京师大学堂　　D. 京师同文馆

7．康有为撰写的宣传维新思想的著作是（ ）。

A. 变法通义　　B. 仁学

C. 新学伪经考　　D. 天演论

8．戊戌维新运动兴起的社会物质条件是（ ）。

A. 列强瓜分中国，民族危机激化

B. 西方科学技术知识的传播

C. 洋务运动的失败

D. 中国民族资本主义的初步发展

9．维新运动时期，梁启超担任主笔的、影响最大的宣传维新变法的报纸是（ ）。

A.《万国公报》　　B.《时务报》

C.《国文报》　　D.《湘报》

10．1898 年 6 月 11 日，光绪皇帝颁布了“明定国是”谕旨，宣布开始变法，并在此后的 103 天中接连发布了一系列推行新政的政令，史称戊戌变法，又称“百日维新”。戊戌维新是一场资产阶级性质的改良运动，这是因为变法的政令（　）。

A. 一定程度上反映了资产阶级的政治和经济诉求

B. 采纳了维新派提出的开国会等政治主张

C. 触及了封建制度的根本

D. 带有彻底性和不妥协性

二、多项选择题

1．天京事变后，洪秀全为挽救太平天国而提拔的军事和政治人才有（　）。

A. 李秀成　　B. 石达开

C. 陈玉成　　D. 洪仁玕

2．（　）属于洋务运动时期创办的新式学堂。

A. 京师同文馆　　B. 福州船政学堂

C. 长沙时务学堂　　D. 京师大学堂

3．19 世纪 60 年代到 90 年代，洋务派举办的洋务事业主要包括（　）。

A. 创办新式学堂，派遣留学生

B. 兴办军用工业和民用企业

C. 提出准许自由组织学会，奖励创办报刊

D. 建立新式海陆军

4．洋务派举办的最重要的官督商办企业有（　）。

A. 轮船招商局　　B. 开平矿务局

C. 天津电报局　　D. 上海机器织布局

5．资产阶级维新派创办的宣传维新主张的报纸有（　）。

A.《时务报》　　B.《民报》

C.《国闻报》　　D.《湘报》

6．百日维新的主要措施包括（　）。

A. 改革行政机构，澄清吏治，提倡廉政，准许创办报纸和上书言事等

B. 提倡开办实业，奖励、保护农工商业和交通、采矿业，改革财政等

C. 裁撤绿营，改编新式陆军，采用西洋兵制，筹设武备学堂等

D. 废除科举制度

7．关于戊戌维新运动，下列描述不正确的是（　）。

A. 戊戌维新运动是一次爱国救亡运动

B. 戊戌维新运动是一场思想启蒙运动

C. 戊戌维新运动具有深厚的群众基础

D. 戊戌维新运动彻底地反对封建主义

8．1898 年的“百日维新”如昙花一现，只经历 103 天就夭折了。谭嗣同在慷慨就义前仰天长叹：“有心杀贼，无力回天。”维新派“无力回天”的主要原因是（ ）。

A. 他们提倡全面学习“西学”，彻底否定“中学”

B. 他们遭到了以慈禧太后为首的强大的守旧势力的反击和镇压

C. 他们惧怕人民群众，把改革的全部希望寄托在一个没有实权的皇帝身上

D. 他们不敢触动封建主义的经济基础

三、材料分析题

1. 阅读下列材料，回答问题。

材料 1：

谨按商局情弊，非改弦更张，难期振刷，用举一二，缮呈钧览：

一、用人之弊，失之太滥。各局船栈，人浮于事，视太、怡行不啻三倍，而得用者无多，甚至首领要缺，委之庖代，如北栈管总、广州局总、各船之“总”，皆不在其事，但挂名分肥而已……

——马良：《改革招商局建议》，翦伯赞、郑天挺主编：《中国通史参考资料》（近代部分上册），中华书局，1980 年版，第 359—360 页

材料 2：

1898 年英国人贝斯福参观金陵机器局后写道：“厂中机器设备很好，主要购自英国，间或也有德国和瑞士的，没有外国机师或工头。中国总办和官吏们似乎不了解他们在制造什么，为什么制造。机器是现代的、头等的，但是用来制造过时的、无用的军需品……看他们高兴而努力地在制造一些浪费钱但又无用的军需物品，使人心中感到凄怆。”

——贝斯福：《中国之瓜分》，第 298 页；转引自苑书义：《李鸿章传》人民出版社，1994 年版，第 172 页

请回答：

（1）举出洋务派创办的具有代表性的军工企业与民用企业。

（2）洋务派企业的积极意义和存在的弊端是什么？

2. 阅读下列材料，回答问题。

材料 1：

自从一八四〇年鸦片战争失败那时起，先进的中国人，经过千辛万苦，向西方国家寻找真理。洪秀全、康有为、严复和孙中山，代表了在中国共产党出世以前向西方寻找真理的一派人物。那时，求进步的中国人，只要是西方的新道理，什么书也看……我自

己在青年时期，学的也是这些东西。这些是西方资产阶级民主主义的文化，即所谓新学，包括那时的社会学说和自然科学，和中国封建主义的文化及所谓旧学是对立的。学了这些新学的人们，在很长的时期内产生了一种信心，认为这些很可以救中国，除了旧学派，新学派自己表示怀疑的很少。要救国，只有维新，要维新，只有学外国。那时的外国只有西方资本主义国家是进步的，它们成功地建设了资产阶级的现代国家。日本人向西方学习有成效，中国人也想向日本人学。在那时的中国人看来，俄国是落后的，很少人想学俄国。这就是十九世纪四十年代至二十世纪初期中国人学习外国的情形。

——毛泽东:《论人民民主专政》,《毛泽东选集》第四卷，人民出版社，1991 年版，第 1469—1470 页

材料 2:

法者，天下之公器也。变者，天下之公理也。大地既通，万国蒸蒸，日趋于上，大势相迫，非可阏制。变亦变，不变亦变。变而变者，变之权操诸已，可以保国，可以保种，可以保教。不变而变者，变之权让诸人，束缚之，驰骤之。呜呼，则非吾之所敢言矣!

——梁启超:《变法通议·论不变法之害》,《梁启超选集》，上海人民出版社，1984 年版，第 10—11 页

请回答:

（1）材料 1 中提到的康有为、严复和孙中山分别是哪个政治力量的代表人物？与他们相联系的重大历史事件是什么？他们向西方寻找的真理主要是什么？

（2）“要救国，只有维新，要维新，只有学外国。那时的外国只有西方资本主义国家是进步的，它们成功地建设了资产阶级的现代国家。日本人向西方学习有成效，中国人也想向日本人学。”这段话反映的是哪个政治派别的主张？其政治实践的结局如何？为什么？

（3）材料 2 反映出的维新派主张变法的一个深刻背景是什么？

四、论述题

1. 既然太平天国农民运动基本上仍然属于旧式的农民战争，那么在中国已经迈入近代门槛的大背景下，太平天国农民运动还具有进步意义吗？

2. 如何评价洋务运动的历史作用？

3. 戊戌维新运动的历史意义是什么？

参考答案

一、单项选择题

1. B 2. A 3. A 4. B 5. B 6. B 7. C 8. D 9. B 10. A

二、多项选择题

1. ACD 2. AB 3. ABD 4. ABCD 5. ACD 6. ABC 7. CD 8. BCD

三、材料分析题

1.（1）代表性的军工企业有江南制造总局、金陵机器局、福州船政局、天津机器局、湖北枪炮厂等。代表性的民用企业主要有轮船招商局、开平矿务局、天津电报局、上海机器织布局、汉阳铁厂等。

（2）洋务派企业的积极意义主要有：第一，一些企业特别是官督商办的民用企业，使用了大机器生产，有雇佣劳动关系，基本上是资本主义性质的新式企业，这无疑是进步的新生事物。洋务企业一定程度上做到了“稍分洋商之利”，在客观上对中国的早期工业和民族资本主义的发展起了某些促进作用。第二，洋务企业的创办使传统的“重商抑末”“重义轻利”及“商为四民之末”等观念都受到了冲击，社会风气和价值观念开始发生了变化，工商业者地位提升，西方的各种技术和器物不再被当作“奇技淫巧”而受到排斥，而是被视为模仿和学习的对象。

洋务派企业的弊端主要有：管理具有腐朽性，基本上仍然是封建衙门式的管理，军事工业完全由官方控制经营，不讲效益，造出的枪炮、轮船等产品往往质量低下，即便是官督商办和官商合办的民用企业，其管理也大多由政府专派官吏大员主导生产，商人没有多少发言权，还要承担企业的亏损，企业内部极其腐败，充斥着营私舞弊、贪污受贿、挥霍浪费等官场恶习，大小官员既不懂生产技术，又不懂经营管理，无法维持企业的正常运行。

2.（1）材料 1 中提到的康有为、严复是资产阶级维新派的代表人物，与他们相联系的重大历史事件是戊戌维新运动。他们向西方寻找的真理，主要是西方资本主义的君主立宪制度和自由平等、进化论等思想文化。材料 1 中提到的孙中山是资产阶级革命派的代表人物，与其相联系的重大历史事件是辛亥革命，其向西方寻找的真理，主要是西方资本主义的民主共和制度和自由、平等、民主、博爱、共和等思想文化。

（2）这段话反映的是资产阶级维新派的政治主张，其政治实践是开展了戊戌维新运动，结果以失败告终。失败的原因：一是以慈禧太后为首的强大的封建守旧势力的反对；二是维新派自身的局限性，主要在于不敢否定封建主义、对帝国主义抱有幻想、惧怕人民群众等。

（3）材料2反映出的维新派主张变法的一个深刻背景是，甲午战争的惨败造成了新的严重的民族危机，由此激发了新的民族觉醒，为了救亡图存，必须维新变法，正如材料中所说，只有变法，才能“保国”“保种”“保教”。

四、论述题

1. 从近代中国的主要矛盾和历史任务的角度来看，回答是肯定的，太平天国农民运动的历史功绩主要表现在：

第一，太平天国农民运动，沉重地打击了封建统治阶级，强烈地撼动了清政府的统治根基，加速了清王朝的衰败过程。太平天国农民运动消灭了上百万的清朝军队，沉重打击了清王朝中央集权君主专制的统治秩序，冲击了封建思想文化；太平天国在其统治区域实行的土地政策，打击了封建地主土地所有制，有利于贫苦农民，促进了农业生产力的恢复和发展。

第二，太平天国农民运动有力地打击了外国侵略势力。在定都南京后不久，英、美、法等国相继派人到南京，也就是太平天国的天京，窥探太平天国虚实。英国人还将《南京条约》的中文本交给太平天国，目的是要太平天国承认这一不平等条约，这一举动遭到太平天国的严厉拒绝。太平天国还要求外国不得干涉太平天国的内政和遵守太平天国的法律制度。在对外贸易上，太平天国准许各国到中国自由通商，但必须遵守太平天国的法规制度，严禁鸦片贸易。在军事上，太平军和英法两国的军队，以及由外国军官组织、指挥的“常胜军”“常捷军”等进行了英勇的战斗。

第三，太平天国农民运动是中国旧式农民战争的最高峰，具有不同于以往农民战争的新的历史特点。太平天国起义规模宏大，历时14年，席卷18个省，攻克600多座城市，建立了和清王朝对峙的政权。在太平天国的影响下，全国各地反清斗争风起云涌，如天地会起义、捻军起义等。1864年天京失陷后，太平天国余部仍坚持斗争达四年之久。太平天国农民运动发生在中国已跨入近代门槛的大背景下，这使得它具有了不同于以往农民战争的新的历史特点。《资政新篇》是近代中国第一部比较完整的发展资本主义的建设方案，是太平天国历史中一个光辉的亮点，使这次农民起义鲜明地不同于历史上其他的农民起义，反映了太平天国领导人向西方寻求真理、探索国家出路的一种努力。

第四，太平天国农民运动启迪和鼓舞了后来的反帝反封建斗争。太平天国农民运动是一场空前的革命风暴，对后来的旧民主主义革命和新民主主义革命都具有强烈的影响。辛亥革命时期，孙中山和他的同志就以太平天国的后继者自居，中国共产党人也十分注意吸取太平天国的经验和教训。太平天国起义是19世纪中叶亚洲民族解放运动中，历史最久、规模最大、影响最深的一次。它和其他亚洲国家的民族解放运动汇合在一起，冲击了西方殖民者在亚洲的统治，对其他国家的民族独立和改革运动（如日本的明治维新）起了促进作用。

2. 洋务运动是地主阶级中一部分有见识的人，也就是洋务派，希望通过学习西方使中国走向富国强兵之路的一次尝试或努力。洋务运动有着其符合历史潮流的积极进步的一面，但也存在着严重的局限性。

首先，洋务运动是具有历史功绩的改革运动，它具有抵御外侮的明确目的，而不仅仅是为了镇压农民起义。其次，洋务运动是中国现代化的起点。洋务运动强调学习西方近代物质文明，使中国迈出了由“传统社会”向“现代社会”转变的第一步，中国的现代化进程由此真正开始。具体来说：第一，洋务运动客观上对中国早期工业和民族资本主义的发展起了某些促进作用。洋务企业普遍使用大机器生产，实现了中国从手工业制造转向机器生产的起步，为中国近代工业发展奠定了一定的基础。第二，通过兴办新式学堂、派遣留学生和翻译西学书籍等途径，洋务运动传播了新的知识，培养了新式人才。第三，洋务运动促进了社会风气和价值观念的变化，伴随着资本主义生产方式的出现和西方近代文明的传播，传统的“夷夏之防”“重本抑末”“重义轻利”“重农轻商”等观念都受到了强烈的冲击，工商业者的地位获得了提升。

但洋务运动也具有严重的局限性：

第一，洋务运动规模非常有限。洋务运动不是清政府主持的全国范围内的现代化运动，而只是部分有见地的地方官员所组织的局部的现代化运动，所以洋务运动只是为了应付国内外危机而仓皇进行的小规模现代化运动，其起点和规模远远低于同时期其他国家的早期现代化改革运动。

第二，洋务派想在不触动封建专制制度和帝国主义的前提下来推进现代化，事实上证明是行不通的。洋务派官员主张承认不平等条约制度，幻想在不受列强管束甚至获得列强帮助的情况下进行洋务运动，而帝国主义侵略中国的目的是把中国变成其商品倾销地、原料供应地和投资场所，它绝不允许中国变成一个强大的、独立的国家。洋务运动以不触动封建专制制度和帝国主义为前提，当运动推进到了一定程度时，这样的现代化就推行不下去了。民族独立地位的丧失，政治上专制主义的顽固存在，像两座巨大的障碍，阻死了洋务运动前进的通道。

3. 第一，戊戌维新运动，是一次爱国救亡运动。戊戌维新运动作为一次具有相当规模的政治运动的兴起，是甲午战败的强烈刺激下的产物；变法高潮的到来，是列强在华划分势力范围，民族危机激化的产物。维新派的政治实践和思想理论，不仅贯穿着强烈的爱国主义精神，而且推动了中华民族的觉醒。

第二，戊戌维新运动是一场资产阶级性质的政治改良运动。维新派突破“中体西用”的思想局限，主张改革君主专制制度，代之以“君民共主”的君主立宪制度，而让民族资产阶级上层的政治代表参与到政权当中，这就把向西方学习的进程，从洋务运动的以“器物”为中心，转向了戊戌变法的以“制度”为中心，显示出民族资产阶级这一新兴阶级的政治朝气。虽然维新派在“百日维新”期间，并没有明确地提出“设议院”“开国会”“立宪法”，而是主张“开懋勤殿”“开制度局”，但这并不影响戊戌维新运动的资本主义性质。因为戊戌变法是在刚刚起步时就被顽固势力扼杀的，不应当根据运动的起点去判断它的性质，而应当根据维新派的一贯宗旨去推断运动的前进方向。维新派对政治民主化的大胆追求和改变封建专制政体的公开宣传，正式揭开了中国政治现代化的序幕。

第三，戊戌维新运动更是一场思想启蒙运动。维新运动在思想文化领域的影响，超过了其在政治、经济等方面的影响。戊戌政变之后，百日维新，作为一场政治运动失败了，但作为一场思想文化运动，却远不是以慈禧太后为代表的顽固派所发动的政变所能剿洗干净的。在维新运动期间，维新派大力传播西方资产阶级的社会政治学说和自然科学知识，宣传自由平等、社会进化的观念，批判封建君权制度和封建伦理纲常，从而把顽固的封建主义思想壁垒打开了一个缺口，有利于民主思想在中国的传播，有利于人们的思想解放。在维新派的推动下，“诗界革命”“文体革命”“小说界革命”“戏剧改良”“史学革命”等相继兴起，形成了广泛的文化革新运动。以此为起点，资产阶级新文化开始打破封建文化独占文化阵地的局面，维新派争得士人结社、上书言事、开报馆、议时政的权利，以此锻铸传播新政治意识的工具，在当时社会中都引起了强烈的震动。戊戌维新运动是中国近代民主启蒙运动的真正起点。

第三章

辛亥革命与君主专制制度的终结

一、理论要点

（一）内容提要

本章主要讲述资产阶级革命派的革命运动。随着民族危机的加深和社会矛盾的日趋尖锐，民族资产阶级为了冲破帝国主义和封建主义的桎梏，发展资本主义，形成了其政治利益的代言人和经济利益的维护者——资产阶级革命派。资产阶级革命派提出了三民主义学说和资产阶级共和国建国方案，发动武昌起义并建立了资产阶级共和国性质的中华民国，但由于资产阶级革命派的软弱性，辛亥革命的果实被北洋军阀所窃取，旧民主主义革命最终失败。

（二）教学目的

运用马克思主义唯物史观分析革命与改良的关系，使学生认清革命的必要性、正义性和进步性。分析南京临时政府的政权性质和辛亥革命的伟大意义，并使学生认识到辛亥革命是20世纪中国历史上第一次历史性巨变。引导学生深入分析辛亥革命的失败及其原因和教训，总结归纳资产阶级共和国方案在中国行不通的根本原因。

（三）教学要点

1. 辛亥革命爆发的历史条件
2. 资产阶级革命派的活动
3. 中华民国的建立
4. 封建军阀专制统治的形成和旧民主主义革命的失败

（四）关键词

兴中会；清末新政；同盟会；三民主义；辛亥革命；武昌起义；临时约法；北洋军阀

二、理论知识

进入20世纪，中国的民族危机更加深重，社会矛盾更加激化。以孙中山为代表的资产阶级革命派组建资产阶级性质的革命政党，提出建立资产阶级共和国的政治纲领，同改良派展开了论战，发动了一次又一次武装起义。辛亥革命推翻了封建君主专制制度，建立了中华民国，是一次比较完全意义上的资产阶级民主革命。但是辛亥革命最终失败了，革命的胜利果实落在了北洋军阀首领袁世凯的手中，中国半殖民地半封建的社会性质没有改变。辛亥革命后，资产阶级革命派为挽救共和进行了反对北洋军阀统治的斗争，又屡遭失败。资产阶级领导的旧民主主义革命走到了历史的尽头。

（一）近代中国民族民主革命发生的历史必然性

鸦片战争以来，帝国主义发动了一系列侵华战争，并与国内的封建势力相勾结，使中国沦为半殖民地半封建社会，使中国的民族危机日益加深。为此，正如江泽民在中共十五大的报告中所指出的，近代中国鸦片战争后，中华民族面对着两大历史任务：一个是求得民族独立和人民解放；一个是实现国家繁荣富强和人民共同富裕。前一个任务是为后一个任务扫清障碍，创造必要的前提。也就是说，中华民族面对的首要任务，就是求得民族的独立和人民的解放。近代中国只有革命，才能求得民族独立和人民的解放，才能为中国的现代化开辟道路。这是近代中国社会发展的必然选择。

一般来说，在一个国家的社会发展与转型中，是采取革命的方式，还是采取改良的方式，不能一概而论，完全取决于这个国家的历史传统、经济状况与社会文化等现实国情。近代中国民族民主革命的发生，从根本上说，不是基于人们的主观愿望，而是近代中国社会基本矛盾激化的产物，这是近代中国革命发生和发展的客观条件。就近代中国而言，严重的民族危机、激烈的阶级对抗和深重的社会危机，只能选择革命。特别是帝国主义和中华民族的矛盾、封建主义和人民大众的矛盾更加尖锐，从而使反帝反封建革命的客观形势趋于成熟。正如列宁所说："革命是不能'制造出来'的，革命是从客观上（即不以政党和阶级的意志为转移）已经成熟了的危机和历史转折中发展起来的。"

中国资产阶级民主革命是由以孙中山为代表的资产阶级革命派首先发动的。革命的领导人和不少骨干分子，并非一开始就主张以革命方式推翻清政府，而是经历了一条从改良到革命的道路。孙中山曾经说过："可用和平手段即用和平手段，必须用强力时即以强力临之。"正因为改良道路走不通，才使孙中山最终选择了革命。因此，近代中国革命也是外国侵略者和本国反动派逼出来的。同时，近代中国民族资本主义的产生和发展，民族资产阶级的产生及其与它相联系的社会力量的发展，为近代民族民主革命的发生打下了阶级基础。

（二）如何看待帝制的覆灭和民国的建立

辛亥革命最重要的任务是推翻封建帝制，建立民国。我们在认识辛亥革命时，既要看到这场伟大的革命在推进中国走向共和的过程中，所发挥的积极的历史作用，也要看到它的历史局限性。

从 1840 年鸦片战争开始，中国不断受到西方列强的侵略，为摆脱这种局面，清政府开始实行富国强兵计划，因此有了洋务运动。在甲午战争中，北洋水师覆没，以李鸿章为代表的洋务派失败，清政府被迫签订了丧权辱国的《马关条约》，举国哗然。1898 年，光绪皇帝支持康有为等人提出维新运动，然而戊戌变法仅开展了 103 天，就被守旧派残酷压制。1900 年发生的庚子事变再次震动了中国，慈禧利用义和团宣泄她对列强的不满，导致局势失控，在八国联军发动对北京的进攻之后，慈禧太后不得不带着光绪皇帝逃往西安。清王朝的统治出现了严重的危机，此时慈禧太后才明白，改革已是时代的必然。

1901 年 1 月，慈禧太后以光绪皇帝的名义颁布上谕，正式实行“新政”。特别是 1905 年，慈禧太后批准五位大臣出国考察各国立宪制度，摆出进一步推行政治改革的架势。但意图巩固清王朝统治的所谓“新政”却成为清王朝灭亡的催化剂。首先，清朝废科举、办学堂、派留学生，产生了一大批新型的知识分子，这些人看到了整个世界的变化，民族主义情感十分强烈，他们认为中国的积贫积弱和屈辱地位就是腐败无能的清政府造成的，只有推翻清政府才能振兴中国。革命派就在他们中间萌芽产生并形成了团体，其主体是留日学生和国内各个新式学堂的学生，这些学生当中很多人又加入了新军当中，也使得新军几乎成为革命青年的集合地。1905 年同盟会成立后，革命青年有了统一的组织，从此革命风潮一日千里，辛亥革命就是在新知识分子和新军当中的革命青年的广泛参与之下成功的。其次，1906 年以后，清王朝宣布实行预备立宪，成立准议会性机构——省咨议局和中央资政院，这给了地方士绅一个机会，他们形成了全国性的团体，组成了举足轻重的政治势力，这就是立宪派。当他们参与政权的要求得不到满足时，立宪派的不满也迅速增长，辛亥革命爆发后，他们不少人站到了革命阵营，并且在各省脱离清政府的独立进程中产生了重要影响。可以说，清末“新政”促进了社会的新陈代谢，使革命势力在分化组合中日益壮大。

武昌起义后不久，各省纷纷响应宣布独立，统一的中央政权亟待建立，于是各省代表于 12 月 2 日在上海通过了《中华民国临时政府组织大纲》，确定临时政府为总统共和制，以南京为临时政府所在地，12 月 29 日，各省代表推选刚刚回国的孙中山为中华民国临时大总统，1912 年元旦，孙中山在南京宣誓就职，正式宣告中华民国临时政府成立，1 月 28 日临时政府参议院成立，行使议会职权。临时政府和参议院大部分实权掌握在资产阶级革命党人手中，制定、颁布和实施了一系列有利于中国社会发展的政策和法令，如废除苛捐杂税、保护民族工商业、鼓励华侨在国内投资、改革教育及社会习俗等，体现了民族资产阶级的利益，具有反封建的革命性和进步性。作为民国政府区别于以往封建统治的重要标志，南京临时政府颁布的《中华民国临时约法》成为近代中国第一部具有资产阶级共和国宪法性质的根本大法，以法律的形式确立了资产阶级民主共和国的根本政治制度，毛泽东称赞《中华民国临时约法》是“带有革命性、民主性”的。

作为亚洲第一个民主共和国，南京临时政府存在的时间虽然短暂，却在历史上占据着重要的地位。但我们也应该看到，中华民国的建立并没有脱离旧社会的桎梏，新政权没有隔断与旧时代的联系，这直接促成了中华民国新政权的脆弱性，使革命不可避免地带有局限性。作为新政权领导者的资产阶级革命派，产生于中国半殖民半封建社会，与帝国主义和封建统治阶级有着密切的关系。这就决定了其在政治和经济上要受到双重的压迫与剥削，所以具有不可避免的软弱性和妥协性，无法进行坚决的反帝反封建斗争；由于不敢触动封建的地主土地所有制，中华民国临时政府难以获得占中国绝大多数的农民的支持，使得革命丧失了最根本最雄厚的革命力量；辛亥革命和中华民国的建立也没有反对帝国主义的内容，没有完成反帝反封建的任务，没有改变中国社会的性质。这些都反映了资产阶级具有软弱性和妥协性。所以，辛亥革命成功的仓促，到手的乃是不彻底的胜利。最终，辛亥革命的胜利果实被以袁世凯为首的北洋军阀所窃取。

总之，辛亥革命虽然推翻了统治中国两千多年的封建专制制度，创立了中华民国，使中国的政治、经济、文化教育、制度建构，都发生了相当大的变化。但是辛亥革命无法彻底解决近代中国所面临的两大任务，无法摆脱旧社会带来的束缚与限制，强大的北洋军阀势力更是直接窃夺了辛亥革命胜利的果实。因此，在看待封建帝制的覆灭和中华民国的建立这一重大的历史转折时，我们既要认识到它历史的进步性，更要着重分析其时代的局限性。

（三）辛亥革命为中国的进步潮流打开了闸门

在中国近代历史上，辛亥革命是中国人民为救亡图存、振兴中华而奋起革命的一个里程碑，它使中国发生了历史性巨变。正如江泽民在纪念辛亥革命九十周年大会上所讲，“辛亥革命，开始了比较完全意义上的反帝反封建的民族民主革命，虽然它未能改变旧中国的社会性质和人民的悲惨境遇，但为中国的进步潮流打开了闸门，使反动统治秩序再也无法稳定下来，激励中国人民为争取民族独立和人民解放、实现国家富强而更加勇敢地奋斗”。

第一，辛亥革命推翻了封建势力的政治代表、帝国主义在中国的代理人——清王朝的统治，沉重地打击了中外反动势力，使中外反动统治者在政治上乱了阵脚。在这以后，帝国主义和封建势力在中国再也不能建立起比较稳定的统治，从而为中国人民斗争的发展开辟了道路。

第二，辛亥革命结束了统治中国两千多年的封建君主专制制度，建立了中国历史上第一个资产阶级共和政府，使民主共和的观念开始深入人心，并在中国形成了“敢有帝制自为者，天下共击之”的民主主义观念。正因为如此，当袁世凯、张勋先后复辟帝制时，均遭到了社会舆论的强烈谴责和人民群众的坚决反抗。

第三，辛亥革命给人们带来一次思想上的解放，极大地推动了中华民族的思想解放，为中国先进分子探索救国救民的道路打开了新的视野。自古以来，皇帝历来被看作是至高无上、神圣不可侵犯的绝对权威，如今都可以被打倒，那么还有什么陈腐的东西不可以被怀疑、不可以被抛弃？林伯渠曾精辟地指出了辛亥革命的重大思想解放意义：“过去专制主义是正统，神圣不可侵犯，侵犯了就要杀头。现在民主主义成了正统，同样取得了神圣不可侵犯的地位。”尽管辛亥革命后来失败了，但是它打开了思想进步的闸门，开辟了先进的知识分子不断探索拯救中国的道路。正是在辛亥革命的基础上，才有了五四新文化运动以及马克思主义在中国的传播。可以说，没有辛亥革命，便没有五四运动，便没有新民主主义革命的历史发展。

第四，辛亥革命促使社会经济、思想习惯和社会风俗等方面发生一系列变化，推动了社会的进步和发展。南京临时政府成立后，以振兴实业为目标，设立实业部，先后颁布了有利于工商业发展的一系列政策，如“商业注册章程”“商业银行暂行条例”等。临时政府的这些政策解放了在封建社会中受到禁锢的先进生产力，使得民族资本主义经济有了较大的发展，形成了资本主义发展的黄金时代。革命政府成立后，大力整顿社会丑恶陋习，以扫除旧时代的“风俗之害”，包括“奴婢之蓄养、缠足之残忍、鸦片之流毒、风水之阻害”。人们见面时用鞠躬、握手取代了封建时代的跪拜礼；以“先生”“君”的互称取代了代表封建等级的“老爷”称呼。革命后，象征清王朝统治的辫子和服饰成为革除的对象，剪辫易俗之风迅速席卷全国，一时间，短发、西服、中山服得以流行，社会出现了新风尚、新气象。此外，临时政府还宣布改历改元，以阳历取代中国传统的阴历，以“中华民国”年号取代清帝纪元。上述种种变化不仅改变了社会风气，也有助于人们的精神解放。

三、案例思考

案例 1

案例呈现

1911 年 9 月 7 日，四川成都发生保路风潮，即成都血案，激起骚乱。清廷为扑灭保路风潮，派出渝汉铁路督办、钦差大臣端方率领部分湖北新军入川，协助四川清军镇压。湖广地区（湖北、湖南）革命党人见清军在湖北防御力量减弱，开始策动在武昌和长沙伺机起事。9 月 14 日，文学社和共进会在中国同盟会中部总会谭人凤等人的推动下联合，建立了统一的起义领导机关。

10 月 9 日，共进会领导孙武等人在汉口俄租界宝善里配制炸弹时不慎引起爆炸。俄国巡捕闻声而至，搜去革命党人名册、起义文告等，拘捕刘同等 6 人，随即将其引渡至湖北当局。湖广总督瑞澄下令关闭四城，四处搜捕革命党人。文学社领导蒋翊武决定立即于 10 月 9 日晚 12 时发动起义。但武昌城内戒备森严，各标营革命党人无法取得联络，当日晚彭楚藩、刘复基在武昌小朝街起义总指挥部被捕，杨宏胜在运送弹药的路上被捕，10 月 10 日晨三人被斩首，蒋翊武逃跑。10 月 9 日起义计划落空。

10月10日白天，清军大肆搜捕新军中的革命党人，下令军管官兵一概不得出营，并晓谕党人自首。10月10日晚，新军工程第八营士兵熊秉坤情急之下被迫打响了武昌起义的第一枪。随后起义士兵推举吴兆麟为临时总指挥，夺取了位于中和门附近的楚望台军械所。起义军缴获步枪两万支，炮数十门，子弹数十万发，为起义的胜利奠定了基础。此时，驻守武昌城外的辎重队、炮兵营、工程队的革命党人亦以举火为号，发动了起义，并向楚望台齐集。武昌城内的第十五协29标的蔡济民和30标的吴醒汉亦率领部分起义士兵冲出营门，赶往楚望台；尔后，武昌城内外各标营的革命党人也纷纷率众起义，并赶向楚望台。起义人数达3000多人。

10月10日晚上10点30分，起义军分三路进攻总督署和旁边的陆军第八镇司令部。并命已入城之炮8标则在中和门及蛇山占领发射阵地，向督署进行轰炸。起初，起义军没有一个强有力的指挥，加上兵力不够，进攻受挫。晚12点后，起义军再次发起进攻，并突破敌人防线，在督署附近放火，以火光为标志，蛇山与中和门附近的炮兵向火光处发炮轰击。湖广总督瑞澄打破督署后墙，从长江坐船逃走，第八镇统制张彪仍旧在司令部顽抗。起义军经过反复的进攻，终于在天亮前占领了督署和镇司令部。张彪退出武昌，整个武昌在起义军的掌控之中。

汉阳、汉口的革命党人闻风而动，分别于10月11日夜、10月12日光复汉阳和汉口。起义军掌控武汉三镇后，湖北军政府成立，黎元洪被推举为都督，改国号为中华民国，并号召各省民众起义响应。武昌起义胜利后的短短两个月内，湖南、广东等15个省纷纷宣布脱离清政府宣布独立。1912年1月1日，中华民国临时政府在南京成立，孙中山被推举为临时大总统。1912年2月12日，清帝溥仪退位，清朝灭亡。

——摘编自贺觉非、冯天瑜：《辛亥武昌首义史》，武汉大学出版社，2006年版

案例讨论

1. 简述武昌起义的历史背景。
2. 领导武昌起义的主要力量是什么？
3. 如何评价武昌起义的历史意义？

案例点评

1911年10月10日，武昌起义一声枪响，撼动了整个中国。20世纪初期，由于中国的各种社会矛盾不断激化，人民群众的反抗斗争持续不断。面对危局，清政府也曾进行内部调适，希望缓和矛盾。1906年，清廷抛出“预备立宪”，其实质却是加强了皇族的权力，广大立宪派对此极为不满；1908年慈禧太后与光绪皇帝相继去世，年仅3岁的宣统皇帝溥仪即位，其父载沣摄政。1911年5月，清政府公布的内阁名单中满族人有九名（其中七名是皇族），汉族有四名。被人称为“皇族内阁”。立宪派对此大失所望，有不少立宪派投入到革命阵营。

为取得外国的支持，以维护其统治，清政府将广东、四川、湖北、湖南等地的商办铁路收为国有，然后再卖给外国，由此引发了全国大规模的人民反抗运动——保路运动，其中以四川最为激烈。黄花岗起义、四川保路运动像一排排巨浪猛烈地冲击着清王朝这条快要倾覆的破船。

武昌起义敲响了清王朝封建统治的丧钟。新军工程第 8 营的革命党人打响了武昌起义的第一枪后，革命军攻克总督府，占领武昌，消灭清军大批有生力量，在中国腹心地区打开了一个缺口，成为对清王朝发动总攻击的突破口，并在全国燃起燎原烈火，沉重打击了清政府，致使 1912 年 2 月清帝被迫退位，结束了两百多年清王朝封建统治和两千多年君主专制统治。其次是吹响了共和国诞生的号角。武昌起义创建了湖北军政府，成为共和政权的雏形，并引发各省响应。不到两个月就诞生了中华民国，建立了以孙中山为首的南京临时政府，取得了辛亥革命的重大胜利。

武昌起义给后世留下了宝贵的革命精神。有学者在谈及武昌起义的革命精神时讲到，这种精神首先表现在武汉革命党人敢为天下先的精神。他们积极宣传革命思想，发展革命组织，掌握革命武装，抓住历史时机，发动首义，创立湖北军政府。其次是武汉革命党人和人民群众的献身精神。武昌起义的胜利是革命党人长期艰苦奋斗和英勇流血牺牲换来的。如彭楚藩、刘复基、杨洪胜三位烈士慷慨就义，程定国、熊秉坤勇于发难，纪鸿钧、王世龙舍身烧督署，都表现了大无畏的革命献身精神。广大武汉三镇人民群众也同仇敌忾，支援革命：商人捐款，工人、农民、市民踊跃参军，与革命军并肩作战，痛击清军。

在武昌起义的号召和激励下，至 11 月 9 日，全国有 13 个省和最大的城市上海相继进行起义，宣布脱离清廷独立。革命党人在各省积极发动新军、会党起义，农民、工人、手工业者和城市贫民掀起自发的斗争，革命形势飞速发展，汇合成了全国规模的资产阶级革命高潮，也是中国近代史上第三次革命高潮。尽管在当时夺取政权的过程中，立宪派、旧官僚、旧军人等占据政权核心地位，有的地方政权只是变化了一下旗帜和服饰，甚至仅仅用竹竿挑去了抚衙大堂上的檐瓦，以示革命必须破坏。然而无论如何，武昌起义和各省的响应，终究敲响了清王朝的丧钟。清王朝在全国革命的打击下，很快就土崩瓦解。这年是旧历辛亥年，历史上把这次以武昌起义、各省独立为标志的革命，称为辛亥革命。

案例 2

案例呈现

袁世凯是河南项城人，早年投靠淮军，在淮军与洋人合力镇压太平天国革命时表现得精明能干，深得李鸿章的赏识，并被李鸿章推荐为大清国驻朝鲜的全权代表。他善于玩弄权术，晋升很快，不久代替李鸿章成为直隶总督和北洋大臣，在任期间扶植自己的势力，号称“北洋三杰”的段祺瑞、冯国璋、王士珍，就是他一手提拔起来的。他们掌握北洋新建陆军的大权，被人们称为“北洋军阀”。

说起袁的皇帝梦，还有这样一个故事：传说他有个精巧的玉杯，杯上有条盘旋的龙，每天早上都要用这个杯子喝龙井茶。一天，仆人照例把茶送到他房间，看见床上爬着一只癞蛤蟆，仆人大惊，摔坏了龙杯。仆人连忙去庙里找一个老和尚求救，和尚给他出了一个主意。等袁醒来，不见了龙杯，就把仆人叫来训斥。仆人说：“早上送茶时，看到杯上的龙活了，飞到你身上变成一条大金龙，我一害怕就打坏了杯子。”袁听后大喜，认为自己真龙附体，所以没有责怪仆人，反而给了他许多钱。其实这都是人们为讽刺袁编造的，但他想做皇帝却是千真万确的。

1912 年 2 月 12 日，在袁世凯的威逼利诱下，宣统皇帝宣布退位。这下使袁身价百倍，人们认为朝廷的倒台是他的功劳，袁赞成共和反对帝制。孙中山为稳固刚诞生的中华民国，答应辞去临时大总统。当大总统并不是袁的最终目的，他每天都做着皇帝梦，所以，当上大总统后他就变本加厉地镇压革命。1913 年 3 月，袁派人暗杀革命党著名领袖宋教仁，下令逮捕黄兴和孙中山，镇压黄兴、李烈钧领导的“二次革命”，掀起血腥屠杀革命者的高潮。仅湖北省，在 1913 年一年中，被袁杀害的革命人士就达 4000 余人。

1915 年 12 月，参政院向袁世凯恭上《总拥戴书》，表示“请我圣上上登步，万世不易也”。谁料想袁世凯当日就把原书发还，表示无意称帝。袁世凯只是假意谦让，属下怎么会不懂得他的心理，参政院当即再写拥戴书，全面回顾了袁世凯的丰功伟绩，并且指出，既然袁已赞成设立君主政体，那么民国就自即日起消亡，既然民国已经不存在了，袁当初就任民国总统时效忠共和的誓言也就自然失效了，请袁世凯只管当皇帝好了，一切责任由国民代表大会承担。这下袁世凯无法推托了，1915 年 12 月 12 日，袁做了中华帝国的皇帝，下令将 1916 年改为“洪宪”元年，元旦正式登基。

1916 年元旦，当袁世凯在新华宫登基坐殿接受百官朝贺的时候，蔡锷、李烈钧等领导的讨袁“护国军”也宣布成立，立即出兵四川和两广地区。护国军节节胜利，两广、陕西等地纷纷宣布独立，袁派十万北洋军队前去镇压，由于军心涣散，被打得溃不成军。这时帝国主义看到他已到穷途末路，也不支持他了。冯国璋、段祺瑞等人也站到了袁世凯的对立面。袁世凯众叛亲离，终于在全国人民的唾弃中死去。屈指算来，他的皇帝梦只有 83 天。

——摘编自张华腾：《洪宪帝制：袁氏帝梦破灭记》，中华书局，2007 年版

案例讨论

1. 袁世凯是怎样篡夺辛亥革命果实的？
2. 袁世凯复辟帝制的根源是什么？
3. 辛亥革命的失败说明了什么？

案例点评

袁世凯（1859—1916 年）是近代中国历史上一个极其重要的代表人物。在中国近代史上，袁世凯的名字可谓家喻户晓，几乎每一部研究中国近代历史的论著都会对他有所评价。诸如“窃国大盗”“嗜血成性的专制暴君”“寡廉鲜耻的卖国贼”“独夫民贼袁世凯是近代史上臭名昭著的反动政客”等，不一而足。

袁世凯开始登上政治舞台的时刻，正值中国在封建制度的桎梏下将要走完其漫长的黑暗路程的年代，也正是帝国主义列强加强侵略中国的时期。甲午战争之前，他是李鸿章淮系军阀集团的一名初露头角的走卒；战后，趁淮系军阀衰落的时机，他在小站创练了一支新式陆军，并以此为资本，破坏了资产阶级改良派的维新运动，扑灭了反帝爱国的义和团运动，在中外反动派的一片喝彩声中，爬上了直隶总督兼北洋大臣的显赫职位。从 1901 年至 1908 年，袁世凯以“中学为体，西学为用”的洋务派理论纲领为指导，以那支新式陆军为核心，通过办“新政”，组织起一个庞大的北洋军事政治集团。这个新兴的集团是淮系军阀集团的延续和发展，是清政府推行“新政”的结果，是帝国主义侵华由瓜分政策转到“保全（清朝）政策”的产物。袁世凯正是依靠这个集团的势力，不遗余力地支撑着摇摇欲坠的封建专制王朝，破坏正在蓬勃发展的资产阶级民主革命运动。然而，当孙中山领导的民主革命风暴来临的前夕，他在与世袭的满族亲贵集团的政治斗争中遭到了惨败，灰溜溜地退出了政治舞台。

1911 年辛亥革命爆发，清王朝陷入崩溃的绝境。时局的发展，使得失势的袁世凯得以有机会主导国内大局。他迅速集结起北洋集团的军事政治力量，赢得了帝国主义和国内立宪派的依赖和支持，先打着“实行君主立宪”的旗号，强夺了清政府的一切权力，又迎合时代潮流，举着“赞成共和”的幌子，巧取了中华民国临时大总统的职务。但是，这个专制皇权的崇拜者和觊觎者，根本就不相信在中国能实行民主共和，他之所以要和以孙中山为首的民主派妥协，握手言欢，实际上完全是为了尽快绞杀革命。因此，一上台他就不择手段地加强个人权力，破坏法制，践踏民主，追求专制独裁的统一；把民主派视为集权路上的最大障碍，乘民主派尚未巩固阵地之际，步步紧逼，迫使他们退出政府，裁减革命军队，接着便无情地把他们浸在血泊里。他又解散国会，撕毁“约法”，将民主政治的痕迹扫荡殆尽。然而，这一切扼杀民族生机的反动行为，却都是在“统一国家”“救国救民”及“保卫共和”的动听口号掩饰之下完成的。

资产阶级革命派的妥协，使得北洋军阀气焰更加嚣张。1915 年 2 月，袁世凯通令全国学校一律恢复“尊孔读经”，以“尊孔尚孟”为教育宗旨。1915 年 8 月，袁世凯授意亲信杨度纠合孙毓筠、严复、刘师培、李燮和、胡瑛组织“筹安会”，鼓吹恢复帝制。1915 年 10 月至 12 月，亲袁势力炮制全国选举，向袁世凯上推戴书，劝进帝位。1915 年 12 月 12 日，袁世凯正式接受皇帝位。次日，袁世凯在中南海居仁堂接受百官朝贺。31 日，改总统府为新华宫，定 1916 年为洪宪元年。就这样，袁世凯一手遮天，终于当上他梦寐以求的洪宪皇帝。

袁世凯的倒行逆施必然遭到全国人民及各派政治力量的强烈反对。1915 年 12 月初，原云南都督蔡锷巧妙地摆脱袁世凯的控制，由北京潜返云南，策动都督唐继尧及国民党人、原江西都督李烈钧等共同讨袁。24 日，他们在云南护国寺召开军事会议，组织讨袁军，因寺而取名护国军。护国军由三个军组成：蔡锷任第一军总司令，李烈钧任第二军总司令，唐继尧任第三军总司令。25 日，正式通电宣布云南独立，发布讨袁檄文，护国战争正式爆发。短命的洪宪王朝在各种势力的打击下仅仅闹了 83 天就消失了。袁世凯复辟帝制，逆历史潮流而动，弄得众叛亲离，四面楚歌。1916 年 6 月 6 日，窃国大盗袁世凯在全国人民的唾骂声中可耻地死去，时年 57 岁。

中外历史上曾经出现过不少妄想扭转历史车轮前进的丑角，这类丑角没有一个不是以身败名裂而告终。袁世凯称帝的历史又一次证明：凡是利欲熏心、违背人民意志而倒行逆施的人，无论他是多么骄横跋扈，不可一世，其最后的结果必然是被人民抛弃，进入历史的垃圾堆。

四、实践课堂

实践活动　经典文献研读

内容

研读文献，撰写心得体会并进行交流。

研读篇目包括：

1. 列宁：《中国的民主主义与民粹主义》(1912 年 7 月)；
2. 毛泽东：《纪念孙中山先生》(1956 年 11 月 12 日)；
3. 孙中山：《〈民报〉发刊词》(1905 年 10 月 20 日)；
4. 《〈民报〉与〈新民丛报〉辩驳之纲领》，《民报》，1906 年 4 月 28 日；
5. 《中华民国临时约法》(1912 年 3 月)。

活动实施步骤和过程

1. 教师带领学生在课堂上阅读孙中山的《〈民报〉发刊词》与毛泽东的《纪念孙中山先生》两篇文章中的部分内容，使学生对文献有初步了解。

2. 布置学生在课下精读上述两篇文章，并写出小论文，课堂上谈读书体会。

3. 学生将论文交给教师（文本、电子版两种形式均可），由教师依据其原创性、内容深度、基本立场等标准进行评分。

4. 教师挑选具有代表性的论文在课堂上进行点评和分析说明。

五、习题训练

一、单项选择题

1．近代中国第一个资产阶级政党是（ ）。

A. 兴中会　B. 光复会　C. 中国同盟会　D. 华兴会

2．孙中山三民主义思想的核心是（ ）。

A. 民族主义　B. 民生主义　C. 民权主义　D. 平均地权

3．被誉为“革命军中的马前卒”的（ ）写了《革命军》，号召人民推翻清王朝统治，建立中华共和国。

A. 黄兴　B. 宋教仁　C. 邹容　D. 陈天华

4．辛亥革命的失败是指（ ）。

A. 没有完成反帝反封建的任务　B. 没有推翻清王朝的统治

C. 没有打击帝国主义的在华势力　D. 没有促进中国革命的向前发展

5．1894 年，孙中山在檀香山组织的反清革命组织是（ ）。

A. 华兴会　B. 兴中会　C. 光复会　D. 同盟会

6．同盟会成立后，资产阶级革命派发动了一系列的武装起义，其中影响最大的是（ ）。

A. 萍浏醴起义　B. 惠州起义　C. 镇南关起义　D. 黄花岗起义

7．同盟会的机关报是（ ）。

A.《时务报》　B.《新民丛报》　C.《民报》　D.《万国公报》

8．20 世纪初，在民主革命思想传播中发表《警示钟》的是（ ）。

A. 章炳麟　B. 邹容　C. 陈天华　D. 严复

9．1911 年 4 月，资产阶级革命党人在黄兴的率领下举行了（ ）。

A. 广州起义　B. 惠州起义　C. 武昌起义　D. 黄花岗起义

10．1905 年第一次刊登孙中山论述三民主义学说的报刊是（ ）。

A.《新民丛报》　B.《民报》　C.《苏报》　D.《时务报》

二、多项选择题

1．孙中山先生的三民主义是（ ）。

A. 民主　B. 民生　C. 民族　D. 民权

2．1904 年开始各地建立的资产阶级革命团体，有（ ）等。

A. 华兴会　B. 科学补习所　C. 光复会　D. 岳王会

3．1911 年直接参与领导武昌起义的革命组织是（ ）。

A. 共进会　B. 文学社　C. 中华革命党　D. 中国同盟会

4．辛亥革命的历史局限性主要是（　）。

A. 没有提出彻底的反帝反封建的革命纲领

B. 没有改变国体

C. 没有充分发动和依靠群众

D. 没有建立坚强的革命政党及其领导核心

5．北洋军阀集团在袁世凯死后分为三大派系，分别是（　）。

A. 以段祺瑞为首的皖系　　B. 以冯国璋为首的直系

C. 以阎锡山为首的晋系　　D. 以张作霖为首的奉系

6．孙中山先生是伟大的民族英雄、伟大的爱国主义者、中国民主革命的伟大先驱，一生以革命为己任，立志救国救民，为中华民族作出了彪炳史册的贡献。孙中山先生的伟大表现在（　）。

A. 领导了辛亥革命

B. 发动了以推翻北洋军阀为目标的北伐战争

C. 重新解释三民主义，并提出了联俄、联共、扶助农工的三大政策

D. 坚定维护民主共和制度和国家完整统一

三、材料分析题

阅读下列材料，回答问题。

材料 1：

诸国同时并域，独能自致富强，岂非相类而易行之尤大彰明较著者？如以中国之伦常名教为原本，辅以诸国富强之术，不更善之善者哉？

——冯桂芬：《校邠庐抗议》，中州古籍出版社，1998 年版，第 211 页

材料 2：

民国元年的《中华民国临时约法》，在那个时期是一个比较好的东西；当然是不完全的、有缺点的，是资产阶级性的，但它带有革命性、民主性。

——毛泽东：《关于中华人民共和国宪法草案》，《毛泽东文集》第六卷，人民出版社，1999 年版，第 325—326 页

材料 3：

当时先进的知识分子认为：要拥护那德先生，便不得不反对孔教、礼法、贞节、旧伦理、旧政治；要拥护那赛先生，便不得不反对旧艺术、旧宗教；要拥护德先生又要拥护赛先生，便不得不反对“国粹”和旧文学……他们大声疾呼：“国人而欲脱蒙昧时代，羞为浅化之民也，则急起直追，当以科学与人权并重。”

——中共中央党史研究室：《中国共产党历史》（第一卷上册），中共党史出版社，2002 年版，第 37 页

请回答：

1. 上述三则材料分别反映了中国近代史上哪三件大事？这三件大事在中国近代史上发挥的积极作用是什么？

2. 试从现代化角度分析上述三件大事之间的异同点。

四、论述题

1. 如何看待革命派与改良派之间的论战？

2. 辛亥革命的历史贡献是什么？

参考答案

一、单项选择题

1. C　2. C　3. C　4. A　5. B　6. D　7. C　8. C　9. D　10. B

二、多项选择题

1. BCD　2. ABCD　3. AB　4. ACD　5. ABD　6. ACD

三、材料分析题

1. 三件大事分别是洋务运动、辛亥革命和五四以前的新文化运动。

洋务运动的历史意义：第一，在客观上对中国的早期工业和民族资本主义的发展起了某些促进作用。第二，洋务运动通过开办新式学堂、派遣留学生、翻译西学书籍等，给当时的中国带来了新的知识，使人们打开了眼界。第三，洋务运动使得传统的观念受到了冲击，社会风气和价值观念开始发生变化，工商业者地位开始上升。

辛亥革命的历史意义：辛亥革命是资产阶级领导的以反对君主专制制度、建立资产阶级共和国为目的的革命，是一次比较完全意义上的资产阶级民主革命。第一，辛亥革命推翻了清王朝的统治，沉重打击了中外反动势力。第二，辛亥革命结束了统治中国两千多年的封建君主专制制度，建立了中国历史上第一个资产阶级共和国政府，使民主共和的观念开始深入人心。第三，辛亥革命给人们带来了一次思想上的解放。第四，辛亥革命促使社会经济、思想习惯和社会风气等方面发生了新的积极性的变化。

五四运动以前新文化运动的历史意义：第一，新文化运动所提倡的民主和科学的口号具有振聋发聩的作用。第二，新文化运动的创造者并没有因为批判孔学就全面否定了中国的传统文化。第三，新文化运动的倡导者，在社会上掀起了一股思想解放的潮流。

2. 相同点：三者都是面向西方资本主义国家寻求国家出路，都是中国在现代化进程中的重要环节。

不同点：三者学习西方进行现代化的侧重点有所不同，洋务运动是器物上的学习，辛亥革命是制度上的学习，而新文化运动则是思想文化上的学习。

四、论述题

1. 1905 年同盟会成立后，围绕孙中山的三民主义，革命派纷纷在《民报》上发表文章，立宪派代表人物梁启超则在《新民丛报》上撰文，批评《民报》上发表的一些重要文章，《民报》作者则给予有力地回击，由此开始了革命派和立宪派在思想领域上的激烈论战。革命派以同盟会机关报《民报》为阵地，立宪派则以《新民丛报》为核心，主要阵地在日本，美国、加拿大、新加坡及上海、香港等地的报纸也分为两派，参与了论战。论战在 1906 年和 1907 年达到高潮，其持续时间之长、涉及范围之广泛、斗争之激烈、影响之深远，在中国近代史上是绝无仅有的。

在民族主义方面，双方辩论的主要问题是：要不要以革命手段推翻清王朝的统治；在民权主义方面辩论的主要问题是：要不要推翻帝制，实行共和；在民生主义双方辩论的主要问题是：要不要平均地权，实行社会革命。

革命派通过这场论战，划分了革命与改良的界限，传播了民主和革命思想，促进了革命形势的发展，澄清了在中国进行革命的必要性和正义性：

第一，在中国必须进行一场革命，革命固然会流血牺牲，但这种流血牺牲更多的是带来历史的发展和社会的进步，更多的是给人们带来福祉。

第二，现在的君主专制制度是中国“恶劣政治的根本”，中国不是“国民恶劣”，而是“政府恶劣”，只有兴民权、改民主，才是中国唯一的出路。

第三，中国现在的土地制度极不合理，“地主强权”“地权失平”，必须通过平均地权实现土地国有，在政治上进行革命的同时实现社会革命，才能避免贫富不均的社会问题。

这场论战在宣传革命思想的同时，也暴露了革命派在思想理论方面的弱点。比如他们主张推翻清政府，但对“革命是否会招致帝国主义干涉”的问题，不敢做出理直气壮的正面回答，只是希望通过“有秩序的革命”来避免动乱和帝国主义的干涉。他们所说的“国民”主要还是指资产阶级及其知识分子，而不是广大人民群众。他们对封建地主土地所有制是否应该改革的问题也是语焉不详，并且反对贫困农民“夺富人之田为己有”。这些理论和认识的局限，不可避免地会影响辛亥革命的进程和结局。

2. 第一，它使中国的封建统治秩序再也无法稳定下来。中国封建社会的代表是皇帝，他是大权独揽的绝对权威，是反动统治秩序赖以保持稳定的重心。推翻皇权制度，这是辛亥革命的最大意义。辛亥革命动摇了中国人对两千年来似乎千古不变的封建专制——皇权统治的崇拜，用武装起义的方式掀倒了皇帝的宝座，这是历史的巨大进步。中国历史上掀倒皇帝宝座的例子很多，每次掀倒后又有新的皇帝重新登上那个宝座。近代中国也是这样：太平天国农民起义，虽然号称建立新天、新地、新世界，也免不了要登上皇位；戊戌变法也是一场以拥立皇帝为目的的改良运动；义和团反帝爱国运动的旗帜上写的是“扶清灭洋”，说的就是反对外国侵略，拥护专制统治。辛亥革命则完全不同，不是以拥护新皇帝为目的，而是掀倒任何皇帝。皇帝掀倒了，皇帝宝座废除了，人民接受了与中国传统政治完全不同的共和立宪观念，成立了共和国，这就是中华民国，从而结束了几千年来对皇帝的顶礼膜拜。从此以后，形成了一个新的观念：敢有帝制自为者，天下共击之。袁世凯称帝，张勋复辟，便是天下共击之的例子。政治上的变革带来了社会经济和文化发展等一系列的变化，带来了对外关系的一系列变化，影响了中国与世界的关系，也影响了中国与周边国家的关系。辛亥革命在这里所起到的巨大作用是无法抹杀的，他为中国的进步打开了闸门，为中国人民革命的胜利开辟了道路。

第二，辛亥革命间接破坏了帝国主义在华的殖民统治。辛亥革命前，帝国主义列强通过迫使清政府与之签订的《南京条约》《马关条约》《辛丑条约》等手段，使清政府一步步沦为“洋人的朝廷”。西方列强在避免陷入“中国泥潭”的同时，以清政府为买办，间接统治中国，获取无限制的在华利益。但在辛亥革命后，列强再也无法寻找到在华利益的统一代言人，这就间接破坏了帝国主义的在华殖民统治和在华利益。

第三，辛亥革命使中国人民在思想上获得了一次很大的解放。皇帝，过去是至高无上、神圣不可侵犯的，如今皇帝都可以打倒了，那还有什么陈腐的东西是不可以打破的呢？思想的闸门一经打开，这股汹涌澎湃的思想解放潮流就奔腾向前，不可阻挡了。尽管辛亥革命后，中国的政治形势还十分险恶，但人们已经可以大胆地寻找新的救国的出路。所以，不久之后便迎来了五四运动和马克思主义的传播，开启了近代中国政治的进步与觉醒，也就是说，近代中国的政治进步与觉醒是由辛亥革命开启的。辛亥革命为20世纪中国的历史性进步，打开了闸门，拉开了序幕。辛亥革命是旧民主主义革命的高峰，又为新民主主义革命奠定了一定的基础。不否定皇帝专制，就难以取得辛亥革命后的大幅进步，就难以发起新文化运动和五四运动，就不会有马克思主义的广泛传播，就不会有中国共产党在艰难中诞生、发展和壮大，就不会有中华人民共和国的诞生，就不会有现代中国在世界上的地位。甚至辛亥革命失败的历史教训、辛亥革命反帝的不彻底性、辛亥革命未能成功的发动和解决农民的问题，都对后来中国共产党人提供了重要的历史启示。

第四章

中国共产党成立和中国革命新局面

一、理论要点

（一）内容提要

本章主要讲述1919年五四运动到1927年大革命失败这段历史，主要掌握三个问题：五四运动是一场彻底的不妥协的反帝反封建的爱国民主运动，是我国新民主主义革命的伟大开端；中国共产党的成立是中国历史上开天辟地的大事变，使中国革命有了新的领导而面目焕然一新；第一次国共合作的建立与失败的经验与教训。

（二）教学目的

通过本专题的学习，首先让学生了解新文化运动的兴起原因、意义，五四运动以前新文化运动的局限，知道十月革命以前马克思主义在中国的初步传播情况，以及五四运动的历史特点与意义。其次，让学生知道中国早期马克思主义思想运动的情况，以及马克思主义是如何与工人运动相结合的，分析中国共产党成立的意义。最后，让学生了解民主革命纲领的制定与工农运动的发动，知道第一次国共合作的原因，得出大革命失败的经验教训。通过学习，培养大学生综合、概括和归纳历史事件的能力，培养坚强的意志和团结合作的精神，增强经受挫折、适应生存环境的能力。

（三）教学要点

1. 新文化运动与五四运动的联系
2. 五四时期马克思主义在中国广泛传播的因素
3. 中国共产党诞生的时代背景
4. 第一次国共合作的原因
5. 大革命失败的教训

（四）关键词

新文化运动；五四运动；马克思主义；中国共产党；国共合作

二、理论知识

（一）新文化运动与五四运动的联系

1. 新文化运动的兴起

最先倡导并吹响思想启蒙号角的，是后来被誉为进步思想界的明星与“五四运动的总司令"的陈独秀。1915年9月，陈独秀在上海创办《青年杂志》，在思想文化领域掀起一场以民主和科学为旗帜，向传统的封建思想、道德、文化宣战的新文化运动。一年后，《青年杂志》更名为《新青年》。添加一个"新"字，不仅使其鼓吹新思想、新文化，启发新觉悟，造就新青年的主旨一目了然，而且给人以全新的感觉：起点新、内容新、目标新、形式新。该刊发表的李大钊的《青春》一文，不仅强调青年之青，而且强调一个"新"字，指出从精神上、思想上有新青年与旧青年之分，希望青年们站在时代前列，做一个有为的新青年。

《新青年》的主要撰稿人有陈独秀、李大钊、鲁迅、胡适、钱玄同、刘半农、高一涵、周作人、易白沙、吴虞等。《新青年》创刊时曾表示其宗旨不在"批评时政"，但这并不表明它不关心政治，实际上其作者明确认识到，他们在思想文化领域内所进行的斗争是和政治密切相关的。他们反对旧思想、旧文化，实际上就是对旧政治的声讨。出于对辛亥革命失败的反思，他们不愿就事论事地议论现时的政治问题，而力图通过思想的启蒙促进政治的根本改革。

以《新青年》的出版为标志兴起的新文化运动，使20世纪初的中国开始经历一场深刻的思想革命。在这场激烈的思想文化斗争中，陈独秀表现得十分勇敢和坚决，成为新文化运动的主将。

2. 新文化运动的内容和意义

（1）新文化运动内容。

初期新文化运动的基本内容是：提倡民主和科学，反对专制和迷信盲从；提倡个性解放，反对封建礼教；提倡新文学，反对旧文学，实行文学革命。新文化运动提出的两大基本口号，一曰民主，二曰科学，即德先生（democracy）和赛先生（science）。新文化运动的倡导者们指出：要拥护那德先生，便不得不反对孔教、礼法、贞节、旧伦理、旧政治；要拥护那赛先生，便不得不反对旧艺术、旧宗教；要拥护德先生又要拥护赛先生，便不得不反对"国粹"和旧文学。他们明确宣告：我们现在认定只有这两位先生，可以救治中国政治上、道德上、学术上、思想上一切的黑暗。他们大声疾呼："国人而欲脱蒙昧时代，羞为浅化之民也，则急起直追，当以科学与人权并重。"针对辛亥革命后中国民主政治试验的失败，针对群众思想蒙昧和落后的状况，他们提倡民主，反对独裁专制；提倡科学，反对迷信盲从，这对于推动社会进步有着重大而深远的意义。

新文化运动在民主和科学两面大旗的指引下，向封建主义思想文化发起前所未有的猛烈攻击，号召人们"冲决过去历史之网罗，破坏陈腐学说之囹圄"，在众多的领域掀起了思想解放的浪潮。

新文化运动对中国封建传统文化的勇猛冲击，形成了一场前所未有的启蒙运动和空前深刻的思想解放运动，"自有中国历史以来，还没有过这样伟大而彻底的文化革命"。由于阶级和时代的局限，这些反封建的勇士们在思想认识和思想方法上还存在这样或那样的弱点。如，他们以为离开根本改造产生封建思想的社会环境，仅仅依靠在思想文化领域内的斗争，通过提倡新思想、新道德、新文化，就可以根本改造国民性，造就新国民，使中国成为一个真正的民主共和国，而没有揭示根本改造中国现存的基本社会制度的必要性；他们在思想方法上，存在着绝对肯定或绝对否定的偏向，把传统与现代、中国与西方绝对对立起来，表现为在某些问题上否定中国的一切，而肯定西方资本主义国家的一切，忽视中国文化和中国社会的特殊性，不善于把中国传统文化的精华和糟粕加以区别，而把复杂的文化现象作简单化的处理，缺乏科学的分析和批判能力；等等。尽管如此，但他们的斗争，方向是正确的，态度是坚决的，因而有力地打击和动摇了长期以来封建正统思想的统治地位，唤醒了一代青年，使中国的知识分子尤其是广大青年受到一次西方民主和科学思想的洗礼，从而打开了遏制新思想涌流的闸门，在中国社会上掀起一股生气勃勃的思想解放的潮流。这就为适合中国社会需要的新思潮，特别是马克思主义在中国的传播，创造了有利的条件。

（2）新文化运动意义。

①新文化运动是资产阶级激进民主主义者领导和发动的一次资产阶级新文化同封建阶级旧文化的激烈交锋，它在政治上、思想上、文化上给封建主义以沉重的打击。新文化运动领导者大力介绍西方的新思潮、新科学和新文化，破除了旧伦理、旧思想、旧文化对人们思想的长期禁锢，促进了中国人民尤其是青年的觉醒，因而是一次大规模的思想解放运动和资产阶级的思想启蒙运动。

②新文化运动的兴起，标志着中国人对于现代化的努力已经从器物技术、政治制度层面进入到精神文化层面。洋务运动的成果在甲午战争中被击得粉碎，宣告了器物层面的现代化走到了尽头，因此开始了制度层面的现代化努力，康、梁的维新运动及孙中山先生领导的辛亥革命都由于种种原因最后夭折。于是，先进的思想家们认识到思想文化的现代化是至关重要的方面，这也是新文化运动兴起的直接原因。

③新文化运动促使人们加紧追求救国救民的真理，为伟大的五四运动做了思想先导，为马克思列宁主义在中国的传播开辟了道路。正是在新文化风暴的冲击下，引来了近代中国历史上具有转折意义的五四运动。

3. 新文化运动和五四运动的联系

（1）新文化运动与五四运动的关系。

新文化运动是一次宣传西方思想的文化运动，它宣传的是科学和民主的思想，这一次运动改变了众多的知识分子。新文化运动领导人是陈独秀、李大钊，而李大钊也是五四运动的发起人。五四运动是一次反帝反封建的爱国运动。五四运动和新文化运动是中国近代史上的两次重要变革，它们都在一定程度上影响了中国历史的走向。

五四运动和新文化运动之间存在紧密的关系。它们都是由同一个领导人所发起的。可以说，新文化运动是五四运动的基础，即在新文化运动的作用下，才会有如此多的年轻人开始追求民主和科学，有这么多的知识分子开始关心国家的命运，才会有人参与到五四运动当中去。因此可以说新文化运动为五四运动奠定了思想基础。新文化运动开启了中国的近代民主之路，而五四运动则将这种民主思想转化为行动。

五四运动和新文化运动之间也有很多相似的地方。五四运动是一次流血的爱国运动，而新文化运动是一次思想改革运动，它们都发生在国家存亡之际，它们的目的都是救国。

新文化运动吹响了五四运动的前奏，而五四运动则升华了新文化运动，将新文化运动所宣传的民主思想带入了中国。这两次运动都是中国近代的民主运动。

（2）新文化运动的领导阶级。

说起五四新文化运动的领导阶级，历史上普遍认为民族资产阶级是领导新文化运动的核心力量。

近代中国是漫长的中国历史中一个变革最为频繁、社会动荡程度最为剧烈的特殊时期，那为何民族资产阶级会成为新文化运动的领导阶级呢？究其根本原因，乃是因为新文化运动本质上是一场资产阶级新思想、新文化反对封建统治思想的资产阶级文化斗争。

在新文化运动前期，以李大钊、陈独秀、鲁迅、胡适等为主的具有国外留学背景的资产阶级文人高举“科学、民主、反帝、反封建”的旗帜，率先向封建主义及其意识形态发起挑战，矛头直接指向以袁世凯为首的北洋军阀及其反动势力，深刻揭露了袁世凯复辟帝制、逆历史潮流而动的行为对国家、民族利益的伤害，因此，新文化运动对近代苦难深重的中国来说，仿佛一声春雷，唤起了民族觉醒，前所未有地起到了思想启蒙的作用，因而新文化运动的领导阶级为促进民主思想在中国的传播做出了不可磨灭的贡献。

1917 年俄国十月革命后，马克思主义逐渐成为中国新文化运动的主流思想。在此期间，前期参与和领导新文化运动的进步文人中有为数不少的一批加入了中国共产党，他们中就包括中国共产主义的先驱者李大钊和陈独秀。

马克思主义思想成为新文化运动后期主要的战略指导思想，它的深耕和传播，也为近代中国指明了救国救民的新出路，所以，至 1917 年以后，新文化运动的领导阶级渐渐转向了无产阶级。

（3）新文化运动的结束时间。

新文化运动的开端是在 1915 年，当时作为《新青年》主编的陈独秀在报纸上开始发表文章，提倡民主与科学。也正是因为这一行为，启发了广大民众，使得更多的人开始学习西方的科学文化，从而为马克思主义的宣传奠定了思想基础。

新文化运动，一般分为两个时期，前期是从 1915 年《新青年》创刊到 1919 年，一共四年的时间，以民主与科学为旗帜，宣传资本主义新思想与新文化，反对封建旧思想和旧文化。后期是 1919 年到 1923 年，在这段时间内，人们更加反对中国的传统文化，甚至可以说是对中国所有的古典文化的全面反对，新文化运动在中国的进一步开展，使得中国的古典文化走上了没落之路。新文化运动的结束时间大致在1923年，其结束的原因是新文化运动已经无法顺应时代发展进步的潮流，因为在当时，五四运动的爆发使马克思主义成了新的主流思想，而依旧在宣传资本主义思想的新文化运动便只能走向了终结。

（二）五四时期马克思主义在中国广泛传播的因素

马克思主义是在欧洲资本主义发展的基础上产生的，是资本主义时代的产物。众所周知，任何一种思想、理论或是主义，若想在异国他乡得到多数人的认同、接受，必须具有深刻的社会历史原因及主客观原因，马克思主义在中国得到广泛传播也不例外。既有外部条件，也有内部条件，这两个方面的因素共同促进了五四时期马克思主义在中国的广泛传播。

1. 五四时期马克思主义在中国广泛传播的外部条件

唯物辩证法认为，事物的发展是内外因共同起作用的结果。外因是事物发展必不可少的条件，它对事物的发展起着加速或延缓的作用。五四时期马克思主义在中国得到广泛传播离不开俄国十月社会主义革命的胜利、第一次世界大战及马克思主义本身所具有的内在特性等外部条件的影响。

（1）俄国十月社会主义革命的胜利。

1917年10月，俄国爆发的十月革命建立了世界上第一个由马克思主义政党领导的人民当家作主的社会主义国家，为长期寻求自由、独立和民主而奋斗的中国人民带来了新希望。俄国十月社会主义革命是在马克思主义的指导下进行的，它的胜利显示了马克思主义的巨大威力。正如毛泽东所说："十月革命一声炮响，给中国送来了马克思列宁主义。"中国的知识分子开始研究十月革命、研究马克思主义，期望从中探索出一条适合中国的救国救民的道路。

（2）第一次世界大战。

1914—1918年爆发的第一次世界大战，给欧洲各国人民以及全世界带来了深重的灾难。两大帝国主义集团为在全世界范围内重新争夺殖民地而开战，却都打着正义的旗号，使欧洲战火横飞、横尸遍野、生灵涂炭。这场空前规模的战争，暴露了资本主义世界本身所固有的内在矛盾，中国的知识分子对以前学习西方资本主义国家的态度开始怀疑、动摇，他们开始寻求一种新思想、新道路来求得中华民族的伟大复兴。

（3）马克思主义本身具有的内在特性。

马克思主义是关于无产阶级和全人类解放的学说，研究的是人类社会和思维发展的普遍规律。马克思主义通过分析资本主义制度的本质和规律，揭示了资本主义必然被社会主义所取代的历史趋势，并提出了解决资本主义危机的方法途径。马克思主义虽不能为无产阶级及其政党提供解决革命过程中具体问题的答案，但却能为无产阶级及劳苦大众提供分析和解决问题的基本立场、观点和方法，能够成为我们的行动指南。

2. 五四时期马克思主义在中国广泛传播的内部条件

唯物辩证法认为，事物的发展是内外因共同作用的结果。五四时期马克思主义在中国得到广泛传播，虽离不开种种外部条件，但更离不开中国此时所具有的适合马克思主义传播的阶级条件、思想条件及社会条件等内部条件。

（1）阶级条件：中国工人阶级的成长壮大。

中国的工人阶级最早产生于鸦片战争后西方列强在中国开办的近代企业中，随着洋务派创办的近代工业和资本主义工业的产生而发展壮大起来。一战期间，各帝国主义列强忙于争夺殖民地放松了对我国的侵略，使中国的民族资本主义获得了前所未有的快速发展。期间，工人阶级发挥了主力军作用，作为一支重要的政治力量登上了历史舞台。此时的工人运动正迫切需要一种新的精神武器作指导，接受马克思主义已成为中国工人阶级的内在要求。

（2）思想条件：新文化运动。

1915 年 9 月，陈独秀倡导的新文化运动猛烈地抨击了封建专制主义、封建及迷信愚昧思想，人们受到一次西方民主和科学思想的洗礼。同时这场新文化运动还使先进的中国知识分子丢掉了先前对帝国主义抱有的幻想，启发了人们的民主觉悟，激励着人们去追求真理、追求科学，这就为马克思主义在中国的广泛传播创造了有力的思想条件。

（3）社会条件：社会变革的需要。

中国沦为半殖民地半封建国家后，中华民族经历了前所未有的惨痛灾难，救亡图存成为当时中国的第一需要，中国向何处去成为几代中国人苦苦思索的问题。此时的中国需要进行一场深刻的社会大革命来推翻帝国主义和封建主义的压迫求得民族独立。列宁说过“没有革命的理论，就不会有革命的运动”。因此中国人开始思考救国救民的新路，寻找新的革命理论，这就为马克思主义在中国的广泛传播提供了社会条件。

（三）中国共产党诞生的时代背景

1. 近代中华民族的历史任务和辛亥革命

中国共产党诞生于 20 世纪 20 年代，是近代中国社会及人民革命斗争发展的必然结果。

中国是一个有着数千年历史的文明古国。中华民族以自己的勤劳和智慧，曾经创造出世界上独领风骚灿烂的物质文明和精神文明。然而，当欧美一些国家从 17 世纪中叶开始确立先进的资本主义生产方式，又从 18 世纪 60 年代开始工业革命的时候，中国最后一个封建王朝——清朝的统治者却盲目地以中央帝国的“康乾盛世”而自傲，自我封闭，拒绝扩大与外国的交往，仍然陶醉于昔日的辉煌之中。而事实是，原来文明程度落后于中国的欧美国家，这时已远远地跑在了中国的前面。

盛世已蕴含着衰败，落后就要挨打。到19世纪中叶，急于向外扩张的英国，以鸦片和炮舰打开了清王朝这个封建专制帝国闭关自守的大门。中国社会的发展进程，被突如其来的外来因素打断了。

在此之前，中国封建社会内部商品经济的发展，已孕育着资本主义的萌芽，如果没有外国资本主义的影响，中国也将缓慢地发展到资本主义社会。1840年鸦片战争以后，外国资本主义的入侵刺激了这种发展，对中国社会经济起到很大的分解作用。一方面，破坏了中国自给自足的自然经济的基础；一方面，则促进中国城乡商品经济的发展，给资本主义的发展造成某些客观的条件和可能。

这种情形，给中国社会带来了两个方面的重大变化。由于外国资本主义的刺激和中国封建经济结构的某些破坏，在19世纪下半叶，一些商人、地主和官僚投资于新式工业，中国的资本主义生长起来并得到初步发展。中国资本主义的发展，虽然促进了封建社会的解体，但与此同时，封建剥削制度不但依旧保持着，而且同买办资本和高利贷资本的剥削结合在一起，在社会经济生活中占着明显优势。因此，资本主义的发展，并没有使封建的中国变成资本主义的中国，而是变成了一个半封建的社会。这是一个方面的变化。

另一个方面的变化，是外国资本主义勾结中国封建势力压迫中国资本主义的发展。外国侵略者的目的不是使中国的民族资本得到发展，而是要寻求更广大的市场，掠夺更多的资源，攫取更丰厚的利润。为了这个目的，外国列强对中国采用军事的、政治的、经济的和文化的压迫手段。尽管中国在对外关系中仍保持着独立国家的形式，但在实际上已被纳入不平等条约体系，国家的主权和领土完整遭到严重破坏，清朝政府成为“洋人的朝廷”。这种状况，使中国一步一步地变成一个半殖民地半封建性质的国家。

上述重大变化，使中国由一个独立的封建国家变为半殖民地半封建国家，中华民族沦落到深重苦难和极度屈辱的境地。外国资本－帝国主义和本国封建主义的联合压迫，严重地阻碍着中国的社会发展和政治进步，成为民族灾难和人民痛苦的根源。

这样，中华民族面对着两大历史任务：一个是求得民族独立和人民解放；一个是实现国家繁荣富强和人民共同富裕。在这两大任务中，前一个任务为后一个任务扫清障碍，创造必要的前提。因此，如何反对外国列强的侵略，摆脱封建专制的统治，改变国家贫穷落后的面貌，解决独立、自由、民主、统一、富强的问题，成为半殖民地半封建的中国所面临的主要问题。

严酷的现实，激起中华民族同仇敌忾。外国资本－帝国主义和中国封建主义相结合，变中国为半殖民地半封建社会的过程，也是中国人民反抗帝国主义及其走狗的过程。从鸦片战争开始，中国人民的反抗斗争从来没有间断过。可是，历次反对外国侵略的战争，太平天国的农民战争也好，鼓吹爱国救亡和变法图强的戊戌维新运动也好，号召“扶清灭洋”的义和团运动也好，一次次地都失败了。

中国人是带着英、美、德、法、俄、日、意、奥八国联军侵占首都北京的民族耻辱进入 20 世纪的。那时，展现在中华民族面前的是一片濒临毁灭的悲惨前景。中国人民在进行了各种未能成功的反抗之后，开始了革命斗争。

20 世纪中国最初的革命领导者，是新兴的民族资产阶级。随着资本主义近代工业的初步发展，中国社会内部新的社会力量——无产阶级和民族资产阶级也初步成长起来，从而引起阶级关系的新变化。但是，由于这时无产阶级还没有意识到自己的历史使命，因此它所参加的某些斗争，还处在民族资产阶级的影响之下。

民族资产阶级得到初步发展并登上政治舞台后，中国反帝反封建的资产阶级民族民主革命有了新的气象。1905 年，伟大的民主革命先行者孙中山发起成立同盟会，提出了实质上是以建立资产阶级民主共和国为目标的政治纲领，并努力用革命手段来实现这个纲领。

1911 年 10 月，辛亥革命爆发。1912 年元旦，中华民国宣告成立。辛亥革命推翻了清王朝，使统治中国几千年的封建专制制度就此结束，民主共和国的观念从此深入人心。辛亥革命开创了比较完全意义上的近代民族民主革命，打开了社会进步的闸门，促进了人们的思想解放，并为此后革命斗争的发展，特别是为后来由中国共产党领导的新民主主义革命开辟了道路。从这个意义上说，辛亥革命取得的成功是巨大的。它是 20 世纪中国人民在前进道路上所经历的第一次历史性的巨大变化，孙中山因领导这场革命而成为 20 世纪初期站在时代前列的伟大人物。

但是，辛亥革命并没有一个完整而彻底的反帝反封建的政治纲领，没有形成一个能够胜利地领导这场革命的坚强有力的革命政党。究其根本原因，是领导这场革命的中国民族资产阶级在政治上和经济上具有很大的软弱性。它同帝国主义和封建势力有着千丝万缕的联系，而同占中国人口最大多数的下层劳动群众严重脱离，并害怕发动他们。这样，就使得资产阶级革命派没有力量更没有勇气把反帝反封建的革命斗争进行到底。

辛亥革命以同旧的反动势力的妥协而告终，革命的果实落到以袁世凯为首的北洋军阀手里。帝国主义在中国的势力没有受到削弱，封建势力依然在中国每一个角落盘根错节。中华民族面临的两大历史任务一个也没有解决，中国人民依然生活在贫穷、落后、分裂、动荡、混乱的苦难深渊中。从这个意义上说，辛亥革命又失败了。它的失败，给中国的先进分子以深刻的启发，使他们逐渐觉悟到必须另外探寻新的救国救民的道路。

2. 五四运动和马克思主义的传播

辛亥革命后的中国呈现出人们完全没有想到的一番景象：与袁世凯称帝、张勋复辟的倒行逆施相呼应，思想界掀起一股尊孔读经的逆流；从西方学来的多党制、议会制，成为各派军阀、官僚、政客借以争权夺利的工具；1915 年日本提出的灭亡中国的“二十一条”，再次记录下中国的奇耻大辱；1916 年袁世凯死后，北洋军阀分成直系、皖系、奉系三大派系，各自割据一方，并以帝国主义列强在中国的争夺为背景，相互之间展开愈演愈烈的军阀混战，使国家陷于长期的分裂和动乱之中。

面对残酷的现实，资产阶级革命派并不甘于失败。孙中山高举民主革命的大旗，继续为实现真正的民主共和而斗争，但屡遭失败，陷入困境。国民党代理理事长宋教仁满怀着对实行议会制的真诚和期望而奔走呼号，却惨遭北洋军阀的卑鄙暗杀。革命党人发动的反对袁世凯的“二次革命”和护法运动等，换来的是反动军阀的疯狂镇压。这样那样的救国方案都试过了，但沉重的失望代替了原先的希望，国家的情况一天比一天糟。

要救国必须寻找新的出路。中国的先进分子从消沉、苦闷和彷徨中走出来，再次在心中燃起热切的期待，一场巨大的革命风暴在孕育之中。1915 年 9 月，陈独秀在上海创办的《青年杂志》(后改为《新青年》)，犹如黑夜中的一道闪电，掀起一场空前的新文化运动的狂飙。这场运动，正是新的革命风暴到来的前奏。

新文化运动的思想家们通过对辛亥革命失败教训的认真思考，认为要建立名副其实的共和国，必须根本改造国民性。他们以进化论观点和个性解放为主要思想武器，大力提倡新道德、反对旧道德，提倡新文学、反对旧文学，向封建礼教提出全面挑战。通过批判封建主义的正统思想——孔学，冲破了遏制新思想的罗网，从而在社会上掀起一股生气勃勃的、革命的思想解放潮流。但是，他们中的一些人在批判封建正统思想的过程中，也发生过片面性的缺点，夸大了东方文化的落后性，甚至把某些优秀的民族文化遗产也当作封建糟粕一概加以否定。这种偏向对新文化运动的发展，有一定的不利影响。

新文化运动的基本口号是“德先生”(democracy) 和“赛先生”(science)，也就是民主和科学。当封建主义在社会生活中占据支配地位的时候，提倡民主、反对独裁专制，提倡科学、反对迷信盲从，有着巨大的进步意义。

初期的新文化运动，是资产阶级新文化反对封建阶级旧文化的斗争。但在此时的欧美，资本主义文明的缺陷已经在实际生活中明显暴露出来。1914 年至 1918 年的第一次世界大战，便是资本主义制度固有矛盾尖锐化的表现。这就逐渐引起新文化运动左翼人士对西方文明价值的怀疑和批判。正是这种怀疑和批判，为他们日后接受马克思主义奠定了思想基础。

1917 年，列宁领导的俄国十月革命开辟了人类历史的新纪元。十月革命第一次把社会主义从书本上的学说变成活生生的现实。它所取得的历史性胜利不仅唤醒了西方的无产阶级，而且也唤醒了东方的被压迫民族。这场在社会主义旗帜下所进行的革命，对中国革命产生了划时代的影响。由于十月革命发生在情况和中国相同（封建压迫严重）或近似（经济文化落后）的北方邻国，因而对中国人民具有特殊的吸引力。一个工人、农民当家作主的新国家的诞生，使正处在苦闷和黑暗中的中国人民看到了新的出路和光明前景，给中国先进分子正在苦思焦虑地探索着的种种问题提供了合理的解答，更给予为民族独立和人民解放而苦斗的仁人志士以新的革命方法的启示。在这种情况下，中国出现了一批赞成俄国十月革命、具有初步共产主义思想的知识分子。

李大钊是中国颂扬俄国十月革命的第一人。他在 1918 年著文指出：十月革命是“立于社会主义上之革命”，是“世界人类全体的新曙光”。他预言：“试看将来的环球，必是赤旗的世界！”

到这时，中国人接受马克思列宁主义的条件逐渐成熟。第一次世界大战期间，中国民族资本主义经济在短时间内得到迅速发展，中国工人阶级的力量随之发展壮大起来。到1919年五四运动前夕，产业工人已达200万人左右。这个阶级的人数虽然不多，但它同先进的经济形式相联系，是中国先进生产力的代表；并且，由于它深受帝国主义、资产阶级和封建势力的三重压迫，因而更具有强烈的改变现状的要求，在革命斗争中比任何别的阶级都要坚决和彻底。中国工人阶级的成长壮大，以及此时形成的比辛亥革命时期更为庞大的先进知识分子群体，为接受马克思主义提供了客观的社会基础。

在各种社会矛盾日益加剧的情况下，一场新的人民大革命的兴起已不可避免。这场革命以1919年5月爆发的五四运动为起点。

五四运动的直接导火线是中国在巴黎和会上的外交失败。1919年上半年，第一次世界大战中取胜的协约国一方在巴黎举行“和平会议”。会议不顾属于战胜国一方的中国的权益，规定将战败的德国在中国山东获得的一切特权转交给日本。消息传到国内，激起各阶层人民的强烈愤怒，以学生斗争为先导的五四运动如火山爆发般地开始了。

5月4日，北京学生3000余人在天安门前集会，游行示威，掀起爱国风暴。在北洋军阀政府的严厉镇压下，这场风暴一度转入低潮。从6月3日起，学生重新走上街头讲演，又有大批学生被捕。在此重要关头，工人阶级开始以独立的姿态登上政治舞台。从6月5日起，上海工人举行声援学生的罢工，参加人数达六七万。随后，工人罢工、商人罢市如燎原烈火蔓延全国，扩展到20多个省、市的100多座城市。五四运动突破青年知识分子的狭小范围，发展成为有工人阶级、小资产阶级和民族资产阶级参加的全国规模的群众性革命运动。运动的中心由北京转移到上海，斗争的主力由学生逐渐转向工人。

北洋政府迫于人民群众的压力，不得不于6月10日释放被捕学生，宣布罢免亲日派官僚。6月28日，中国代表没有出席巴黎和约的签字仪式。

五四运动是中国革命史上具有重大意义的事件，它标志着中国新民主主义革命的开端。五四运动的伟大历史意义，在于它带有辛亥革命不曾有的姿态，这就是彻底地不妥协地反对帝国主义和彻底地不妥协地反对封建主义。

在五四运动中，青年学生亲眼看到工人阶级表现出来的伟大力量。一些具有初步共产主义思想的知识分子开始“往民间去”，到工人中去开办学校、组织工会。这些人后来成为中国共产党的早期骨干。

五四运动促进了马克思主义的传播。中国的先进分子从巴黎和会的实际教训中，进一步认识到帝国主义列强联合压迫中国人民的实质。1920年四五月间，《东方杂志》《新青年》等刊物刊登苏俄政府发表的第一次对华宣言。这个宣言宣布“废弃（沙俄在中国境内享有的）一切特权”。中国人民从苏俄政府对待中国的态度中，对社会主义有了进一步的了解和感触。这对社会主义思想在中国的进一步传播，给予了有力的推动。因此，五四运动以后新文化运动的突出特点，是研究和宣传社会主义并逐渐成为当时进步思想界的主流。

那时，各种社会主义的观点在刊物上纷然杂陈。然而，马克思主义以其先进性、科学性和革命性吸引着中国的先进分子。他们经过深思熟虑和反复比较，最终选择科学社会主义，先后确立了对马克思主义的信仰。这是五四运动以后新文化运动发展的基本特征。

在五四运动以后的马克思主义传播中，李大钊起了主要作用。1919 年，他在《新青年》上发表《我的马克思主义观》一文，比较全面地介绍了马克思主义的唯物史观、经济学说和社会主义理论。1920 年 9 月，陈独秀发表《谈政治》一文，明确宣布承认用革命的手段建设劳动阶级（即生产阶级）的国家，表明他已从激进民主主义者转变为马克思主义者。湖南学生运动领袖毛泽东在第二次到北京期间，热心搜寻并阅读中文本的共产主义书籍，建立起对马克思主义的信仰。邓中夏、蔡和森、恽代英、瞿秋白、周恩来、赵世炎、陈潭秋、向警予、高君宇、何孟雄、王尽美、邓恩铭、李达、李汉俊等，也先后成为信仰马克思主义的革命者。一些老同盟会会员如董必武、林伯渠、吴玉章等，也在这时开始确立对马克思主义的信仰。这些有着不同经历的先进分子殊途同归的事实表明，认定科学社会主义指引的道路，是他们自觉地在实践中经过反复比较做出的历史性选择。

中国的先进分子接受马克思主义，从一开始就不是把它当作单纯的学理来探讨，而是把它作为观察国家命运的工具。他们以马克思主义基本原理为指导，积极投身到现实斗争中去，注意同工人群众结合，同中国实际结合。这是中国马克思主义思想运动一开始就具有的一个特点和优点。

3. 中国共产党的成立和民主革命纲领的制定

中国共产党是马克思列宁主义和中国工人运动相结合的产物。随着马克思主义的传播及其同工人运动的初步结合，随着一批接受马克思主义的先进知识分子的出现，建立新型的工人阶级政党的任务提上了日程。

中国共产党的建立，得到了列宁领导的第三国际（即共产国际，成立于 1919 年 3 月）的帮助。1920 年 4 月，经共产国际批准，俄共（布）远东局派维经斯基等人来华。他们先后在北京、上海会见李大钊和陈独秀，讨论建立共产党的问题，并帮助进行建党的准备工作。

中国共产党的最早组织是在上海建立的。1920 年 8 月，上海共产党组织正式成立，陈独秀任书记。它起到了在全国范围内建党的发起组织和联络中心的作用。10 月，北京共产党组织成立，李大钊为书记。1920 年秋至 1921 年春，武汉、长沙、济南、广州等地先后建立起共产党的地方组织。在欧洲和日本，中国留学生和侨民中的先进分子也建立了共产党的组织。

各地共产党早期组织成立以后，主要开展了几个方面的活动：一是宣传马克思主义，组织进步青年学习马克思主义，研究中国的实际问题。二是同反马克思主义的思潮展开论战，帮助一批进步分子划清科学社会主义同其他社会主义派别的界限，最终走上马克思主义的道路。三是通过在工人中进行宣传和组织工会的工作，使工人开始接受马克思主义的教育，使工人阶级觉悟有所提高。四是建立青年团组织，组织团员学习马克思主义，参加实际斗争，为党培养后备力量。

各地共产党早期组织所进行的这些活动，有力地促进了马克思主义的进一步传播及其同中国工人运动的结合，使在中国建立共产党的条件基本上具备了。

1921 年 7 月 23 日，中国共产党第一次全国代表大会在上海召开。最后一天的会议转移到浙江嘉兴南湖举行。参加会议的各地代表是：李达、李汉俊（上海），张国焘、刘仁静（北京），毛泽东、何叔衡（长沙），董必武、陈潭秋（武汉），王尽美、邓恩铭（济南），陈公博（广州），周佛海（旅日）。包惠僧受在广州的陈独秀派遣，也参加了会议。他们代表着全国 50 多名党员。共产国际代表马林和尼克尔斯基列席会议。

大会确定党的名称为“中国共产党”。党的纲领是“革命军队必须与无产阶级一起推翻资本家阶级的政权”“承认无产阶级专政，直到阶级斗争结束”“消灭资本家私有制”，以及联合第三国际。大会讨论了实际工作计划，决定集中精力领导工人运动，组织工会和教育工人。大会选举产生了党的领导机构——中央局，陈独秀为书记，李达、张国焘分管宣传和组织工作。

党的一大正式宣告了中国共产党的成立。这次大会是在反动统治的白色恐怖下秘密举行的，除了会场一度遭到暗探和巡捕的骚扰外，在社会上没有引起任何注意，好像什么事情也没有发生。但是，就在这时，一个新的革命火种却已在沉沉黑夜中点燃起来。从此，在古老的中国大地上出现了完全新式的、以马克思主义为行动指南的、统一的和唯一的中国工人阶级的政党。

中国共产党的成立，适应了近代以来社会进步和革命发展的客观要求，是开天辟地的大事变。中国共产党作为中国最先进的阶级——工人阶级的政党，不仅代表着工人阶级的利益，而且代表着整个中华民族的利益。中国共产党从一开始就拥有马克思主义这个最先进的思想武器，因而能够为中国革命指明前进的方向。正是这个党，给灾难深重的中国人民带来光明和希望。虽然当时它的力量还很弱小，但它满怀信心地以改造中国为己任，为争取民族独立和人民解放，实现国家的繁荣富强和人民的共同富裕，开始了艰苦卓绝的斗争历程。自从有了中国共产党，中国革命的面目就焕然一新了。

（四）第一次国共合作的原因

在中国共产党成立之后，就将推翻阶级压迫作为己任，并未扩大革命队伍和革命影响，随着革命进程的深入，共产党人发现在中国这个特殊的半殖民地半封建社会中，首要解决的问题是改变中国的现状，即推翻列强的代言人——遍布中国的军阀。而多次的罢工和暴动使年轻的中国共产党认识到，单凭一己之力无法在短期内实现这个目标，因此，他们开始着手在中国寻找志同道合的盟友。中国共产党第三次全国代表大会上，对于中国革命的进程做出了重要的决定，即讨论国民党和共产党合作的问题。大会决定了两党合作的方式，即共产党员以个人身份加入国民党，而在政治、思想和组织方面，共产党员保持独立性。至此，第一次国共合作的序幕拉开。那么，为什么能够形成国共合作的局面？究其原因主要有以下几方面。

1. 中国共产党提出了民主的联合战线政策，是国共合作形成的主要原因

早在中共二大时中国共产党就通过了《关于"民主的联合战线"的议决案》，对于中国特殊的国情，要有针对性地分阶段实现中国的革命目标，在现阶段，要做的不是推翻所有压迫无产阶级的敌人，而是有目的地团结一部分阶级，通过建立民主联合战线的形式，把国内的民主党派联合起来，实现革命目标的最大化，推翻中国的军阀统治。同时在中共二大宣言中也提出："在先进的奋斗进行中间，只有无产阶级的革命势力和民主主义的革命势力合同动作，才能使民主主义革命格外迅速成功。"可见，为了推动革命向前发展，共产党愿意联合其他党派进行革命，也表明中国共产党提出要建立革命统一战线的思想。这对于年幼的共产党来说，是在政策上的一大进步，有利于争取更多的同盟军进行革命。正如毛泽东同志在中共三大会议上所说的那样，"一定要有革命的大联合，不能孤军奋战"。那么，联合的对象首选就是国民党。所以，中共三大决定与国民党合作，建立革命统一战线。这是国共合作能够形成的主要原因。

2. 革命对象的一致，是国共能够进行合作的前提条件

20 世纪 20 年代初，在中华大地上盘踞着各种大小势力的军阀。其中，较大的军阀形成了三个派系，即直系、皖系、奉系。这三大派系军阀之间为了争权夺利，或使用阴谋手段，或通过武力相互攻击，造成社会政治动荡。军阀集团搜刮民脂、奴役百姓的现象更为常见，致使民不聊生，经济萧条。同时，帝国主义国家继续争先瓜分中国，他们为了方便谋取利益，纷纷在中国扶植其代理人，各派军阀成为帝国主义争先拉拢的对象。军阀们为了扩大势力，开拓地盘，也纷纷与帝国主义国家相勾结，出卖国家主权和人民利益。在这种社会背景下，只有打倒军阀，反对帝国主义的压迫，中国才有出路。

因此，共产党从成立之初就把反帝反封建作为党的奋斗目标。中共二大提出了党的最低纲领是"消除内乱，打倒军阀，建设国内和平；推翻国际帝国主义的压迫，达到中华民族完全独立；统一中国为真正的民主共和国。"这个最低纲领用一句话概括就是建立了反帝反封建的革命纲领。而国共合作之前，国民党在南方也进行着反对北洋军阀、反对帝国主义的革命斗争。应该说，这一时期国共两党革命对象基本相同，为国共合作能够形成提供了前提条件。

3. 共产国际在共产党和国民党之间的斡旋和帮助为国共合作创造了条件

中国共产党成立伊始，就与共产国际有着千丝万缕的联系。1922 年中国共产党加入了共产国际，成立国际共产党的中国支部，接受共产国际指导。共产国际派代表马林来中国，马林是一位十分有斗争经验的共产主义者。他在分析了中国的革命形势之后，认为共产党与国民党的合作有利于中国革命的进程，并上报给共产国际。共产国际十分重视中国的革命情况，并多次派代表与国民党接触协商。1922 年 4 月，马林“分别与中国共产党和国民党的领导人进行了多次交谈，酝酿国共合作问题”。1923 年 1 月，孙中山在上海寓所与苏俄代表越飞进行会谈，“进一步商讨了以俄为师，改组国民党，以及苏俄援助中国革命等问题”。随后发表的《孙文越飞宣言》中提出 ：“当前中国最要最急之问题，乃在民国的统一之成功，与完全国家独立之获得”。即便共产党和国民党在合作方式上产生分歧，共产国际代表也努力化解双方分歧，达成一致意向。正是“共产国际为媒”，最终促成了国共合作。

4. 国民党愿意同共产党合作，使国共合作成为可能

国民党领袖孙中山先生是一名坚定的民主主义者，满腔热血，投身革命。他曾经依靠军阀进行革命，但是失败了，军阀们转而反对他，使他陷入窘地。这时，共产国际方面希望国民党能与共产党合作进行革命。孙中山自然表示愿意同共产党合作，后来又提出了“联俄、联共、扶助农工”的三大政策。孙中山先生对共产党的领导人也很欣赏。他曾经对李大钊说 ：“你尽管一面做共产党员，一面加入本党（国民党）帮助我。”每次李大钊去孙中山家里，两人都相谈甚欢。宋庆龄曾经回忆说 ：“孙中山在见到这样的客人后常常说，他认为这些人是他的真正革命同志。”正是出于对共产党人的欣赏，对新生革命势力的认可，使国共合作成为可能。在双方达成共识的情况下，1924 年在中共的帮助下，国民党实现了改组，召开了第一次全国代表大会。国共建立了合作，开启了北伐，沉重地打击了帝国主义势力，动摇了北洋军阀政府的统治，对中国革命产生了极其深远的影响。

（五）大革命失败的教训

国民大革命虽以失败告终，但却在中国革命史上留下了辉煌的篇章。它沉重打击了帝国主义和封建主义在中国的统治，使革命火种得以广泛传播，人民的政治觉悟和思想觉悟空前提高，使广大民众在革命中得到锻炼。在这次革命中，年幼的中国共产党也得到了锻炼，无产阶级的思想进一步为广大群众所接受，提高了共产党在人民和社会中的威望。这次大革命的兴起与失败，为中国共产党以后的革命斗争和党的建设提供了深刻的经验教训。

第一，无产阶级要领导中国民主革命取得胜利，必须建立广泛的革命统一战线。1840 年鸦片战争以后，中国开始沦为半殖民地半封建社会，这样的社会性质决定了中国革命面临的敌人异常强大，中国革命面临反对帝国主义和反对本国封建主义的双重任务。同时，近代中国政治经济发展的不平衡性，决定了中国革命的长期性和不平衡性，无产阶级想要领导中国民主革命取得胜利，必须建立广泛的统一战线。以“二七惨案”为例。1923 年 2 月爆发了京汉铁路工人大罢工，2 月 7 日，吴佩孚在帝国主义的支持下，对罢工工人进行了血腥镇压，制造了“二七惨案”。惨案发生后，帝国主义和封建军阀加紧镇压工人的罢工运动，工人运动转入低潮。京汉铁路工人大罢工，是工人运动的最高潮，它显示了无产阶级强大的革命力量。但二七罢工迅速转入低潮的事实也表明，工人阶级孤军奋战是不可能战胜强大的敌人的，公开合法斗争的作用也是有限的。因此，无产阶级必须发动广大工农群众，联合中小资产阶级和民族资产阶级等有可能革命的阶级，建立广泛的革命统一战线，组织强大的武装力量，通过武装斗争的形式取得革命的胜利。大革命初期在国共合作统一战线下，国民革命在最初两三年内取得了巨大的成就。

第二，无产阶级必须掌握革命的领导权。在国共两党合作推动下，国民革命在短短两三年里取得了一系列胜利，但在这个统一战线中始终存在着无产阶级和资产阶级对革命领导权的争夺。无产阶级必须争取革命的领导权，对资产阶级要实行既联合又斗争的方针，以斗争求联合。坚决反对只讲片面联合不讲斗争的错误方针。大革命中，共产党人一味妥协退让，放弃了对革命的领导权，使国民党右派的反动行为肆无忌惮，最终破坏统一战线，使革命走向失败。

第三，必须坚持武装斗争的形势，建立可靠的革命军队。近代中国是一个半殖民地半封建社会，内无民主、外无独立。在列强割据、军阀混战的时代，有了军队才能拥有权力，战争才是解决一切问题的重要方式。因此，中国革命不可能走合法斗争的途径，必须坚持武装斗争的革命形式，建立一支可靠的革命军队。毛泽东曾指出，在中国，离开了武装斗争，就没有无产阶级的地位，就没有人民的地位，就没有共产党的地位，就没有革命的胜利。后来毛泽东更将武装斗争视为新民主主义革命的“三大法宝”之一。大革命后期，我党右倾投降主义占统治地位，加之共产国际的某些不合理指示，党在革命后期忽视了革命军队领导权的争取，无产阶级没有掌握一支由自己领导的武装力量。所以，当国民党右派叛变革命时，我党不能组织有效反击，结果使革命走向失败。

第四，必须积极发动广大工农群众，建立深厚的群众基础。中国革命的基本问题是农民问题。农民是中国革命的主力军，在近代中国，农民占全国人口的 80% 以上，他们深受帝国主义、封建主义和官僚资本主义的压迫和剥削，具有强烈的革命性。在中国革命中，只有解决广大农民的土地问题，满足人民基本的生存需求，才能激发人民群众的斗争热情，广大农民才能同工人阶级一道完成中国革命的伟大任务。国民革命初期，随着北伐顺利进军，工农运动蓬勃发展，这沉重打击了帝国主义和封建主义的统治基础。但是由于革命右倾错误的泛滥，工农运动遭到打击和镇压，无产阶级革命力量遭到削弱，这便给了国民党右派可乘之机。因此积极发动工农群众，建立深厚的群众基础，实属革命之必要。

第五，中国革命必须从中国实际出发，保持自己的独立性。保持自身独立性是针对共产国际和国民党两方面而言。大革命时期，苏联和共产国际给予了中共很大帮助，这并不说明大革命失败与苏联、共产国际无关。共产国际的很多指示都以苏联利益为出发点，同时，对中国革命的看法也伴随着苏共党内斯大林和托洛茨基等反对派的斗争，染上了浓厚的“宗派斗争的色彩”，双方的目的都是为了在政治上击垮对方。且当时由于苏联内部并没有实事求是的优良氛围，所以他们对中国革命的指导也不能在实事求是的实际中进行，这反而影响了中国革命的利益。这也可看作是苏联和共产国际导致中国革命失败的原因之一。因此，在接受外部援助的同时，保持自身独立性异常重要。

第六，必须加强党的自身建设，加强将马列主义基本原理同中国实际相结合的能力。大革命时期，中国共产党还处于幼年时期，理论准备严重不足，缺乏革命经验，实际工作出现了很多失误。要加强党的自身建设，尤其是思想建设，使全党善于用马列主义的立场、观点和方法来解决中国的实际问题。加强党的自身建设，是我党一直坚持的永恒旋律，这也是我党始终保持先进性的原因之一。

三、案例思考

案例 1

案例呈现

材料 1：

五四运动陡然爆发，我于是卷入旋涡……抱着不可思议的“热烈”参与学生运动。我们处于社会生活之中，还只知道社会中了无名毒症，不知道怎么样医治，学生运动的意义是如此，单由自己的体验，那不安的感觉再也藏不住了……当时爱国运动的意义，绝不能望文生义的去解释他。中国民族几十年受剥削，到今日才感受殖民地化的况味。帝国主义压迫的切骨的痛苦，触醒了空泛的民主主义的噩梦。学生运动的引子，山东问题，本来就包括在这里。工业先进国的现代问题是资本主义，在殖民地上就是帝国主义，所以学生运动倏然一变而倾向于社会主义，就是这个原因。况且家族农业经济破产，旧社会组织失了他的根据地，于是社会问题更复杂了。从孔教问题，妇女问题一直到劳动问题，社会改造问题；从文字上的文学问题一直到人生观的哲学问题；都在这一时期兴起，萦绕着新时代的中国社会思想。

——摘自《瞿秋白文集》第一卷，人民文学出版社，1985 年版，第 24—26 页

材料 2：

八十年前爆发的五四运动，是以一批先进青年知识分子为先锋、广大人民群众参加的彻底反帝反封建的伟大爱国革命运动，也是一场伟大的思想解放运动和新文化运动。这场运动，成为中国旧民主主义革命走向新民主主义革命的转折点……

1919 年 5 月 4 日，北京数千学生涌上街头，高呼“外争国权、内惩国贼”等口号，由此掀起了有工人阶级、小资产阶级、民族资产阶级和其他爱国人士广泛参加的全国性群众斗争。五四运动是中国人民以往前赴后继斗争的继续和新的发展。在这场斗争中，中国工人阶级第一次以声势浩大的政治大罢工显示出崭新的战斗姿态。五四运动鲜明地贯穿着彻底地不妥协地反帝反封建的爱国主题。

五四运动作为极大地促进思想解放的新文化运动，猛烈地冲击和荡涤着几千年来的封建旧礼教、旧道德、旧思想、旧文化，为新思想、新文化在中国的广泛传播开辟着道路。

——摘自胡锦涛:《发扬伟大的爱国主义精神 为建设有中国特色社会主义努力奋斗——在五四运动八十周年纪念大会上的讲话》

案例讨论

1. 为什么说五四运动是中国新民主主义革命的开端？

2. 五四运动对中国共产党的成立有何深远的现实意义？

案例点评

1. 五四运动是在新的社会历史条件下发生的，它具有以辛亥革命为代表的旧民主主义革命所不具备的一些特点。第一，五四运动表现了反帝反封建的彻底性。第二，五四运动是一次真正的群众运动。第三，五四运动促进了马克思主义在中国的传播及其与中国工人运动的结合。正因为五四运动具备了上述新的历史特点，它也就成为中国革命的新阶段即新民主主义革命阶段的开端。

2. 五四运动对中国共产党成立的意义如下。

第一，五四运动为中国共产党的成立准备了思想基础。1917 年俄国十月革命以后，马克思主义思想传播到了中国，以李大钊为代表的先进知识分子大力宣传十月革命，宣传马克思主义，为中国共产党的成立奠定了思想基础。

第二，五四运动为中国共产党的成立准备了阶级基础。接受马克思主义思想较多的人群是工人阶级，而工人阶级正是通过五四运动才作为独立的政治力量登上了政治舞台。

第三，五四运动为中国共产党的成立准备了优秀人才。许多新文化运动重要发起者和参与人士如李大钊、陈独秀等后来成为重要的共产党创始人，这为共产党的成立准备了优秀人才。

第四，五四运动为中国共产党的成立准备了组织基础。五四运动促进了新文化运动的进一步发展，使马克思主义成为中国思想界的主流并开始得到广泛的传播。五四运动后，在共产国际的帮助下，1921 年 7 月，中国共产党的第一次全国代表大会在上海召开。这次大会，宣告了中国共产党的成立。

案例 2

案例呈现

材料 1：

1921—2011。中国共产党团结带领中国人民完成了彪炳千秋的三件大事——建立了人民当家作主的新中国、确立了社会主义基本制度和建立了独立的比较完整的工业体系和国民经济体系、开创了中国特色社会主义道路。这三件大事，从根本上改变了中华民族的前途命运，决定了中国历史的发展方向，不仅使中国人民走上了幸福安康的广阔道路，更为世界经济发展和人类文明进步作出了巨大贡献。

1921—2011。中国共产党团结带领中国人民完成了震古烁今的三个转变——从半殖民地半封建社会到民族独立、人民当家作主的新社会，从新民主主义革命到社会主义革命和建设，从高度集中的计划经济体制到充满活力的社会主义市场经济体制、从封闭半封闭到全方位开放。这三个转变，不可逆转地结束了近代以来中国内忧外患交织、几近亡国灭种的悲惨境遇，不可阻挡地开启了中华民族不断发展壮大、走向伟大复兴的历史征程。

——《人民日报》社论《永远为人民而奋斗——热烈庆祝中国共产党成立九十周年》，2011 年 6 月 30 日

材料 2：

社会主义的讨论，常常引起我们无限的兴味。……隔着纱窗看晓雾，社会主义流派，社会主义意义都是纷乱，不十分清晰的。正如久壅的水闸，一旦开放，旁流杂出，虽是喷沫鸣溅，究不曾是自定出流的方向。其实一般的社会思想大半都是如此。

——《瞿秋白文集》，人民出版社，1953 年版

材料 3：

“根本解决”这个话，很容易使人闲却了现在，不去努力，这实在是一个危险。但这也不可一概而论。……恐怕必须有一个根本解决，才有把一个一个的具体问题都解决了的希望。……我们应该承认遇着时机，因着情形，或须取一个根本解决的方法；而在根本解决以前，还须有相当的准备活动才是。

——李大钊：《再论问题与主义》，载《每周评论》，1919 年 8 月 17 日

案例讨论

1. 结合材料分析社会主义思潮在近代中国兴起的原因以及李大钊提倡的“根本解决”的含义？

2. 为什么中国共产党能够领导中国人民完成三件大事和三个转变？

案例点评

1. 第一，十月革命的影响。十月革命推动了中国的先进分子把自己的目光从西方转向东方，以新的革命方法的启示，去研究革命所遵循的主义。中国的先进分子，开始用无产阶级的世界观作为观察国家命运的工具，重新考虑自己的问题。在十月革命以后，中国的先进分子在各种社会主义的思想中，经过反复的比较、推敲，选择了马克思主义的科学社会主义。由此产生了一批赞成俄国十月社会主义革命、具有初步共产主义思想的知识分子，从而促进了马克思主义在中国的传播。

第二，挽救国家命运的需要和资本主义道路在中国的破产。巴黎和会上中国的外交失败，有力地打破了人们对于资本主义列强的幻想。而在这些倾向于社会主义的知识分子中，一些人经过比较，开始在马克思主义的旗帜下集合起来。

“根本解决”就是以马克思主义思想为指导进行社会革命。从深层次分析，在此时除了马克思主义以外，没有任何一种思想能够挽救中国的命运。

2. 中国共产党的成立，是中华民族发展史上开天辟地的大事变，它给灾难深重的中国人民带来了光明和希望。自从有了中国共产党，中国人民有了可以信赖的组织者和领导者，中国革命有了坚强的领导力量。经过曲折的探索，中国共产党把马克思列宁主义同中国实际全面地、正确地结合起来，制定出适合中国情况的纲领、路线、方针和政策，历史事实证明，只有中国共产党才能救中国，才能发展中国。

四、实践课堂

实践活动　中国共产党第一次全国代表大会情景剧活动方案

内容

1. 中共一大历史材料

1920年夏至1921年春，随着马克思主义在中国的广泛传播、中国工人运动的蓬勃兴起，作为两者结合产物的中国共产党早期组织，在上海、北京、武汉、长沙、济南、广州以及赴日、旅欧留学生中相继成立，建党条件基本成熟，召开全国代表大会也在建党骨干中开始酝酿。

6月3日，共产国际代表马林取道欧洲来到上海，与从西伯利亚南下的另一位国际代表尼克尔斯基会合。他们很快与陈独秀离沪期间主持上海党组织工作的李达、李汉俊取得了联系，并交换了情况。共产国际代表建议及早召开党的代表大会，宣告中国共产党的正式成立。

李达、李汉俊在征询陈独秀、李大钊的意见并获得同意后，分别写信给各地党组织，要求每个地区派出两位代表到上海出席党的全国代表大会。

7月中下旬，设在法租界白尔路389号（今太仓路127号）的博文女校，陆续住进了一批教师、学生模样的青年人，以北京大学师生暑期考察团的名义，来上海参加这次历史性的聚会。代表们到齐以后，就在住处开了预备会。

7月23日晚，中国共产党第一次全国代表大会在上海法租界望志路106号（今兴业路76号）正式开幕。会址设在李书城、李汉俊兄弟住宅，大家围坐在客厅长餐桌四周，室内没有特别布置，陈设简单，气氛庄重。出席者有上海的李汉俊、李达；北京的张国焘、刘仁静；长沙的毛泽东、何叔衡；武汉的董必武、陈潭秋；济南的王尽美、邓恩铭；广州的陈公博；留日学生周佛海以及陈独秀委派的包惠僧。陈独秀和李大钊因公务在身未出席会议，而在代表们心目中他们仍是党的主要创始人和领袖。

两位共产国际代表出席了一大开幕会议，并发表热情的讲话。马林首先指出：中国共产党的成立具有重大的世界意义，第三国际增加了一个东方支部，苏俄布尔什维克又多了一个亲密战友，并对中共提出了建议和希望。尼科尔斯基介绍了共产国际远东局的情况，要求中共把工作进程及时报告远东局。

接着，代表们商讨了会议的任务和议题，一致确定先由各地代表报告本地工作，再讨论并通过党的纲领和今后工作计划，最后选举中央领导机构。

7月24日举行第二次会议，各地代表报告本地区党团组织的状况和工作进程，并交流了经验体会。25、26日休会，用于起草党的纲领和今后工作计划。27、28和29日三天，分别举行三次会议，集中议论此前起草的纲领和决议。讨论认真热烈，大家各抒己见，既有统一的认识，又在某些问题上有争论，会议未作出决定。

7月30日晚，一大举行第六次会议，原定议题是通过党的纲领和决议，选举中央机构。会议刚开始几分钟，法租界巡捕房密探突然闯入，这次会议被迫中断。

一大第六次会议刚开始，就遭受法租界巡捕房的侵扰。首先闯入会场的叫程子卿，他是黄金荣的把兄弟，利用这层关系进入巡捕房，任华人探长。原来马林由莫斯科途经欧洲来华，曾在维也纳被警察局拘捕，虽经营救获释，但其行动一直作为“赤色分子”被严密监视。具有丰富秘密工作经验的马林，警觉地说这人一定是“包打听”，建议立即停会，大家分头离开。

果然，十几分钟后两辆警车包围了一大会址，法籍警官亲自带人进入室内询问搜查，没有找到多少证据，威胁警告一番后撤走了。这次冲击虽然没有带来重大损失，但一大却不能再在原址进行了。转移出来的一大代表当晚集中于李达寓所商讨，大家一致认为会议不能在上海举行了，有人提议到杭州开会，又有的提出杭州过于繁华，容易暴露目标。当时在场的李达夫人王会悟提出：不如到我的家乡嘉兴南湖开会，离上海很近，又易于隐蔽。大家都赞成，觉得这个安排很妥当。

第二天清晨，代表们分两批乘火车前往嘉兴。两位国际代表目标太大，李汉俊、陈公博也因经历一场虚惊，都未去嘉兴。10时左右，代表们先后到达嘉兴车站，在张家弄鸳鸯旅馆（现鸳湖旅馆）稍事休息后，登上事先租好的南湖画舫。

这是一个阴天，下起了蒙蒙细雨，游人渐渐离去，秀丽的南湖显得格外清静优雅。11时许，一大会议在缓缓划行的画舫上开始了。

南湖会议继续着上海30日未能进行的议题，先讨论并通过《中国共产党的第一个纲领》，这份15条约700字的简短纲领，确定了党的名称、奋斗目标、基本政策、提出了发展党员、建立地方和中央机构等组织制度，兼有党纲和党章的内容，是党的第一个正式文献。

接着讨论并通过《中国共产党的第一个决议》，对今后党的工作作出安排部署，鉴于党的力量还弱小，决定主要精力是建立工会组织，指导工人运动和做好宣传工作，并要求与其他政党关系上保持独立政策，强调与第三国际建立紧密关系。

下午5时，天气转晴，湖面上一艘汽艇向画舫急驰而来。大家因有上海的经历而提高了警惕，立即藏起文件，桌上摆出麻将牌，装扮成游客。后来打听到这是当地士绅的私人游艇，大家才松了一口气，会议仍继续进行。

最后，一大选举中央领导机构，代表们认为目前党员人数少、地方组织尚不健全，暂不成立中央委员会，先建立三人组成的中央局，并选举陈独秀任书记，张国焘为组织主任，李达为宣传主任。党的第一个中央机关由此产生。会议在齐呼“第三国际万岁”“中国共产党万岁”声中闭幕。

一大召开标志着中国共产党的正式成立，犹如一轮红日在东方冉冉升起，照亮了中国革命的前程。这是近代中国社会进步和革命发展的客观要求，是开天辟地的大事变。自从有了中国共产党，中国革命的面目就焕然一新了。

2. 活动主题设计

以中共一大为背景，聚焦大会过程中的某一个点或局部环节，编成历史情景剧，突出主题，演绎历史，再现历史情景。

3. 活动目标

（1）通过搜集有关中共一大的背景、召开、过程、影响的历史材料，培养学生搜集处理历史材料，截取有效信息的能力。

（2）通过模拟中共一大召开的情景，培养学生再认再现历史情景和历史人物心态的创造性能力。

（3）通过搜集和交流材料，培养学生相互之间学习交流的良好习惯。通过模拟中共一大的历史情景，培养学生的机智、灵敏、善于应对和揣摩人物心态的表现能力。

（4）通过积极参与活动使学生明白：中共一大是在国难深重、民族存亡之际，中共早期领导人为了替中华民族寻找出路，不顾个人安危而组织的爱国之举，更由于各种因素的合力，特别是以毛泽东为代表的早期中国共产党人的不懈努力，才促成了中共一大的成功召开。

4. 活动准备和要求

（1）每个班分成 4 个小组，每组设定一个组长，具体负责。

（2）安排学习、搜集相关资料，观看《1921》影片。

（3）每个小组成员，按照特长进行任务分工，搜集资料，撰写剧本。情景剧内容要集中，主题突出，时间设计不宜过长，保持在 10 分钟左右。

（4）根据剧情需要，安排所扮演的人物角色，演练台词，设计情景和搜集所需的道具。

（5）准备时间：2~3 周。

活动实施步骤和过程

1. 创设情景，激发兴趣

在教室里创设中共一大的模拟场景。空间场景设计，扮演者适当化妆，多媒体播放背景场面。经过布置，把教室变成中共一大的一个“小场景”。

2. 参与活动，学习知识

以小组为单位，按抽签顺序依次进行历史情景剧演出。演出时扮演者要熟练台词，对白尽可能自然、真实，模拟历史情景，再现历史场面。

3. 总结教学，转化情感

演出结束后，教师引导学生回顾和总结历史，启发学生通过中共一大的“参与”和“活动”，自觉感悟大会产生的历史复杂性，感悟到民族危难之际中共早期领导人的爱国情怀，从而激发学生热爱祖国的情感和爱人民、爱党的高尚情操。

评价

1. 根据每个小组准备、演绎过程和总结情况，教师和学生共同打分评出优劣。

2. 本次活动，小组集体计分，作为一次平时成绩。

五、习题训练

一、单项选择题

1．推动中国由旧民主主义革命向新民主主义革命转变的根本原因是（　）。

A. 新文化运动的推动　　B. 俄国十月革命的推动

C. 马克思主义的传播　　D. 中国革命领导阶级的变化

2．近代中国革命属于资产阶级革命的性质，主要是由于（　）。

A. 民族资产阶级是革命的主力军

B. 革命体现了资产阶级的政治经济要求

C. 革命的对象是帝国主义和封建主义

D. 革命胜利后将建立资产阶级共和国

3．新民主主义革命的重要政治目标是（　）。

A. 建立资产阶级专政的资产阶级共和国

B. 建立无产阶级专政的社会主义共和国

C. 建立一个革命阶级联合专政的民主共和国

D. 建立工农专政的非民主共和国

4．孙中山说："国民党在坠落中失望，因此要救活他，就需要新鲜血液。"为此他采取的主要措施有（　）。

A. 接受中共反帝反封建的主张　　B. 重新解释三民主义

C. 以党内合作方式同共产党合作　　D. 建立黄埔军校，培养新式军事干部

5．国共第一次合作取得的最大成果是（　）。

A. 黄埔军校的建立　　B. 广东革命根据地的巩固

C. 农民运动讲习所的举办　　D. 基本推翻北洋军阀的统治

6．1927 年大革命失败了，这里所说的失败，主要是指（　）。

A. 反帝反封建的革命任务没有完成

B. 蒋介石、汪精卫背叛革命

C. 共产党内右倾投降主义占了上风

D. 工人农民运动转入低潮

7．新文化运动兴起的标志是（　）。

A. 1915 年 9 月，陈独秀在上海创办《青年杂志》

B. 蔡元培聘请陈独秀为北京大学文科学长

C. 1917 年 1 月，蔡元培出任北京大学校长

D.《新青年》编辑部由上海迁到北京

8．中国新民主主义革命的伟大开端是（　）

A. 辛亥革命　　B. 俄国十月社会主义革命

C. 中国共产党成立　　D. 五四运动

9．第一次国共合作的政治基础和革命统一战线的共同纲领是（　）。

A. 三民主义　　B. 新三民主义

C. 中共二大的最低纲领　　D. 中共二大的最高纲领

10．1919 年五四运动以前的新文化运动是（　）。

A. 无产阶级的新文化运动

B. 资产阶级民主主义文化与无产阶级的新文化的斗争

C. 资产阶级民主主义新文化与封建主义旧文化的斗争

D. 无产阶级新文化与封建主义旧文化的斗争

二、多项选择题

1．新文化运动的主要内容是提倡（　）。

A. 民主　　B. 科学　　C. 自由　　D. 进步

2．1919 年 6 月 5 日后，五四运动越出知识分子的范围，发展为全国规模的具有广泛群众性的爱国政治运动，其中包括（　）。

A. 农民阶级　　B. 工人阶级

C. 城市小资产阶级　　D. 民族资产阶级

3．五四运动的直接斗争目标是（　）。

A. 罢免亲日派官僚曹汝霖、章宗祥、陆宗舆的职务

B. 拒签巴黎和约

C. 取消“二十一条”

D. 反对华北自治

4．中共二大宣言规定了党的最低纲领，其基本内容是（　）。

A. 消除内乱，打倒军阀，建设国内和平

B. 推翻国际帝国主义的压迫，达到中华民族完全独立

C. 统一中国为真正的民主共和国

D. 实现社会主义、共产主义

5．大革命后期，以陈独秀为代表的右倾机会主义错误主要表现在（　）。

A. 不能发扬民主，家长制作风严重

B. 放弃了对于农民、城市小资产阶级和民族资产阶级的领导权

C. 放弃了对武装力量的领导权

D. 不能摆脱共产国际的错误指导

三、材料分析题

材料1：

本党承认苏维埃管理制度，把工人、农民和士兵组织起来，并承认党的根本政治目的是实行社会革命；中国共产党彻底断绝与黄色的知识分子阶层以及其他类似党派的一切联系。

——摘自《中国共产党第一个纲领》

对现有其他政党，应采取独立的攻击政策。在政治斗争中，在反对军阀主义和官僚制度的斗争中，在争取言论、出版、集会自由的斗争中，我们应该始终站在完全独立的立场上，只维护无产阶级的利益，不同其他党派建立任何关系。

——摘自《中国共产党第一个决议》

材料2：

在中国的政治经济现状之下，在中国的无产阶级现状之下，我们认定民主的革命固然是资产阶级的利益，而于无产阶级也是有利益的。因此我们共产党应该出来联合全国革新党派，组织民主的联合战线，以扫清封建军阀、推翻帝国主义的压迫，建设真正民主政治的独立国家为职志。

（A）先行邀请国民党及社会主义青年团在适宜地点开一代表会议，互商如何加邀其他各革新团体，及如何进行。

（B）运动倾向共产主义的议员，在国会联络真正民主派的议员，结合民主主义左派联盟。

（C）在全国各城市，集合工会、农民团体、商人团体、职教员联合会、学生会、妇女参政同盟团体、律师公会、新闻记者团体等，组织“民主主义大同盟”。

——摘自《中国共产党第二次全国代表大会文件》

材料三：

（二）此时统治中国的是封建的军阀，不是资产阶级。军阀政府名为独立政府，其实事事听命于国际帝国主义的列强……所以半殖民地的中国，应该以国民革命运动为中心工作，以解除内外压迫。

（三）依中国社会的现状，宜有一个势力集中的党为国民革命运动之大本营，中国现有的党，只有国民党比较是一个国民革命的党……

（五）……共产国际执行委员会议决中国共产党须与中国国民党合作，共产党党员应加入国民党。中国共产党中央执行委员会曾感此必要，遵行此议决，此次全国大会亦通过此议决。

（八）我们须努力扩大国民党的组织于全中国，使全中国革命分子集中于国民党，以应目前中国国民革命之需要……

——摘自《中国共产党第三次全国代表大会文件》

请回答：

1. 根据材料 1，中国共产党对统一战线的态度是什么？

2. 根据材料 1、3，中国共产党对统一战线认识有何变化？

3. 统一战线方针确定的意义所在。

四、论述题

1. 简述马克思主义在中国传播的本土化特点。

2. 请回答新文化运动的影响。

参考答案

一、单项选择题

1. D　2. C　3. C　4. C　5. D　6. A　7. A　8. D　9. B　10. C

二、多项选择题

1. AB　2. BCD　3. ABC　4. ABC　5. BCD

三、材料分析题

1. 由于中国共产党刚刚诞生，还缺乏革命斗争的实践，对中国社会状况和革命性质还需要有一个认识过程，所以党的第一次全国代表大会通过决议规定，中国共产党“不同其他党派建立任何关系”。这说明，当时党对统一战线策略还缺乏认识，采取了一种“关门主义”的立场。

2. 中国共产党第二次全国代表大会通过了《关于“民主的联合战线”的决议案》，提出组织“民主的联合战线”，这与“一大”时对现存各政党采取“攻击和排斥”的态度相比，是一个很大的进步，标志着中国共产党的策略思想有了重大发展，对统一战线认识有了提高。这是“二大”的重要历史功绩之一。但中共打算与国民党建立联合战线的方针是“党外合作”，两党平等合作，这是孙中山不同意的。为了适应新形势下革命斗争的需要，中共“三大”决定同中国国民党建立统一战线，中共党员以个人身份加入国民党，帮助孙中山先生改组国民党，使之革命化，同时保持共产党在组织上和政治上的独立性，这标志中国共产党正式决定以“党内合作”的方式来实现国共合作。

3. 无产阶级政党在一定历史条件下，为反对主要敌人，同其他革命阶级和一切可能团结的力量必须结成联盟。中国革命的敌人是强大的、残暴的，无产阶级必须团结一切愿意反帝反封建的阶级、党派、团体和个人成立广泛的统一战线才能取得民族独立和解放。统一战线是中国革命的三大法宝之一，国共合作建立后，国共两党发展壮大，工农运动的高潮，广东革命根据地的统一和巩固，北伐战争的胜利，大革命高潮的到来，都说明统一战线的建立是完全正确的。

四、论述题

1.（1）将马克思主义用于解决中国社会的主要矛盾，制定了“打倒军阀；推翻国际帝国主义的压迫；统一中国为真正的民主共和国”的最低纲领。

（2）在国共合作时期，以马克思主义为主体，吸收资产阶级民主主义革命思想的精华，明确宣布以三民主义为自己的奋斗目标。共产党所实行的一切政策，根本上仍然是符合孙中山先生的三民主义和三大政策的革命精神。共产党没有一天不在反对帝国主义，这就是彻底的民族主义；工农民主专政制度就是彻底的民权主义；土地革命则是彻底的民生主义。

（3）将爱国主义与共产主义结合起来，承担民族解放的历史使命。毛泽东说：“国际主义的共产党员可以而且应该成为爱国主义的，因为只有民族得到解放，才有无产阶级和劳动人民得到解放的可能。中国胜利了，侵略中国的帝国主义被打倒了，同时也就是帮助了外国的人民。因此，爱国主义就是国际主义在民族解放战争中的实施。”“共产党员是国际主义的马克思主义者，但是马克思主义必须和我国的具体特点相结合并通过一定的民族形式才能实现。”

2.（1）动摇了封建思想的统治地位。新文化运动前，资产阶级改良派和革命派，在宣传各自的政治观点时，都没有彻底地批判封建思想。经过新文化运动，人们的思想文化得到空前的解放。

（2）民主和科学思想得到弘扬。中国知识分子在新文化运动中，受到一次西方民主和科学思想的洗礼。这就为新思潮的传播开辟了道路，也推动了中国自然科学事业的发展。

（3）为五四运动的爆发做了思想准备。新文化运动启发了民众的民主主义觉悟，对五四运动起了宣传动员作用。

（4）后期传播的社会主义思想，启发了中国先进的知识分子，使他们选择和接受了马克思主义，作为拯救国家、改造社会和推进革命的思想武器。这是新文化运动最重要的成果。

（5）有利于文化的普及和繁荣。新文化运动提倡白话文，能够使语言和文字更紧密地统一起来，为广大民众所接受，从而有利于文化的普及和繁荣。

第五章

中国革命的新道路

一、理论要点

（一）内容提要

本章主要讲述 1927 年大革命失败到 1937 年抗日战争爆发前十年的土地革命战争时期的历史。首先介绍 1927 年大革命失败后的国内政局，即国民党在全国的统治以及中间党派的政治主张；着重讲述以毛泽东为主要代表的中国共产党人坚持革命，把马克思主义基本原理同中国实际结合起来，开辟了农村包围城市的革命新道路；讲述土地革命前期和中期中国共产党内的“左”倾错误及其危害；1935 年 1 月的遵义会议成为中国革命和中国共产党历史上一个生死攸关的转折点。红军长征的胜利，打开了中国革命的新局面。

（二）教学目的

通过本专题学习，首先让学生知道土地革命兴起的历史背景，以及“农村包围城市”这一理论是如何开辟的；其次，让学生了解土地革命战争时期农村革命根据地的建设与五次反“围剿”的过程，以及红军进行长征的原因；最后，让学生了解遵义会议的重要性及红军长征胜利所传承的精神。通过学习，培养大学生综合、概括和归纳历史事件的能力，培养坚强的意志和团结合作的精神，增强经受挫折、适应生存环境的能力。

（三）教学要点

1. 土地革命战争
2.“农村包围城市”思想的内涵
3. 第五次反“围剿”作战失败的因素
4. 红军发动长征的原因
5. 遵义会议的历史意义

（四）关键词

土地革命战争；农村包围城市；反“围剿”作战；红军长征；遵义会议

二、理论知识

（一）土地革命战争

1. 简介

土地革命，指第二次国内革命战争时期，中国共产党在革命根据地开展的打土豪、分田地、废除封建剥削和债务的革命斗争，是中共领导下的反对国民党反动统治的战争。土地革命（或称第二次国内革命战争），以1927年8月1日的“南昌起义”为开始的标志，至西安事变、第二次国共合作、中国抗日民族统一战线形成结束。

2. 背景

“四一二”事变后，南京的国民政府一方面镇压中国共产党，另一方面继续对奉系军阀作战，完成统一全国的目标。

3. 爆发

1927年8月1日，以周恩来为代表的一部分共产党人率先在南昌起义。8月7日，中共中央在汉口召开紧急会议，正式确定了“土地革命和武装反抗国民党反动派”的总方针。随后，中国共产党人在湘、赣、粤、鄂、豫、皖、闽、浙、陕等地纷纷举行武装起义，组织工农武装，走上武装夺取政权的道路。1927年10月，毛泽东率湘赣边界秋收起义的队伍到达井冈山，开展游击战争，进行土地革命，组织工农政府，建立地方武装，创建了中国第一个农村革命根据地。1928年4月，朱德、陈毅等率南昌起义保留下来的部分队伍和湘南起义中组织的农军到达井冈山，与毛泽东领导的部队会合，创建了中国第一支工农红军，并进一步扩大了井冈山革命根据地。此后，中国共产党相继开辟了湘鄂西、鄂豫皖、陕甘、海陆丰、左右江等革命根据地，建立了工农红军第一、第二、第四方面军和其他红军部队。

4. 内容

中国共产党在革命根据地开展打土豪、分田地、废除封建剥削和债务的土地革命，满足了农民的土地要求。1931年春，毛泽东总结土地革命的经验，制定出一条完整的土地革命路线，即依靠贫农、雇农，联合中农，限制富农，保护中小工商业者，消灭地主阶级，变封建半封建的土地所有制为农民的土地所有制。这条路线，调动了一切反封建的因素，保证了土地革命的胜利。为了保证土地革命的顺利进行，县、区、乡各级都建立了土地委员会。分田的大体步骤是：

（1）调查土地和人口，划分阶级。

（2）发动群众清理地主财产，焚毁田契、债约和账簿，把牲畜、房屋分给贫雇家，现金和金银器交公。

（3）丈量土地，进行分配，公开宣布分配方案，插标定界，标签上写明田主、丘名、地名和面积。

土地革命使广大贫雇农政治上翻了身，经济上分到了土地，生活上得到保证。为了保卫胜利果实，他们积极参军参战，努力发展生产。湘鄂赣革命根据地，仅半年之内，参加红军的翻身农民达3万多人。鄂豫皖革命根据地的黄安七里坪的一个招兵站，一天就有800名农民参军入伍。

5. 经过

土地革命战争时期，也称作第二次国内革命战争时期。这一时期，是中国共产党领导中国人民，深入开展土地革命，反对国民党恐怖统治的内战时期。第一次国内革命战争后期，以蒋介石为首的国民党叛变了革命，代替了北洋军阀，企图扑灭革命，消灭共产党。蒋介石反动集团残酷地镇压共产党和革命群众，党组织遭到破坏，党的活动被迫转入地下。

中国共产党和中国人民没有被国民党的屠刀吓倒，继续英勇地高举起反帝反封建的革命大旗。为了挽救革命，党中央采取了一系列的措施，1927年7月12日，党中央政治局进行了改组，成立了中央临时政治局常务委员会，作出了在南昌举行武装起义、发动农民举行秋收起义等决定。1927年8月1日，周恩来、贺龙、叶挺、朱德、刘伯承等领导了南昌起义，打响了武装反抗国民党统治的第一枪，开始了中国共产党独立领导武装革命斗争的新阶段，因此，8月1日被定为中国人民解放军诞生的节日。1927年8月7日，党中央在汉口召开了紧急会议，即“八七会议”。会议确定了土地革命和武装反抗国民党统治的总方针，批判和揭露了陈独秀的右倾投降主义错误及其造成的严重后果。会议在大革命失败后的关键时刻，为挽救党和中国革命起到了重大作用。“八七会议”后，毛泽东以中央特派员的身份，于9月9日，领导了湘赣边界的秋收起义。起义后，毛泽东根据当时敌我形势，主动放弃攻打长沙的计划，转向敌人统治薄弱的农村地区，到达永新县三湾村时，对部队进行了改编，确立了党对军队的绝对领导，决定将党支部建在连上，内部实行民主制度，官兵平等。这就是我军建军史上有名的“三湾改编”。

毛泽东率部10月到达井冈山地区，建立了以宁冈为中心的井冈山革命根据地。1928年4月朱德、陈毅率领南昌起义保留下来的一部分部队到达井冈山，与毛泽东会师，合编为中国工农红军第四军。井冈山革命根据地和红军的创建，点燃了工农武装割据的星星之火，开始了创建农村革命根据地的伟大斗争。红军战争的胜利和根据地的发展，推动了农村土地革命的深入开展。红军所到之处，燃起了阶级斗争的熊熊大火，到处呈现出一派“分田分地真忙”的革命景象。土地革命解放了农村生产力，极大地激发了广大贫苦农民革命和生产的积极性，有力地支援了红军和巩固了农村革命根据地。在创建红军和农村革命根据地的过程中，以毛泽东为代表的共产党人，对中国革命道路进行了探索。1928 年 10 月至 1930 年 1 月，毛泽东先后发表了《中国的红色政权为什么能够存在?》《井冈山的斗争》《星星之火，可以燎原》等文章。毛泽东关于红色政权的理论科学地揭示了中国革命发展的规律，科学地论证了中国红色政权能够存在和发展的原因、条件，以及工农武装割据的基本内容，提出了一条具有中国特色的农村包围城市，最后夺取全国胜利的革命道路，标志着毛泽东思想开始形成。但是，从 1927 年 11 月至 1934 年底，党内先后出现了瞿秋白“左”倾盲动主义、李立三“左”倾冒险主义、王明“左”倾教条主义的错误，使革命力量遭受很大损失。特别是王明“左”倾教条主义的错误，使党在白区的党组织和工作几乎遭到百分之百的破坏和失败，使已经取得了四次反“围剿”胜利的中央革命根据地，在第五次反“围剿”中遭受失败。中央红军被迫于 1934 年 10 月开始了二万五千里长征。

1935 年 1 月，中国共产党召开了历史上著名的“遵义会议”，结束了王明“左”倾教条主义在中央的统治，确立了以毛泽东为代表的新的党中央的领导地位。这次会议，在革命最紧要关头挽救了党、挽救了红军，是中国共产党历史上一个生死攸关的转折点。“遵义会议”后，中央红军在党中央和毛泽东的指挥下，四渡赤水、巧渡金沙江、强渡大渡河、飞夺泸定桥、翻越夹金山、过草地，冲出了数十万敌军的围追堵截。在北上途中，还反对了张国焘的右倾分裂主义错误。1935 年 10 月，中央红军到达陕北吴起镇，结束了红一方面军长征。1936 年 10 月，红一、二、四方面军三大主力会师，标志着历时两年的红军长征胜利结束，长征的胜利充分表明中国共产党和工农红军是不可战胜的，有力地推动了中国革命事业的发展。长征一结束，就开始了中国革命的新局面。在红军长征到达陕北后，全国抗日民主运动热情高涨。1935 年，日本帝国主义进一步向华北地区发动了新的进攻，何应钦同日本签订了《何梅协定》，日本加紧策划“华北五省自治”，妄图制造第二个“满洲国”，达到吞并华北的目的。国民党政府仍然坚持其卖国、内战、反共的政策，对日寇的侵略步步退让。全国要求抗日的呼声不断高涨，根据国内政治形势的变化，1935 年 8 月 1 日，中国共产党发表了《为抗日救国告全体同胞书》(即《八一宣言》)，提出了建立抗日民族统一战线的主张。

同时期全国抗日民主运动高涨，1935 年 12 月 9 日，爆发了“一二·九”运动，很快得到上海、南京、武汉、天津等各地的响应。中国革命又走向了新的高潮。1935 年 12 月，党中央召开了“瓦窑堡会议”，批判了党内“左”倾关门主义的错误，决定了建立抗日民族统一战线的方针策略。会后，中国共产党为建立抗日民族统一战线进行了大量艰苦、复杂的斗争。1936 年 12 月 12 日，发生了西安事变，党中央提出了和平解决西安事变问题的方针，迫使蒋介石接受联共抗日的主张。西安事变的和平解决，对推动国共两党再次合作，团结抗日，起到了重大的历史作用，成为由国内战争走向抗日民族战争的转折点。1937 年 2 月 15 日，国民党召开了五届三中全会，开始接受中国共产党的抗日民族统一战线的政策，通过了一项接受国共合作的决议。至此，抗日民族统一战线初步形成。

6. 意义

这是中共党史上的一个关键时期，它经历了从大革命的失败到土地革命的兴起，从红军第五次反“围剿”的失败到抗日战争的兴起两次历史性转变。期间，中国共产党建立了 12 块革命根据地。

土地革命战争时期，中国共产党领导的武装起义有 100 多次，遍及 14 个省 140 多个县（市），参加起义的工农群众和革命士兵有数百万人。这些起义，高举土地革命和武装斗争的旗帜，给国民党反动派的屠杀政策以有力的回击。起义保存下来的武装成为中国工农红军的主要来源。

（二）“农村包围城市”思想的内涵

1. 马列主义与中国实际相结合是“农村包围城市”思想的最重要内涵

中国革命的道路究竟应该怎样走，早期革命同志注重调查研究、科学实践，发挥马列主义中国化的创新精神，认清了中国的国情，找到了中国革命的道路。《反对本本主义》是“农村包围城市”的思想基础，强调没有调查就没有发言权，这对党的思想路线的形成具有非常重要的意义。

“农村包围城市”道路理论的核心内容是以乡村为中心的思想。中国民主革命的中心由城市转到乡村，不是一个简单的地理空间的变动问题，而是如何结合中国革命实际，将革命的立足点放在何处的战略问题。这一理论在实践的基础上，论证了中国共产党在民主革命时期把工作中心放在乡村的必要性和重要性。

（1）从中国社会的性质来看，中国民主革命必须从农村的武装斗争开始。西方资本主义国家的无产阶级可以利用资产阶级政党的民主制度，从中心城市发动和平斗争开始，再转变为武装夺取政权。而中国社会没有这样的民主制度，必须进行武装斗争。毛泽东在“八七会议”上的发言指出：“……湖南这次失败，可说完全由于书生主观的错误，以后要非常注意军事。须知政权是由枪杆子中取得的。”

（2）从中国革命的性质与特点来看，农民占全国人口的绝大多数，农民问题是中国革命的基本问题。

（3）从敌我力量的对比与分布来看，革命力量必须深入农村，发动农民，建立稳固的农村革命根据地，在长期的革命斗争中壮大革命力量，改变敌强我弱的形势，最后夺取全国政权。

农村包围城市道路的形成过程经过如下路径：

城市中心→城乡并举→工农武装割据→农村包围城市→夺取城市

邓小平讲过：“其实马克思主义并不玄奥。马克思主义是很朴实的东西，很朴实的道理。”“农村包围城市”理论是从半殖民地半封建的中国国情和中国革命经验教训出发，进行科学分析得出的很朴实的道理，是把马克思列宁主义武装夺取政权的思想在中国具体化而又有说服力的高明之见。

2. 重视农民问题和土地问题是“农村包围城市”思想又一重要内涵

“农村包围城市”理论的中心问题是农民问题和土地问题。而军队建设、战略战术也与此有关。1925 年，毛泽东开始从事农民运动，先后发表了《中国社会各阶级的分析》《国民革命与农民运动》和《湖南农民运动考察报告》等文章，阐明了农民问题的极端重要性。为了彻底解决农民土地问题，变封建土地所有制为农民土地所有制，在中国革命的不同阶段，中国共产党实行了不同的土地政策。

（1）走“农村包围城市”道路必须发动农民、依靠农民。中国革命的中心问题是农民问题。“农村包围城市”的依靠力量是农民，农民是中国革命的主力军。毛泽东早年的农村调查，使其认识到推翻帝国主义、官僚资本主义统治中国的社会基础——乡村豪绅阶级的力量是农民。毛泽东认为：“一切半无产阶级、小资产阶级，是我们最接近的朋友。”这就指出了中国无产阶级最广大最忠实的同盟军是农民。毛泽东关于农民问题的理论和农民运动的经验，为我党在今后制定依靠贫农雇农、团结中农、中立富农、打倒地主阶级的阶级路线奠定了基础，从而解决了在民主革命时期领导农村革命斗争中要依靠谁、团结谁、打倒谁这个革命的首要问题。

（2）“农村包围城市”必须解决农民的土地问题。土地问题是中国革命的中心问题，农民拥有土地才能获得真正的解放，不再依附于土地。而封建土地所有制的改变，动摇了帝国主义、官僚资本主义统治的基础。1928 年 12 月，毛泽东主持制定了党的历史上第一个土地法——《井冈山土地法》，第一次用法律形式肯定了农民获得土地的神圣权利。

3. 保持党的先进性和人民战争的战略战术是“农村包围城市”思想第三个重要内涵

（1）保持党的先进性

中国共产党之所以能够领导中国人民一步一步走向胜利，是因为我党既充分发动群众，又保持先进性。共产国际第六次大会强调“假使共产党不预先整顿自己的队伍，不巩固自己在工业无产阶级中的影响，不能保证工业无产阶级在农民中的领导权，就是发生了全国直接革命的形势，我们也不能利用这种客观的条件，来取得革命的胜利。”从中可以看出共产国际强调了工人阶级领导的重要性，同时要求加强对农民的领导。共产党代表无产阶级领导农民进行革命，将党员和战士提高到无产阶级水平。“三大纪律八项注意”是中国人民解放军的优良传统和行动准则，体现了人民军队的本质和宗旨。党在“农村包围城市”过程中形成了三大优良作风：理论和实际相结合、密切联系群众、批评和自我批评。这是中国共产党区别于其他任何政党的显著标志。

（2）人民战争的战略战术

毛泽东认为，革命战争必须与民众相结合，革命战争是群众的战争，只有动员群众才能进行战争，只有依靠群众才能进行战争，他还认为，民众是战争胜负的决定力量。淮海战役就是典型的人民战争，山东的独轮车、东北的大炮弹一个都不能少。人民军队建设的基本原则是：①全心全意为人民服务是人民军队的唯一宗旨；②党指挥枪的原则；③人民军队建设还包括必须坚持的政治工作的原则。政治工作的基本原则是官兵一致、军民一致、瓦解敌军和宽待俘虏的原则。这一建军原则也体现了人民战争的战略战术。

除了以上三方面，“农村包围城市”思想还有很多内涵，甚至还有很多拓展。早在1930年5月，毛泽东就从理论上总结历史教训，在《反对本本主义》中提出了没有调查就没有发言权的论断，批评单纯建立在“上级”观念上的形式主义的态度。历史事实雄辩地证明，毛泽东等中国共产党人不唯上，不唯书，非常重视从中国国情出发，运用马克思主义的立场、观点和方法，大兴调查研究之风，独立思考，不断地总结实践经验和教训，从而有理有据地敢于突破“城市中心”的旧模式，提出以农村包围城市为特征的中国式的武装夺取政权的新道路、新模式。

（三）第五次反“围剿”作战失败的因素

1. 国民党方面的作战准备和作战方针

第四次“围剿”失败后，经过短暂休整，蒋介石开始准备第五次“围剿”。1933年7月，蒋在江西庐山开办军官训练团，分期分批训练中级以上军官。训练“惟一的目的，就是要消灭赤匪，所以一切的设施，皆要以赤匪为对象”。对应其“从前剿匪剿不了，并不是我们武力不够，而是我们精神不良”的认识，训练团特别注重战斗、团结精神的教育。训练结果，按蒋自己的说法：“因为时间过于短促，对于学术科没有多大的进步，但是各人的精神思想，和所表现的仪容、态度、动作，比两星期以前，完全不同了。”同时，干部集中、朝夕相处对来自各地方、各派别的军官“把眼前畛域派别的观念，和频年交相火并的宿怨前隙，不期然而然的消弭泯灭”，也发挥了一定作用。

以红军作为假想敌，郑重其事地开办庐山训练团，反映蒋介石对再一次与红军作战的充分重视，如他所说：“此次剿匪，实关党国与本军之存亡，不可以大意轻易出之。”这和第一、二次“围剿”时视红军为“地方事件”，仅出动一些杂牌部队有重大差异。吸取前几次“围剿”失败的教训，蒋将新一次“围剿”定位为军事、政治、经济、社会的总体战。基本原则为“三分军事，七分政治”，即“用三分的力量作战，用七分的力量来推行作战区的政治”，“一方面要发挥军事的力量，来摧毁土匪的武力；一方面要加倍地运用种种方法，积极地来摧毁土匪所有的组织，及在民众中一切潜势力。”秉着总体战的思路，国民党方面采取了一系列政治、经济、社会政策，严密统治、收揽人心，其中，对苏区最具威胁的是封锁政策。通过实行严密的经济、交通和邮电封锁，严禁粮秣、食盐、工业品和原材料等物资流入苏区，断绝其与外界的联系，蒋介石判断“匪区数年以来，农村受长期之扰乱，人民无喘息之余地，实已十室九空，倘再予以严密封锁，使其交通物质，两相断绝，则内无生产，外无接济，既不得活动，又不能鼠窜，困守一隅，束手待毙。”用心既狠且辣。

2. 国民党方面的作战基础的增进

蒋介石在第五次“围剿”中选择持久消耗的作战方针，和当时国内外相对有利的环境有着密切的关系。周恩来曾经谈道，“蒋介石在第五次‘围剿’时能动员五十万军队发起进攻、实行封锁，那是他势力最强大的时期”。确实，和前四次“围剿”几乎一直在国内外动荡局势中相比，第五次“围剿”进行过程中，南京政府内外环境相对宽松，给了其从容展布的机会。从外部环境看，当时对国民政府压力最大的压迫有所缓和。南京政府经过长城抗战并签订《塘沽协定》后，日本在华北活动告一段落，北方的压力暂时有所减轻，此后直到第五次“围剿”结束，日本在华北一直未有大的动作，南京政府获得第三、四次“围剿”以来相对稳定的外部环境。与此同时，南京政府积极调整对外政策，与英、美等国加强联系，行政院副院长、财政部部长于 1933 年 4 月开始长达半年的欧美之行，并与美国订立 5000 万美元的棉麦借款合同。这次欧美之行被认为标志着“南京政府对欧美国家实行经济开放政策的起端”。在加强经济联系的同时，南京政府向西方国家大量订购武器装备，据统计，1933 年和 1934 年两年间，购买军火费用达 6000 多万元。这些，既加强了南京政府与西方国家间的政治、经济联系，又提高了其军事装备和统治能力。第五次“围剿”期间，国民党军出动装甲部队，并购买一批山炮投入进攻，发挥了相当效果。粟裕回忆第五次反“围剿”：“十九师是团的主力，战斗力强，擅长打野战，但没有见到过装甲车……部队一见到两个铁家伙打着机枪冲过来，就手足无措，一个师的阵地硬是被两辆装甲车冲垮。”红军两个主要军团指挥者彭德怀注意到：“在第五次‘围剿’时，技术装备比以往几次有所加强。”“每连有多至六挺的机关枪，至少也有一挺。我们在敌机枪下除非不接近，一接近一冲就是伤亡一大堆。”

3. 苏区作战资源的困窘

国民党方面制定的持久消耗的作战方针，其所针对的即为中共作战资源的短缺，应该说，这确实击中了中共反“围剿”作战的弱点。作为被迫面对战略决战的一方，中共在作战资源上远远无法和国民党抗衡。中共自己承认：“照物质上的力量比较起来，白军真可以两三个月‘荡平赤匪’。”当红军未能打破国民党军的封锁，被迫退入苏区基本区域进行保卫战时，这一弱点更是暴露无遗，长期从事后勤工作的红军将领总结道：“根据地人民竭尽全力，也不能保证及时供应，这也是导致第五次反‘围剿’失败的原因之一。”

在消耗作战中，人力资源是决定战争成败的重要一环。作为全国广大区域的控制者，国民党进行持久消耗的人力资源和兵力来源可保无忧，而中央苏区本身地域有限，且位于人口稀少的山地地区，数量上处于绝对劣势。苏区总人口仅 300 万人左右，经过累年军队输送后，1933 年初乐观地估计“尚有七十万壮丁”，1933 年 5 月至 7 月，扩大红军约 5 万人，1933 年 8 月至 1934 年 7 月中旬扩大红军数达到 11.2 万人左右，总计约 16 万人，已占到可征召壮年男子的近 1/4。这其中还不包括各级政权工作人员、工厂工人、前后方夫役以及不能加入部队的地主、富农分子等，如果总计起来，大部分可以参加红军的青壮男子实际都已被征发。据毛泽东1933年底的调查，兴国全部青壮年男子（16岁至45岁）407人，其中出外当红军、做工作的320人，占79%。才溪乡全部青壮年男子1319人，出外当红军、做工作的1018人，占77%。大量青壮年男子投入前方后，导致后方严重缺乏，1934年4月的红军家属达61670人，留在后方的基本都是老弱病残。虽然苏区中央努力动员妇女参加田间劳动，并加紧“调动地主富农举行强迫劳动”，以最大限度地“节省我们工农群众自己的劳动力”，但劳动力缺乏仍然成为突出问题。1934年春耕期间，主要因劳动力缺乏，各地“尚未莳好的荒田，不下十二万担”。

4. 自毁长城：政治资源的破坏

中央苏区是人民革命的产物，民众的支持和苏区的存亡息息相关。不可否认，通过一系列的社会革命措施，中共在中央苏区获得了相当高的支持度。国民党方面编撰战史承认：“现匪军之所谓战斗员，苏区农民，几占十分之七八，彼等皆被伪政府所欺骗利诱，即每人或分有田地，或惑于所谓‘红军眷属’，故在匪军中较为坚决可靠。”红军在前几次“围剿”中的胜利，除战略战术运用成功外，民众的支持是不可或缺的一环。第一次“围剿”失败后国民党军所编战报注意到：“匪区民众，久受赤化，所得我方消息，即行转告匪军。”参加第三次“围剿”的蔡廷锴谈到其进入苏区后的情况：“地方群众在共党下，或逃亡，或随红军行动，欲雇挑夫固不可能，即寻向导带路亦无一人，至于侦探更一无所得，变成盲目。”对中共与民众间的良好关系，蒋介石在1933年初也曾自叹不如：“讲到军纪方面，土匪因为监督的方法很严，无论官兵，纪律还是很好，所以在战场上能勇敢作战，而对于匪区一般民众，还是不十分骚扰。我们的情形老实说起来，是不如他们！”民众的拥戴是中共反“围剿”作战可资倚赖的最宝贵的政治资源。但是，1933年前后“左”倾领导人在苏区中央逐渐掌握控制权，推行一系列过“左”的社会、政治、经济政策，这些政策相当程度上损害了中共政权与民众间的关系，一定程度上影响到了中共对民众这一政治资源的拥有和发展。加上中共在早期政权建设过程中经验不足，行政体制和监督机制不健全，在初期理想主义的热情消退后，各级政权中形式主义和官僚主义现象滋生，也影响到了中共政治力量的发挥。这些问题在军事紧张的特殊形势下，更进一步被暴露和放大。

（四）红军发动长征的原因

1. 第五次反“围剿”失败是红军长征最直接最重要的原因

中央苏区第五次反“围剿”失败主要有两方面的原因，一是敌人实力强大，二是我党犯了错误。1933年9月，蒋介石集中50万大军，对中央苏区发起第五次“围剿”。“围剿”的政策是“堡垒推进，步步为营”。为此，蒋介石在庐山组建了一个军官训练团，聘请德国、意大利、美国等国军事教官组成军事顾问团，专门讲授“围剿”红军的战术和技术，同时筹措经费购置大批军火。随着战局的发展，国民党军队逐步占领了中央革命根据地的大部分地区。

这个时期，王明“左”倾教条主义在我们党内占据了统治地位。“左”倾教条主义在组织上主要表现为“残酷斗争、无情打击”，军事上则是军事冒险主义。他脱离中国革命实际，否认敌强我弱的基本形势，要求红军采取积极进攻的路线，主张攻打中心城市，以实现革命在一省或数省的首先胜利。

第五次反“围剿”开始后，“左”倾领导者主张“御敌于国门之外”，使红军在战略上完全陷入被动。当时红军的战法是“堡垒战、阵地战与短促突击”，和优势敌人拼消耗。这种打法只有军事实力对等的情况下才有效。蒋介石集全国的财力和军力于一身，而中央红军只有不到 10 万人，加上苏区财力物力有限，劣势显而易见。中央苏区第五次反“围剿”面临失败，党和红军陷入严重的生存危机。

2. 考虑重开革命新局面，中共中央主动进行战略转移

在粉碎敌人“围剿”已经没有可能的情况下，中共中央在 1934 年 5 月提出了战略转移的设想，并报告了共产国际。共产国际回电，对中央红军的战略转移持暧昧态度，不说让走，也不说不让走。但即使如此，中共中央还是派出了红七军团远征，目的是调动牵制包围苏区的敌人，但由于兵力太少而没有达到目的。随后，又派红六军团撤离湘赣根据地，与贺龙的红二军团会合。这样做有调动敌人的意图，也有为中央红军转移探路的考量。红六军团后来和红二军团会师，联合行动。

由于中共中央执行了王明的“左”倾错误路线，使得中央红军在国民党“围剿”下处境十分艰难。于是，中共中央率中央红军主动撤离中央苏区，前往湘西与贺龙的红二军团会师，重建革命根据地，重开革命新局面。

由于第五次反“围剿”失败，中央红军开始长征。但这也造成了原来相对稳定的战略格局被打破，局部长征最终演变成整个主力红军的长征。

中央红军撤出中央苏区，使其他各地红军受到国民党军越来越大的压力，川陕革命根据地首当其冲。在这些根据地当中，除了中央苏区之外，比较稳定的就是川陕根据地。张国焘担心自己成为国民党军“围剿”的下一个中心，于是撤出来和红一方面军会合。另外，红二、六军团（红二方面军）长征很重要的一个原因，就是敌情严重，创建和保存革命根据地十分困难；红二十五军转移也是由于国民党军加强了对鄂豫皖地区的“清剿”，坚持当地革命斗争已十分困难。

因此，各地红军相继长征，一个很重要的原因是中央红军的战略转移打破了相对稳定的战略格局。

3. 抗日救亡的时代背景成为直接影响长征决策、进程和方向的重大因素

“九一八”事变是日本企图灭亡中国的开始，“华北事变”则是日本即将发动全面侵华战争的前奏。中日民族矛盾成为中国社会的主要矛盾，抗日救亡成为全民族最紧迫的任务。但蒋介石顽固坚持“攘外必先安内”的反动政策，直接助长了日本侵略者的嚣张气焰，加快了其侵略步伐。

中国共产党人绝不会坐视中华民族的沦亡，红军虽然身处逆境，但仍然站在挽救民族危亡的第一线。在长征开始前和开始后，中共中央先后组织了两支抗日先遣队北上抗日。这个时期党的宣言和文件中，更是把“抗日”作为自己神圣的职责。正是由于中国共产党和中国工农红军忧国忧民、救国救民的伟大情怀和责任担当，所以在艰苦卓绝的长征中仍然能够实现两个联系，即把军事上的战略转移和政治上的战略转变密切联系起来，把红军前进的大方向与建立抗日的前进阵地联系起来。

（五）遵义会议的历史意义

1. 遵义会议是中国共产党独立解决问题的开始

中国共产党成立以来，一直得到共产国际的帮助和指导。这些指导有些是正确的，对中国革命作用很大；一些则是错误的，不符合中国实际，给革命带来了严重的危害。在遵义会议上，中国共产党在与共产国际联系中断的情况下，第一次独立自主地运用马克思主义原理，结合中国革命的具体实践，解决了自己的路线、方针和政策问题。确定了符合中国革命战争特点和规律的积极防御的军事路线；采取民主集中制原则，独立解决了党中央领导机关改组问题；改变了把马克思主义教条化，把共产国际指示和苏联经验神圣化的做法，实际上确立起实事求是的思想路线在中国革命全局上的领导地位。遵义会议表明中国共产党已是一个政治上比较成熟的政党，完全可以独立地承担中国革命的重任。遵义会议是红军长征中一个生死攸关的转折点，这次会议奠定了中国革命胜利的基础。我们党对在党内占统治地位长达 4 年之久的王明“左”倾错误路线的纠正乃至对整个党的历史经验的科学总结，就是以这次会议为开端的。

2. 遵义会议提供了红军长征胜利的军事路线保证

毛泽东在会议上集中阐述了当时亟待解决的牵涉党和红军生死存亡的马克思主义军事路线，正确阐述了中国革命战争的战略战术问题。这是遵义会议的灵魂，是实现伟大转折的指针。由于当时处于紧张的战争环境，军事路线的错误直接关系到党和红军的生死存亡，而且这些错误已为当时中央大多数领导同志所认识，也为广大红军指战员十分不满，纠正的条件已经成熟。之前的通道、黎平、猴场三次会议，为纠正“左”倾错误军事路线创造了条件，毛泽东和张闻天、周恩来等形成的共识为召开遵义会议奠定了思想基础。在批评博古的错误时，毛泽东明确指出，军事领导上实行了错误的战略战术，才导致第五次反“围剿”的失败，造成红军长征初期的严重损失。他批评李德不懂中国革命战争的特点，不从中国革命战争的实际出发。

遵义会议从当时的实际情况出发，集中力量纠正军事路线的错误。遵义会议后，红军恢复了过去在毛泽东领导下作战的正确原则，迂回曲折地穿插于敌军重兵之间，历时两个多月，摆脱了数十万敌军的围剿，彻底粉碎了蒋介石企图全歼红军的计划。这是红军史上以弱胜强、以少胜多的运动战的光辉典范，是红军战略转移中具有决定意义的胜利。

3. 遵义会议提供了红军长征胜利的根本组织保证

遵义会议对中央领导机构进行了调整，确立了毛泽东在党和红军中的领导地位。遵义会议的召开和会议作出的决定，表明了毛泽东在这次纠正党内重大错误的问题上，起着重要的核心作用。党的领导实质是指导思想、指导方针的领导，遵义会议肯定了毛泽东的正确主张，选举毛泽东为中央政治局常委，也就是从指导思想、指导方针上确立了毛泽东在中国共产党内的领导地位。3 人军事指挥小组是当时革命战争环境下党中央重要的领导机构，毛泽东进入 3 人军事指挥小组，承担起长征途中处于中心的军事任务的领导工作，也表明毛泽东在党中央领导核心地位的逐步确立。遵义会议确立了以毛泽东为代表的新的中央领导集体，打开了中国革命新局面。自此，党的第一代领导集体开始逐步形成，结束了王明“左”倾冒险主义错误在党中央的统治。

4. 遵义会议是毛泽东思想形成发展的重要关节点

遵义会议是党的第一代中央领导集体开始形成的标志，同时也是毛泽东思想形成发展的重要关节点。毛泽东思想是马克思主义与中国革命实际相结合的第一次历史性飞跃的理论成果。回顾中国革命的历史可以看到，所谓理论飞跃，是对中国革命正反两个方面丰富经验的总结和升华。这种升华，不是解决了个别理论问题，而是正确回答了中国革命的一系列基本问题。遵义会议总结失败教训，正确解决了军事路线，事实上确立了毛泽东在党内的领导地位，使得毛泽东思想的发展有了一个良好的外部环境。由于领导集体的确立、正确思想的指导，中国革命逐步走上了健康的发展道路。党的七大确立毛泽东思想为全党的指导思想，并且写进了党章，这标志着以毛泽东为代表的中国共产党人在长期的中国革命斗争实践中，已经把马克思主义的基本原理与中国革命的具体实际密切地结合起来，实现了马克思主义中国化的第一次飞跃。

三、案例思考

案例 1

案例呈现

材料 1：

乡村是统治阶级的四肢，城市才是他们的头脑与心腹，单只斩断了他的四肢，而没有斩断他的头脑，炸裂他的心腹，还不能制他的最后的死命。

——摘自李立三:《新的革命高潮前面的诸问题》(1930 年 6 月)

材料 2:

不要城市就是否定共产党是无产阶级政党，就是否认无产阶级对农民的领导，结果共产党只有变成小资产阶级农民党。(你们) 在斗争的布置上有用乡村包围城市的企图，这种倾向是极危险的。

——摘自中共中央致湖北省委信（1929 年 2 月）

材料 3:

中国革命之再起，主要的是靠城市工人阶级的斗争来决定，单是统治的资产阶级内部纷争动摇是不够的。游民无产阶级固然不是工人革命之卫军与支柱，即农民虽然在农业国革命中有很大的作用，然它们从来不能有独立作用及独立的成功。……农民暴动是没有出路的，而且会走到反对工人阶级，没有工人阶级的政权，彻底的土地革命是不会实现的，没收一切土地不但资产阶级的议会政治办不到，即农民暴动也办不到。

——摘自陈独秀:《关于所谓“红军”问题》(1930 年 4 月)

材料 4:

红军、游击队和红色区域的建立和发展，是半殖民地中国在无产阶级领导下的农民斗争的最高形式，和半殖民地农民斗争发展的必然结果；并且无疑义地是促进全国革命高潮的最重要因素。

——摘自毛泽东:《星星之火，可以燎原》(1930 年 1 月)

材料 5:

强大的帝国主义及其在中国的反动同盟军，总是长期地占据着中国的中心城市，如果革命的队伍不愿意和帝国主义及其走狗妥协，而要坚持地奋斗下去，如果革命的队伍要准备积蓄和锻炼自己的力量，并避免在力量不够的时候和强大的敌人作决定胜负的战斗，那就必须把落后的农村造成先进的巩固的根据地，造成军事上、政治上、经济上、文化上的伟大的革命阵地，借以反对利用城市进攻农村区域的凶恶敌人，借以在长期战斗中逐步地争取革命的全部胜利。

——摘自毛泽东:《中国革命和中国共产党》(1939 年 12 月)

案例讨论

请回答:

1. 材料中反映了中国革命哪两种观点，比较两种观点。
2. 论述毛泽东中国革命道路理论的主要内容及其意义。

案例点评

1. 在材料 1、2、3 中，坚持以城市为中心，反对走农村包围城市的道路；材料 4、5 主张以乡村为中心，坚持农村包围城市的道路。分歧的实质是从中国实际出发还是照搬照抄俄国十月革命的经验。以农村为工作重点，到农村去发动农民，进行土地革命，开展武装斗争，建设根据地，这是 1927 年以后中国革命发展的客观规律所要求的。这条革命新道路的开辟，依靠了党和人民的集体奋斗，凝聚了党和人民的集体智慧，而毛泽东是其中的杰出代表。毛泽东不仅在实践中首先把革命的进攻方向指向农村，而且从理论上阐明了武装斗争的极端重要性和农村应当成为党的工作中心的思想。

2. 农村包围城市的道路理论的主要内容：第一，中国作为一个半殖民地半封建的国家，内部没有民主制度，外部没有民族独立，战争就成为中国革命的主要斗争形式。第二，近代中国国情决定了强大的敌人长期占据着中心城市，广大的农村是敌人统治的薄弱环节，决定了党的工作重心应放在农村。第三，在半殖民地半封建的中国，农民占全国人口的大多数，中国的民主革命实质上就是农民革命。

农村包围城市的道路理论的意义：丰富和发展了马克思主义暴力革命的学说；在实质上指导中国革命取得了胜利；是马克思主义和中国实际相结合的典范。

案例 2

案例呈现

材料 1：

中国共产党的 90 年历史，是一部团结带领中国人民实现民族独立、人民解放和国家富强、人民幸福的奋斗史；是一部把马克思主义基本原理同中国实际和时代特征相结合、不断找到适合中国国情发展道路的探索史。

环顾世界，还有哪个政党有这样的理论勇气，在与具体实际的结合中不断推动理论的飞跃，从毛泽东思想的创立到中国特色社会主义理论体系的形成，为伟大事业提供了行动指南。浴血奋战闯出一条“农村包围城市，武装夺取政权”的革命之路，自力更生铺就一条社会主义建设之路，解放思想开启一条改革开放之路。为人民利益而奋斗，90 年筚路蓝缕的探索中开辟中国特色社会主义伟大道路。

——《人民日报》社论《永远为人民而奋斗——热烈庆祝中国共产党成立九十周年》，2011 年 6 月 30 日

材料 2：

无产阶级要取得胜利，就完全要靠他的政党——共产党的斗争策略的正确和坚决。

共产党的正确而不动摇的斗争策略，绝不是少数人坐在房子里能够产生的，它是要在群众的斗争过程中才能产生的，这就是说要在实际经验中才能产生。因此，我们需要时时了解社会情况，时时进行实际调查。

——毛泽东:《反对本本主义》(1930年5月)

案例讨论

请回答：

1. 结合材料分析如何正确理解中国革命道路的理论。
2. 中国共产党百年的历史说明了什么？

案例点评

1.“农村包围城市，武装夺取政权”的理论，是对1927年大革命失败后中国共产党领导的红军和根据地斗争经验的科学概括。它是在以毛泽东为主要代表的中国共产党人同当时党内盛行的把马克思主义教条化、把共产国际决议和苏联经验神圣化的错误倾向作坚决斗争的基础上逐步形成的。随着革命新道路的开辟，中国革命开始走向复兴。

2. 中国共产党百年的历史，就是一部团结带领中国人民实现民族独立、人民解放和国家富强、人民幸福的奋斗史。今天的中国特色社会主义道路之所以完全正确、之所以能够引领中国发展进步，关键在于我们既坚持了科学社会主义的基本原则，又根据我国实践和时代特征赋予其鲜明的中国特色。

四、实践课堂

实践活动　遵义会议情景剧活动方案

内容

1. 遵义会议历史材料

湘江战役后，中央红军仍按原定计划，继续向湘西前进。这时，蒋介石已判明红军的行动企图，在红军前进的道路上部署了重兵。在此危急关头，中华苏维埃共和国临时中央政府主席毛泽东根据当时军事态势，力主放弃原定北去湘西会合红二、红六军团的计划，改向国民党统治力量薄弱的贵州前进，以摆脱敌人，争取主动。

1934年12月12日，中共中央负责人在湖南通道举行紧急会议。张闻天、王稼祥、周恩来等多数同志赞成毛泽东的主张，但李德等人拒不接受，坚持到湘西去。15日，中央红军占领贵州黎平。18 日，中共中央政治局在黎平召开会议。经过激烈争论，会议接受毛泽东的意见，通过了《中央政治局关于战略方针之决定》，决定在川黔边创建新的根据地。黎平会议肯定了毛泽东的正确意见，改变了中央红军的前进方向，使红军避免了可能覆灭的危险。

黎平会议后，中央红军分两路向黔北挺进，连克锦屏等 7 座县城，于 12 月底进抵乌江南岸的猴场。12 月 31 日晚至次日凌晨，中共中央在猴场召开政治局会议，作出《关于渡江后新的行动方针的决定》，提出首先在以遵义为中心的黔北地区，然后向川南创建川黔边新的根据地的战略任务。会议还决定，“关于作战方针，以及作战时间与地点的选择，军委必须在政治局会议上做报告”，以加强政治局对军委的领导。这个决定，实际上剥夺了博古、李德的军事指挥权。1935 年 1 月初，中央红军分别从回龙场江界河、茶山关渡过乌江，1 月 7 日晨，红军先头部队进占黔北重镇遵义。

截至此时，王明“左”倾错误统治全党已达 4 年之久，给党和红军造成了极其严重的损失。还在中央苏区时，许多干部就对中央主要领导人在军事指挥上的错误产生怀疑和不满，一些军团指挥员在作战电报、报告中提出批评意见，有些同志甚至同李德发生激烈的争论。毛泽东等也多次提出自己的正确主张，但都没有被接受。长征开始后，随着红军作战迭次失利，特别是湘江战役的惨重损失，使这种不满情绪达到顶点。党和红军的许多领导人和广大干部战士，从革命战争正反两方面的经验教训中认识到，第五次反“围剿”的失败和红军战略转移中遭受的挫折，是排斥了以毛泽东为代表的正确领导，贯彻执行错误的军事指导方针的结果，强烈要求改换领导，改变军事路线。毛泽东在行军途中与王稼祥、张闻天及一些红军干部反复进行深入细致的分析工作，向他们分析第五次反“围剿”和长征开始以来中央在军事指挥上的错误，得到他们的支持。周恩来、朱德与博古、李德的分歧越来越大，也支持毛泽东的正确意见。

这时，中央大部分领导人对于中央军事指挥的错误问题，基本上取得一致意见。在这种形势下，召开一次政治局会议，总结经验教训，纠正领导上的错误的时机已经成熟。同时，中央红军攻占遵义，把敌人的几十万追兵抛在乌江以东、以南地区，取得了进行短期休整的机会，也为中央召开遵义会议提供了必要条件。

1935 年 1 月 15 日至 17 日，中共中央政治局在遵义召开扩大会议。出席会议的政治局委员有毛泽东、张闻天、周恩来、朱德、陈云、博古，候补委员有王稼祥、刘少奇、邓发、何克全（凯丰），还有红军总部和各军团负责人刘伯承、李富春、林彪、聂荣臻、彭德怀、杨尚昆、李卓然，以及中央秘书长邓小平。共产国际驻中国军事顾问李德及担任翻译工作的伍修权也列席了会议。

会议着重总结了第五次反“围剿”失败的经验教训。首先由博古作关于反对第五次“围剿”的总结报告。他过分强调客观困难，把失败原因归之于反动力量的强大，而不承认主要是由于他和李德压制正确意见，在军事指挥上犯了严重错误造成的。接着，周恩来就军事问题作副报告，指出第五次反“围剿”失败的主要原因是军事领导的战略战术的错误，并主动承担责任，作了诚恳的自我批评。同时也批评了博古和李德。张闻天按照会前与毛泽东、王稼祥共同商量的意见，作反对“左”倾军事错误的报告，比较系统地批评了博古、李德在军事指挥上的错误。毛泽东接着作了长篇发言，对博古、李德在军事指挥上的错误进行了切中要害的分析和批评，并阐述了中国革命战争的战略战术问题和今后在军事上应采取的方针。王稼祥、朱德、刘少奇等多数同志也相继发言，不同意博古的总结报告，同意毛泽东、张闻天提出的意见。会议最后指定张闻天起草决议，委托常委审查，然后发到支部讨论。

会后，张闻天根据与会多数人特别是毛泽东的发言内容，起草了《中央关于反对敌人五次“围剿”的总结的决议》(简称遵义会议决议)。这个决议，在中共中央离开遵义到达云南扎西（今威信）县境后召开的会议上正式通过。决议明确指出，博古、李德以单纯防御路线代替了决战防御，以阵地战、堡垒战代替了运动战，是第五次“围剿”不能粉碎的主要原因。决议充分肯定了毛泽东等在领导红军长期作战中形成的战略战术基本原则。

遵义会议还制定了红军尔后的任务和战略方针。决定红军渡过长江在成都之西南或西北地区建立根据地。会后，又根据敌情的变化，决定中央红军在川滇黔三省广大地区创造新的根据地。

遵义会议改组了中央领导机构，增选毛泽东为中共中央政治局常务委员。并决定取消“三人团”，仍由中革军委主要负责人朱德、周恩来指挥军事，周恩来为下最后决心的负责者。随后，进一步调整了中央领导机构。2月5日，在川滇黔交界的一个鸡鸣三省的村子，中央政治局常委分工，决定由张闻天代替博古负中央总的责任（习惯上也称之为总书记）；以毛泽东为周恩来在军事指挥上的帮助者。3月中旬，在贵州鸭溪、苟坝一带，成立了由毛泽东、周恩来、王稼祥组成的新的“三人团”，周恩来为团长，负责指挥全军的军事行动。

遵义会议是在紧急的战争形势下召开的，没有全面地讨论政治路线方面的问题，而是集中地解决了党内所面临的最迫切的组织问题和军事问题，结束了“左”倾教条主义错误在中央的统治，确立了毛泽东在红军和中共中央的领导地位，中国革命的航船终于有了一位能驾驭其进程的舵手！这些成果，是中国共产党同共产国际中断联系的情况下独立自主地取得的，标志着中国共产党在政治上开始走向成熟。这次会议，在极端危急的历史关头，挽救了党，挽救了红军，挽救了中国革命，在中国共产党和红军的历史上，是一个生死攸关的转折点。以毛泽东为核心的党中央，制定了一条正确的政治路线和军事路线，屡遭挫折的红军从此有了从失败走向胜利的保证！

2. 活动主题设计

以遵义会议为背景，聚焦大会过程中的某一个点或局部环节，编成历史情景剧，突出主题，演绎历史，再现历史情景。

3. 活动目标

（1）通过搜集有关遵义会议的背景、召开、过程、影响的历史材料，培养学生搜集处理历史材料，截取有效信息的能力。

（2）通过模拟遵义会议召开的情景，培养学生再认再现历史情景和历史人物心态的创造性能力。

（3）通过搜集和交流材料，培养学生相互之间学习交流的良好习惯。通过模拟遵义会议的历史情景，培养学生的机智、灵敏、善于应对和揣摩人物心态的表现能力。

（4）通过活动使学生明白：遵义会议是在中华民族前途未卜、中国共产党与红军危难存亡之际，中共领导人为了替中华民族、中国共产党以及中国工农红军寻找出路，召开的重要会议，更是因毛泽东、周恩来、王稼祥为代表的中国共产党人的不懈努力，才使遵义会议后红军走出了困境。

4. 活动准备和要求

（1）每个班分成4个小组，每组设定一个组长，具体负责。

（2）安排学习、搜集相关资料，观看电视剧《长征》中的相关片段。

（3）每个小组成员，按照特长进行任务分工，搜集资料，撰写剧本。情景剧内容要集中，主题突出，时间设计不宜过长，保持在10分钟左右。

（4）根据剧情需要，安排所扮演的人物角色，演练台词，设计情景和搜集所需的道具。

（5）准备时间：2~3周。

活动实施步骤和过程

1. 创设情景，激发兴趣

在教室里创设遵义会议的模拟场景。空间场景设计，扮演者适当化妆，多媒体播放背景场面。经过布置，把教室变成遵义会议的一个“小场景”。

2. 参与活动，学习知识

以小组为单位，按抽签顺序依次进行历史情景剧演出。演出时扮演者要熟练台词，对白尽可能自然、真实，模拟历史情景，再现历史场面。

3. 总结教学，转化情感

演出结束后，教师引导学生回顾和总结历史，启发学生通过“遵义会议”的“参与”和“活动”，自觉感悟会议产生的历史复杂性，感悟到中国共产党危难之际中共领导人的力挽狂澜，从而激发学生热爱祖国的情感和爱人民、爱党的高尚情操。

评价

1. 根据每个小组准备、演绎过程和总结情况，教师和学生共同打分评出优劣。
2. 本次活动，小组集体计分，作为一次平时成绩。

五、习题训练

一、单项选择题

1．国民党在全国建立了自己统治的标志是（　）。

A. 南京国民政府改组　　B. 宁汉合流
C. “东北易帜”　　D.《训政纲领》的通过

2．八七会议的召开，确定的方针是（　）。

A. 土地革命和武装斗争　　B. 独立领导中国革命
C. 建立广泛的统一战线　　D. 建立农村革命根据地

3．1935 年 1 月，中共中央在遵义召开了扩大会议，会议着力解决了（　）。

A. 党的政治路线问题
B. 红军的前进方向问题
C. 当时具有决定意义的军事和组织问题
D. 土地革命的政策问题

4．中国共产党政治上达到成熟的标志是在（　）。

A. 国民大革命时期　　B. 第二次国内革命战争时期
C. 抗日战争时期　　D. 解放战争时期

5．王明等人的“左”倾教条主义错误，对中国革命造成了极其严重的危害，其最大的恶果是（　）。

A. 使红军在第五次反“围剿”作战中遭到失败，中央红军主力被迫实行战略转移
B. 使红军根据地损失了 90%
C. 使中国共产党及其领导的中国革命又一次陷入困境
D. 使共产党在国民党统治区力量遭到毁灭性打击

6．从大革命失败到土地革命战争兴起的转折点是（　）。

A. 南昌起义　　B. 八七会议　　C. 秋收起义　　D. 遵义会议

7．从 1927 年到 1930 年上半年，中国共产党领导的农村革命根据地和红军得到了迅速发展，其根本措施是（　）。

A. 肃清右倾机会主义路线
B. 工农武装割据波浪式推向全国

C. 纠正“左”倾军事冒险计划

D. 开展打土豪、分田地的土地革命

8．遵义会议成为中共从幼稚走向成熟的标志主要是因为（　）。

A. 纠正了博古等人的“左”倾错误

B. 在事实上确立了毛泽东的正确领导

C. 肯定了毛泽东的正确军事主张

D. 独立运用马克思主义原理妥善处理自身问题

9．中国共产党开展土地革命后制定的第一部土地法是（　）。

A. 井冈山土地法　　B. 兴国土地法

C. 中国土地法大纲　　D.《五四指示》

10．1935 年 1 月 15 日至 17 日，中共中央政治局在遵义召开扩大会议，这次会议集中解决了（　）。

A. 党的政治路线问题

B. 红军的前进方向问题

C. 土地革命的政策问题

D. 当时具有决定意义的军事和组织问题

二、多项选择题

1．周恩来同志指出蒋介石的国民党所实行的是中国的法西斯主义，因为它代表的是（　）。

A. 地主阶级利益

B. 买办性的大资产阶级利益

C. 民族资产阶级利益

D. 小资产阶级利益

2．1927 年，中国共产党领导的著名武装起义有（　）。

A. 南昌起义　　B. 秋收起义　　C. 广州起义　　D. 平江起义

3．1931 年初，中国共产党确立了土地革命的阶级路线，其内容为（　）。

A. 依靠贫农、雇农，联合中农

B. 保护中小工商业者，消灭地主阶级

C. 限制富农

D. 在原有耕地的基础上，实行抽多补少、抽肥补瘦

4．遵义会议的历史意义是（　）。

A. 挽救了红军，挽救了党，挽救了中国革命

B. 确立了以毛泽东为代表的马克思主义的正确路线在中央的领导地位

C. 成为中国共产党历史上一个生死攸关的转折点

D. 标志着中国共产党在政治上走向成熟

5．1935 年 12 月，**中央政治局在陕北瓦窑堡召开政治局会议**（　）。

A. 解决了党的组织和军事路线上的问题

B. 阐明党的抗日民族统一战线的新政策

C. 批判党内的关门主义和革命的急性病

D. 系统地解决了党的政治联系上的问题

三、材料分析题

材料 1：

中国革命在资产阶级民权革命的阶段，它反对帝国主义压迫及一切封建制度之一切社会经济政治的遗毒。现在中国革命的根本内容是土地革命。

土地革命问题是中国的资产阶级民权革命中的中心问题。……土地革命，其中包含没收土地及土地国有——这是中国革命新阶段的主要的社会经济之内容。现时主要的是要用“平民式”的革命手段来解决土地问题。

——《中国共产党中央执行委员会告全党党员书》，载《中国现代史资料选编》第 3 卷，黑龙江人民出版社，1981 年版，第 9 页、第 17 页

材料 2：

因之共产党现时最主要的任务是系统地、有计划地尽可能在广大区域中准备农民的总暴动，利用今年秋收时期农村中阶级斗争剧烈的关键。

农民暴动的口号应当是：……二、肃清土豪劣绅与一切反革命分子，没收他们的财产。……四、没收大地主及中地主的土地，分这些土地给佃农及其他无地的农民。五、没收一切所谓公产的祖祠庙宇等土地，分给无地的农民。

——《最近农民斗争决议案》，载《中国现代史资料选编》第 3 卷，第 39 页

材料 3：

……本党为着表示团结御侮之诚意，愿给贵党三中全会以如下之保证：

全国范围内停止推翻国民政府之武装暴动方针；

……

停止没收地主土地之政策，坚决执行抗日民族统一战线之共同纲领。

——《中共中央给中国国民党三中全会电》，载《中国现代史资料选编》第 3 卷，第 439—440 页

根据材料请回答：

1. 根据材料 1、2，说明中共中央八七会议制定的总方针是什么。

2. 对比材料 1、2、3，说明在新形势下，中共中央的方针政策有何变化。

3. 怎样正确认识和评价材料 3 所反映的变化。

四、论述题

1. 简述中共红色根据地建设的政治经济特点。
2. 简述工农武装割据存在与发展的原因和条件。

参考答案

一、单项选择题

1. C 2. A 3. C 4. B 5. A 6. B 7. D 8. D 9. A 10. D

二、多项选择题

1. AB 2. ABC 3. ABC 4. ABCD 5. BCD

三、材料分析题

1. 1927 年 8 月 7 日，中共中央在汉口召开紧急会议，即“八七会议”，审查和纠正了党在大革命后期的严重错误，确定了实行土地革命和武装反抗国民党反动统治的总方针，号召党和人民继续战斗。

2. 中共中央于 1937 年 2 月致国民党三中全会，提出五项要求、四项保证。四项保证是对国民党的重大让步，即取消国内两个政权对立，停止土地革命和武装起义的方针，实行抗日民族统一战线的政策。

3. 华北事变后，随着中日矛盾上升为中国社会的主要矛盾，中共中央制定了抗日民族统一战线的策略方针。西安事变后，中国共产党面临的主要任务是动员全党和全国人民巩固和平，争取民主，早日实现全国性抗战。为了促进国共两党合作的实现，对国民党做出重大让步是必要的，只有这样，才能便于组成抗日民族统一战线，一致反对日本帝国主义的侵略。当然这种让步是有原则的。

四、论述题

1. 人民政权的建立是革命根据地建立的首要标志。革命的最高目的，就是夺取政权。建立革命根据地必须具备三个条件：一是要有一支人民的军队。二是战胜敌人，变敌人的统治区为我方控制的地方，实行军事割据和发展割据局面。三是发动民众建立和巩固当地的革命政权，以加强和统一根据地的军事政治的领导。在革命根据地建设方面，把根据地政权建设放在首位，大大推进了革命根据地各项事业的发展。

根据地经济建设的重要性包括争取物质上的条件去保障红军的供给；改善人民群众的生活；在经济战线上把广大人民群众组织起来；从经济上巩固工农联盟。

根据地经济政策的原则，是进行一切可能的和必需的经济方面的建设，集中经济力量供给战争，同时极力改良民众的生活，巩固工农在经济方面的联合，保证无产阶级对于农民的领导，争取国有经济对私人经济的领导，形成将来发展到社会主义的前提。经济工作的领导方式和工作方法，首先，要动员广大群众，动员一切革命团体去做经济工作，参加经济建设；其次，在发动群众的过程中，要采取正确的方法。

2.（1）中国是一个经济政治发展不平衡、受帝国主义间接统治的半殖民地半封建的大国。

（2）第一次国内革命战争影响的遗留。大革命虽然失败了，但大革命的影响还遗留在这些地区的广大群众中，为农村革命根据地的存在和发展准备了群众基础。

（3）全国革命的形势是在向前发展的。所以，红色区域也将继续发展，日渐接近于全国政权的取得。

（4）已建立了一支共产党领导的人民军队。毛泽东认为，相当力量的正式红军的存在，是红色政权存在和发展的中心支柱和根本保证。

第六章

中华民族的抗日战争

一、理论要点

（一）教学目的

通过本专题的学习，让学生全面分析日本侵华的原因，掌握国共两党在民族危机的大局面前捐弃前嫌、联合抗日的演变过程，把握正面和敌后两个战场的地位和作用，明确中国共产党是抗日战争的中流砥柱等基本历史史实，特别要明确抗日战争的胜利是中华民族伟大复兴的历史转折。通过学习，培养大学生综合、概括和归纳历史事件的能力，培养坚强的意志和团结合作的能力。通过中国人民取得抗日战争胜利这一伟大历史事件，增强大学生的民族自尊心和自信心，激发大学生的民族责任感和历史使命感。

（二）教学要点

1. 日本发动灭亡中国的侵华战争
2. 国共两党从对峙到合作
3. 国共两党在正面和敌后战场对抗日战争所作的贡献
4. 中国共产党是抗日战争的中流砥柱
5. 抗日战争的胜利成为中华民族伟大复兴的历史转折

（三）关键词

抗日战争；中流砥柱；中华民族伟大复兴；历史转折

二、理论知识

中国人民抗日战争和世界反法西斯战争，是正义和邪恶、光明和黑暗、进步和反动的大决战。在那场惨烈的战争中，中国人民抗日战争开始时间最早、持续时间最长。面对侵略者，中华儿女不屈不挠、浴血奋战，彻底打败了日本军国主义侵略者，捍卫了中华民族发展了5000多年的文明成果，捍卫了人类和平事业，铸就了战争史上的奇观，展现了中华民族的壮举。

（一）日本发动灭亡中国的侵华战争

1931年九一八事变，标志着日本开始侵华，从此中国人民陷入了长达14年的反侵略战争。日本与中国是近邻，应该是一衣带水之国，俗话说“远亲不如近邻”，可是，从明朝开始，在中国沿海地区就有倭患寇乱，日本人多次侵犯中国，特别是近代以来，日本发动了甲午战争、抗日战争两次大规模的侵华战争，给中国人民造成了一次又一次的伤害，将中国人民一次又一次地推入深重灾难之中。

日本是一个靠近太平洋西岸的小岛国。其领土主要由本州、四国、九州和北海道四大岛及其附近7200多个小岛组成，因此也被为“千岛之国”。其国土总面积为37.8万平方公里，不到我国总面积960万平方公里的二十五分之一。1927年，日本的总人口为0. 62亿，当年中国的总人口是4. 7亿。1937年日本总人口是7000多万，当年中国的总人口是5.1亿，中国与日本的人口比基本上是7 ： 1。与中国相比，作为一个弹丸小国的日本，为何屡屡发动大规模的侵华战争呢？只有分析清楚原因，才能真正认清日本侵华战争的本质。

1. 日本侵华的原因分析

日本之所以以小凌大，敢于侵华，有两个方面的原因：一方面是日本蓄谋已久，觊觎中国造成的；另一方面是中国积贫积弱，落后又不统一造成的。

（1）从日本方面来看，侵华的主要原因。

第一，日本侵华的政治根源。

日本侵略中国的野心由来已久。早在1868年成立的明治维新政府，其核心人物之一木户孝允，在他的日记中写道：“希遣使节赴朝鲜，问彼无礼。彼如不服，则责其罪，攻其土，大张神州之威。”木户孝允的日记中虽只提到朝鲜，但我们知道日本在近代早期一直是把朝鲜和中国一起作为侵略对象的，而且侵略朝鲜是侵略中国的跳板。

19世纪80至90年代，随着日本资本主义的急速发展，日本统治集团的侵略欲望越来越大。1890年12月，日本内阁首相山县有朋在第一届国会上发表施政演说，公然宣称：“国家独立自卫之道，一是捍卫主权线，二是防护利益线。何谓主权线？国家之疆域是也。何谓利益线？即同我国主权线的安全紧密相关之区域是也。”这里所说的同日本“安全紧密相关之区域”，就是指朝鲜和中国。日本军国主义正是从这种强权主义出发，发动了侵略中国和朝鲜的甲午战争，开始走上大规模扩张道路。

日本帝国主义在甲午战争和日俄战争之后，垄断资本迅速膨胀，侵略胃口越来越大，时刻妄图独霸中国。日本大限内阁以支持袁世凯称帝为诱饵向中国提出“二十一条”就是其典型一例。从“二十一条”的内容上看，“二十一条”一旦实现，整个中国就要沦亡！因此它遭到了全体中国人民的坚决反对和欧美列强的不满。鉴于此，随后的日本寺内内阁主张采取比较隐蔽的侵略方式，即实行所谓的“菊分根”政策，也就是利用日本垄断资本在一次大战期间膨胀起来的机会，以投资的手段使中国殖民地化。

1927年4月田中义一内阁上台后，加速了侵华的步伐。1927年6月至7月间，日本田中义一内阁召开了东方会议，会议的内容是回顾和确定对华政策，中心议题是“满蒙政策”。日本第26任首相田中义一在东方会议后，将会议讨论决定的方针政策，拟成一个题为《帝国对满蒙之积极根本政策》的秘密文件，于同年7月奏呈天皇。他在奏折中说："唯欲征服支那，必先征服满蒙，如欲征服世界，必先征服支那……此所谓满蒙者，依历史非支那之领土，亦非支那特殊区域。"他还主张对中国东北和内蒙古采取"铁血主义"，即武力征服的手段。他还狂妄地认为，日本占领了满蒙，"就可以用满蒙作基地"，征服全中国，"再利用中国的富源征服印度及南洋群岛，并进而征服小亚细亚及欧洲"。事实证明，《帝国对满蒙之积极根本政策》就是日本帝国主义长期以来奉为基本国策的"大陆政策"的一个标本，日本发动九一八事变侵占东北的罪恶行径是蓄谋已久的。

第二，日本侵华的经济根源。

日本侵华的政治根源又与其内在的经济根源密不可分。在日本看来，中国地大物博，资源丰富，且中国当时贫穷落后，无法维护自己的领土和资源。这样，日本就把中国的资源、人力、市场当作自己发展经济的动力。

日本大资产阶级的代表人物大限重信在辛亥革命爆发时曾说："要说作为销售日本产品的市场哪里最有希望？那么不用说是中国……现在正在逐渐发展中的日本的各生产行业，除了满足国内的需要之外，正把将近一亿日元的产品输出到中国。即便仅仅从输出工业产品这一点看，中国也是我日本重要的称心如意之市场。若中国因内乱而使商业陷于不振，交易被迫停止，则我日本经济上所受之损失将会十分巨大。革命（辛亥革命）发生以来，已经历时一月，即使在如此短暂的时间内，大阪、神户的商店所受之打击已经非常巨大。如若此种情形持续一年以上，则以向中国输出为目的之企业主必将完全崩溃。"从大限重信的这一段话中，我们可以看出，中国已经成为日本资本主义发展不可缺少的市场，同时他也提出要确保和巩固中国市场的问题。之后日本向中国提出的"二十一条"在很大程度上是对中国经济侵略要求的具体体现，当时的大限重信是主张依仗军事力量扩张经济的，因此对中国各种经济资源的企图也构成了日本侵华的经济根源之一。如1931年3月，日本陆军步兵大佐、首要战争罪犯板垣征四郎在日本陆军步兵学校所做的《从军事上所见到的满蒙》讲话，公开叫嚷："满蒙的资源很丰富，有着作为国防资源所必需的所有的资源，是帝国自给自足所绝对必需的地区。"

另外，日本作为资本主义国家，其固有的经济危机也构成了侵华的经济根源。1890年，日本资本主义发生最初的经济危机时，工人大批失业，农业连年歉收，米价不断上涨，广大城乡的失业工人和破产农民不断掀起米粮暴动，日本国内的阶级矛盾非常尖锐。日本统治集团为了摆脱国内的困境，把"激奋人心"导向国外，便加速了对外侵略的步伐。又如，1937年，整个资本主义世界爆发了新的经济危机，处于内外交困的日本帝国主义，为了挽救它的垂危统治，决定发动全面侵华战争。1937年6月近卫内阁上台，致力于建立战时体制，并表明要以战争来摆脱经济危机，因而挑起了全面侵华战争。

第三，日本侵华的人口根源。

日本甲级战犯重光葵在二战后的监狱中所写的《昭和的动乱》一书记载："甲午中日战争时期，（日本）有三千余万人口，其后三十年增加了一倍达到六千万，每年人口增加近百万。”日本是一个小岛国，其国内耕地狭小，其他矿物资源也不足，因此如何保养这样众多的人口，这是可以动摇日本国策根基的大问题。在不可能实行海外移民的情况下，日本积极开发朝鲜和中国台湾地区，更以在满洲的经济活动来不断地解决这个问题。因此，满洲问题在日本人的生活中的重要性日益增大，侵华灭亡中国也成了解决日本人口膨胀的企图和幻想。

日本近代学者、翻译家高田早苗在抄译美国政治学者赖因施的《受东洋问题影响的十九世纪末的世界政治》以《帝国主义论》为名出版的书中说：“人口之增加使土地增加成为必要，因此使彼等（近代民族国家）不能不以帝国主义取代以往之民族主义，亦即所谓帝国主义，无非彼等在力量与机会所允许限度内分割大量领土之一种希望。”这里同样说明了要为新增加人口寻找新的土地，侵略以中国为核心的其他亚洲国家。

第四，日本侵华的岛国心态。

一个民族的生存状况，尤其是空间地理条件，决定了这个民族的生存意识。也就是说，古往今来任何一个民族和国家，其国民心态、历史文化乃至国家政策，都与其独特的地理环境分不开，这种无法改变的客观条件所造成的影响会深刻地渗透在这个民族或国家的各个领域。日本作为一个历史并不悠久但却有历史底蕴的国家，其国民充满开拓进取的精神和扩张征服的欲望，这与日本岛国地理环境和以之为根基的岛国心态大有关系。

日本是一个岛国，国土狭窄细长，国内资源贫乏。发展现代工业不可缺少的 8 种主要战略资源的自给率不足 20%。“不进口原料就不能生存，这是日本经济今昔都不变的本质”。日本又是一个自然灾害严重的国家，它地处太平洋火山地震带，地震频繁，火山活跃，每年遭受台风袭击，经常因为天灾造成破坏性后果和巨大的经济损失。社会存在决定社会意识，地小物稀、灾害频繁的特殊环境和经济条件，不仅给日本民族的经济和物质生活带来严重困难，而且使日本民族的个性中被融入一种强烈的生存危机意识。在这一心理状态下，日本人存在着较强的谋求“登陆”的倾向。“从历史上就向往大陆，人小鬼大，从来妄图蛇吞象。唐、明、清，日本不断侵犯中国（包括中国的近邻和藩属国朝鲜），直到在第二次世界大战中彻底失败。日本只要国内统一、安定、经济发展，侵吞中国的野心就会很快膨胀起来。日本民族坚韧、狭隘、隐忍、忠诚，好学习、守纪律、讲礼貌，崇尚实力、尚武好斗，尊重强者、服从权威，极度自尊、漠视生命，形成了独特的岛国国民心态。一旦全民族动员起来，平时温文尔雅的日本国民可以在短时间内变得狂躁起来。一个不大的局部战争甚至一个军事冲突，都是引燃军国主义的星星之火。”

由于日本是一个岛国，战略空间狭小、战略资源奇缺、自然灾害频发，因此，国民心态自卑与自大交错，恐惧与荣耀兼有。当现实无法兑现其理想时，便寄托于神灵。于是，岛国心态与神国心态相结合，成为一种变态的“大国主义”。日本从 1868 年到 1945 年间的国号便是“大日本帝国”，直至 1947 年官方才正式改称“日本国”。日本大肆鼓吹“神造之国”“皇道之国”，宣称“世界万国中唯有天皇所统治的日本国才是最优秀的，才是万国之主宰，万国之君主皆应为其臣体”。这种神国心态成为日本人种优越论和轻视中国的心理支撑。

（2）中日实力对比，是日本敢于侵华的主要原因。

当时的中国虽是一个泱泱大国，但实际上是一个积贫积弱、落后又不统一的恹恹病弱之国。其主要表现：其一，中国是一个以家庭手工业和农业经济相结合的自然经济结构占主体地位的农业大国，其工业化水平和工业化程度相当低；其二，当时中国兵员虽多，但装备落后，数百万军队分属于各个不同的独立武装集团，且连年混战，长期的战争内耗使本来就不健壮的国家肌体更加病弱；其三，人口虽众，但国家处于四分五裂之中，不仅民穷财尽，而且民心不知所向，几近一盘散沙。

与此相反，日本国通过19世纪60年代末开始的“明治维新”实现了由封建社会向资本主义社会的转变，工业化开始启动，国力日益增强。到九一八事变前夜，工业经济已占国民经济总产值的38. 2%，钢的年产量是中国的152.6倍；兵员数量虽略逊中国，但装备水平却占绝对优势；人口虽少，但整个国家都在好战的军国主义分子操纵之下，日本政府运用强制手段向日本人民灌输民族危机意识。由此看来，中国与日本在经济上的一穷一富，军事上的一弱一强，民族意识上的一散一聚，构成了两个国家实力上的落后与先进，这是日本敢于以小凌大的一个重要因素。

2. 蒋介石为首的国民党当局采取妥协退让政策

早在九一八事变之前，日本军国主义为了实现其蓄谋已久的侵华方针，先后制造了一系列的挑衅事件。1930年冬，日本关东军就选定以柳条湖村作为制造武装侵略事件的地点。1931年7月，日本间谍机关在我国东北边境炮制了挑拨中朝关系的万宝山事件。8月，日本政府借口有一个日本军官中村在东北失踪，调集大批军队密布于沈阳一带，加紧进行武装侵略中国东北的准备。9月18日夜10时20分，日本关东军按照预定计划，南独立守备队岛本大队川岛中队的河本末守中尉按照关东军本庄繁的密令，在柳条湖附近距中国军队驻地北大营约800米的地方炸毁了一小段铁轨。日本关东军反诬中国驻军破坏南满铁路、袭击日本守备队，随即开始炮攻中国东北军驻地北大营，同时命令各部队向沈阳集结兵力，发动进攻。第二天，日军侵占沈阳，随后陆续侵占了东北三省。至1932年2月，东北全境沦陷。

面对日本帝国主义的军事挑衅和侵略，蒋介石国民党政府不仅没有迎战，反而采取了一再的妥协退让政策。蒋介石在1931年7月23日，就公开发表文告，提出了“攘外必先安内”的方针。九一八事变发生后，蒋介石电告张学良：“日本此举不过寻常寻衅性质，为免除事态扩大起见，绝对抱不抵抗主义。”正是这种态度，助长了日本侵华的气焰，最终导致了东北全境的沦陷。

3. 国民党当局采取妥协退让政策的原因

当时中国的国民党政府拥有430万军队，蒋介石面对日本侵华举动，为何不敢采取正当反击，而采取一再妥协退让的政策呢？究其原因主要有以下几点。

一是对国力缺乏自信，畏日如虎，认为国家实力不如日本，立战必亡，遂采取卧薪尝胆、忍辱徐图之策，以“和平”对战争。当全国人民强烈要求对日“绝交宣战”，斥责大难当头，政府却“托词镇静，欺驱国人，断送国权”之时，南京政府却辩解：“可战而不，以亡其国，政府之罪也；不可战而战，以亡其国，政府之罪也；备战不周而轻敌一战，以亡其国，政府之罪也。”“绝交者绝路也，以中国今日之现状与国力，如果与日绝交，则必出于军事战争。无备而战，必至战败，战败之国，未有不失地，未有不失权者也。”南京政府鼓吹忍辱10年，坚忍备战，“然后耻乃得雪，国乃得教”。

二是依赖国联，依附欧美，企图运用外交手段，以“国际公约”的力量和平迫使日本退兵或不使事态扩大。九一八事变发生后，蒋介石南京政府即向国联求救，当获悉国联通过解决“中日争端”的第一个决议后，蒋介石在日记中写道：“此为一外交之转机，亦为我国家内部统一之良机，如天果不亡吾中国，则此次外交当不致失败也。”延至10月，外交转机并未出现，日本非但拒不撤兵，反而进一步扩大侵略，并声明绝不接受第三国干涉。蒋介石虽有犹像，但并未心灰意冷，仍致电张学良：“中央所以尽力于使国联负解决此案之责任者，因维持中国在国际上之地位，与减少日本直接压迫中国之力量，途径惟在于此。日本一面声明不接受第三者干涉，而一面仍不敢不接受国联之决定。”直到日本宣布退出国联，“依赖梦”也没有因此而“惊醒”，但东北版图已然变色。

三是企盼苏日开战，企图运用“以夷制夷”之陈方，重演“三国干涉还江”的旧梦。南京政府刚成立时，外交重心在英美，以苏俄为敌。中东路事件后，与苏联断交，依赖国联的外交手段失败后，南京政府与苏联恢复邦交。蒋介石以为“与俄复交，足使侨人胆怯，而于我雪耻复国之基，更增强层矣”。蒋介石还幻想日军“北进攻苏”，如果“海孙威与伯力先为侨寇轰炸毁火，乃俄寇东方根据地全失”，“俄必先取攻势，以空军作战”，决不肯坐以待毙。伪满洲国成立，蒋介石判断“大战将起”，决定对日实行缓和，对俄则联络其感情”，“以促进侨俄之冲突”。他认为，苏联对日宣战，无异于“围魏救赵”，“三国干涉还辽”旧梦之重演。对此，日本看透了蒋介石的想法，所以声明“如果中国采取利用其他国家排斥日本”“或者采取以夷制夷的排外政策，日本就不得不加以反对”。日本向中国驻日大使提出，中国必须放弃“以夷制夷”的政策。

4. 东北军和张学良也应负一定的失土之责

九一八事变发生时，当时日本在华的关东军还不到两万人，而中国的东北军驻在东北的就有16. 5万人，还有近10万军队驻在关内。事变发生的当夜，日本军队只有300多人，而东北军驻守北大营的军队就有8000人。面对日本的侵华，在势力上占优势的东北军却为何没有对日进行反击呢？

一方面，东北军没有做好充分应对战斗的准备。九一八事变前，战争一触即发，东北军将领几乎无人不晓，但我们看一看“九一八之夜”枪声响起时，这些将领都在干什么，就知道这支军队能不能抵御侵略了。东北边防军司令张学良在北平剧院看戏；留在沈阳主政的东北边防军代司令、参谋长荣臻，正在公馆里为其父做寿庆，北大营炮声隆隆，寿堂之内却“香烟缭绕，灯烛交辉……满屋大员，吸鸦片，打麻将，热闹非常”；吉林主席兼东北边防军副司令张作相，正在辽西的锦州老家为其父治丧；黑龙江省主席兼东北边防军副司令官万福麟远在北平，军政大权由他儿子代理；东省特别区行政长官张景惠不在东省，而在沈阳私宅；北大营的最高指挥官，第七旅旅长王以哲正在市内俱乐部观看晚会，下属三个团长有两个不在北大营。强敌压境，军备松弛，守土有责的军人寻欢作乐，这样的军队，纵使没有不抵抗命令，也难有作为。

另一方面，张学良采取“不抵抗”政策。1931 年六七月以来，针对日本多次挑衅事件，张学良于 1931 年 9 月 6 日向东北军发出急电：“现在日方对我外交渐趋积极，应付一切，极宜力求稳慎，对于日人无论其如何寻事，我方务须万方容忍，不可与之反抗，致酿事端。希迅即密电各属，切实注意为要。”1931 年 9 月 18 日事变发生当夜，东北边防军司令长官公署中将参谋长荣臻根据张学良之命，命令东北军“不准抵抗，不准动，把枪放到库房里，挺着死，大家成仁，为国牺牲”。次日，1931 年 9 月 19 日张学良在协和医院与天津《大公报》记者谈话时再度说：“吾早下令我部士兵，对日兵挑衅，不得抵抗。故北大营我军，早令收缴军械，存于库房。”正是由于东北军执行张学良不抵抗命令，北大营 8000 名守军被只有 300 多人的日军击溃。

九一八事变发生后，张学良离开奉天，带领属下转移到锦州。东北事态更加严峻，此时国民党作出决议，强调“如日军进攻，应积极抵抗”。1931 年 12 月 8 日，蒋介石亲自致电张学良：“锦州军队此时勿撤退。”1931 年 12 月 15 日，关东军开始进攻锦州时，国民政府多次电令张学良抵抗，同年 12 月 25 日，国民政府令其“积极筹划自卫，以固疆圉”，张学良部队开始从锦州撤退后，12 月 30 日国民政府还急电令其“无论如何，必积极抵抗”，但已经无济于事。此时驻锦州的东北军第 12 旅、第 20 旅和骑兵第 3 旅早已奉张学良命撤退至河北滦东地区和热河。由于张学良一再坚持“不抵抗政策”，在不到半年的时间内，整个东北三省 100 万平方公里的土地被日军占领。

（二）国共两党从对峙到合作

1927 年，第一次国共合作破裂后，中国便进入十年内战时期，蒋介石政府实行法西斯独裁统治，对共产党和人民革命力量实行血腥屠杀政策，特别在军事上进行残酷的“围剿”。值得我们认真思考的是，国共两党后来为什么能摒弃前嫌，由如此严重的对立走向合作抗日呢？国共第二次合作的形成不是偶然的社会现象，它是中国特定历史发展阶段的必然产物。其原因主要有以下几个方面。

其一，民族矛盾上升为中国社会的主要矛盾，这是推动国共第二次合作的主要动力。日本是一个拥有强大军事和经济实力的帝国主义国家，野心勃勃，妄想独吞中国，称霸东亚。前面已谈到，日本帝国主义根据政府的既定决策，于1931年发动了九一八事变。在侵占我国东北后，于1932年3月策划成立伪满洲国。接着，日本又侵占了长城一线要地，窥视华北地区。此后，日本帝国主义步步紧逼，于1935年制造了华北事变，将其侵略势力扩张到平、津、冀、察等地。1936年，日本制定了大陆政策和海洋政策，1937年7月又制造了卢沟桥事变，发动了全面侵华战争，中华民族面临着亡国灭种的危机。在民族危难之际，祖国山河破碎之时，各自拥有武装力量的国共两党虽代表着不同阶级、阶层的利益，但同为中华民族子孙，在阶级、政治集团利益之上有着共同的民族利益。团结起来，为民族而战，不仅是中华民族生存与发展的客观要求，也是包括国共两党在内的所有中华民族子孙共同的根本利益，更是中国社会两大政党不容推诿的历史责任。正如毛泽东所说："一个民族敌人深入国土这一事实，起着决定一切的作用。"

其二，国共双方的实力和各自的现实利益是国共合作的基本动力。抗战前的中国政治舞台上活跃着各种政治势力，其中国共两党最有政治组织力、军力等，因此，国共两党的合作是全民族团结抗日的关键。十年内战期间，中国共产党通过长征摆脱了军事上极为不利的局面，在陕甘宁站稳了脚跟，蒋介石国民党虽然进行了"围剿"，但是无法消灭红军。而当时的红军虽然粉碎了蒋介石的"围剿"，但是处境艰难。双方都没有决胜的把握。同时，国民党也面临危机，受到外部压力，因而必须要基于某种现实政治利益的需要来区分主次敌人和制定灵活的策略。而且，在西安事变发生后，蒋介石看到当时的东北军和十七路军极有可能转向红军。而当时的共产党邻近华北前线，面临着日本侵华的威胁。国共两党经过谈判、互谅互让，最终找到双方均能接受的合作形式，因此可以说双方的实力和各自的现实利益是合作的基本动力。

其三，中国共产党的积极倡导和大力推动起了主导作用。九一八事变后，中国共产党为建立以国共合作为基础的抗日民族统一战线进行了长期不懈的努力。1933年1月，共产党发表宣言，愿意在立即停止进攻苏区红军、给予民众民主权利和武装工农三项条件下，准备同任何国民党部队订立共同抗日的协定。华北事变后，共产党即发表《为抗日救国告全体同胞书》，号召"停止内战，一致对外"。1935年12月瓦窑堡会议上，中共中央确定国共合作方针，共产党还领导、发动了"一二·九"运动，向全国人民宣传"停止内战，一致对外"的主张，促进了中华民族的新觉醒。为推动国民党转变误国政策，促其走上抗日道路，共产党除积极宣传自己正确的抗日主张之外，还广泛开展了争取国民党内左派、抗日爱国将领、地方实力派和各民主党派的工作。在震惊中外的西安事变发生后，共产党以国家民族利益为重，抛弃前嫌与旧恨，坚持和平解决的方针，赢得了全国人民的拥护和支持，成为扭转时局的关键，为国共两党由对峙走向合作、由内战走向和平揭开了序幕。

其四，国民党有识之士的力争，也是不可缺少的因素。西安事变谈判时，蒋介石、宋子文允诺先召开国民党中央全会，解决准备抗战及开放政权等问题。1937 年 2 月 15 日至 22 日，国民党五届三中全会在南京召开。国民党左派宋庆龄从 1927 年 7 月以后第一次出席国民党的中央全会。她在会上发表演说，批评国民党的反共政策："令人万分遗憾的是，直到今天，政府中仍有个别人士不了解救国必先结束内战的道理。在今天居然还可以听到'抗日必先剿共'的老调，这是多么荒谬！我们要先打断一只手臂之后再去抗日吗？我们已经有了十年的内战经验。在这期间，国力都耗费在内争上面。日本军阀将我们的土地一块块地割去，使我们的国家受到蹂躏。每一个中国爱国志士现在都庆幸政府在这些痛苦经验之后已开始了解，救国必须停止内争，而且必须运用包括共产党在内的全部力量，以保卫中国国家的完整。"在国民党五届三中全会上，宋庆龄、何香凝、冯玉祥、孙科、石敬亭、李烈钧等 14 人提出恢复孙中山先生制定的联俄、联共、扶助农工三大政策的提案。李宗仁等 9 人提出关于迅速组织民众、训练民众、武装民众以为抗战动员之基础的提案，等等。会议经过激烈争论，虽然没有确定的抗日方针，没有批评过去的错误政策，没有根本放弃反共立场，但是在对内对外政策上都做了某些调整和改变，实际上接受了中国共产党关于国共两党合作抗日的条件。国民党将原来对共产党采取的武装"围"方针改为"和平统一"的方针，因此，基本上确定了停止内战和国共合作的原则。22 日，蒋介石在大会上发言，承认在一定的条件下开放言论自由，释放政治犯，集中人才。会后，蒋介石在对外政策上表示"如果让步超过了限度，只有出于抗战之一途"。

其五，共产国际和中共驻共产国际代表团的推动作用。当时的中国共产党是共产国际一个支部，1935 年 9 月，共产国际书记处批准《为抗日救国告全体同胞书》。1936 年 8 月 15 日，共产国际执委会书记处给中共中央书记处发去指示，指出"把蒋介石和日本侵略者相提并论是不对的"，为了真正抗日，也需要"蒋介石军队或其大部分部队"参加。因此，中国共产党必须采取红军和蒋介石军队之间停战，并同后者签订协议的方针。在政治方面，抗日民族统一战线应该是中共、国民党和其他团体在共同的抗日立场上签署协议，同时它们保持政治上和组织上的完全独立。在这个指示的基础上，中共中央于 1936 年 8 月 25 日通过了中共给国民党的信。9 月 2 日，南京政府通过国民党中央通讯社公布了《中国共产党为公布国共合作宣言》。第二天，蒋介石在庐山发表谈话，指出团结御侮的必要，事实上承认了共产党在全国的合法地位。至此，国共两党的第二次合作正式形成。

国共两党再度合作是中国抗日民族统一战线的基础，至此，全国各族人民、各民主党派、各爱国军队、各阶层爱国人士以及海外华侨团结在抗日民族统一战线的旗帜下。从此，中国人民反对日本侵略的战争，在抗日民族统一战线的旗帜下，进入了一个全民族抗战的崭新阶段。

（三）国共两个战场对抗战所作出的贡献

在抗日战争中，自始至终存在着以国民党军队为主体的正面战场和以共产党领导的人民军队为主体的敌后解放区战场。两个战场相互依存，相互配合，形成了第二次世界大战中独具特色的中国战场。

抗日战争是在共产党倡导的抗日民族统一战线的旗帜下，在国共合作的基础上，全国人民浴血奋战的伟大的民族解放战争。以国共两党为主形成的抗日民族统一战线不是相互融合的统一战线。这种统一战线是国共两党在各自独立的基础上形成的，这决定了国共两党各自领导的军队必然也各自独立，虽然八路军和新四军曾在名义上加入国民党战区作战序列，但我军始终“有执行此战略之一切自由”“发挥进一步的独立自主原则”，这决定了国共两党对军队的分割指挥。国民党独立指挥其军队正面作战，共产党也指挥其军队独立自主挺进敌后。这种军队方面各自独立、分割指挥，决定了中国方面必然会开辟在地点、战术等方面截然不同的两个战场。

军事战略上的需要，又符合国共两党和两军的自身情况。国民党掌握全国政权，控制全国资源，拥有200余万人的正规军，且装备水平远远高于共产党军队，理所当然地担负正面战场的正规战；而共产党军队数量少、装备差，但素质高，善于做群众工作，长于游击战和运动战，独立作战和生存能力强，适于担负开辟敌后战场、坚持敌后抗战的战略任务。

1. 正面战场在抗战中的作用

具体来说，正面战场在抗战时期发挥了哪些历史作用呢？

第一，在抗战初期阶段，正面战场发挥了重要作用，粉碎了日本军国主义“三个月灭亡中国”的狂妄计划和“速战速决”的方针。“中国军民的战略防御，大量地消耗了敌人的军事力量和经济力量。打破了日本帝国主义关于中国‘不堪一击’的政治宣传……中国军民坚持了一年零三个月的防御作战，使敌人损失兵力70多万人，在军需补给上也造成了严重困难……打破了日本侵略当局在中国速战速决的战略企图，使其侵略计划屡屡落空。”

第二，在战略相持阶段，日军多次组织战役进攻，寻歼国民政府军队主力。太平洋战争爆发后，又从缅甸进攻，东西夹击，使国民政府腹背受敌，但国民政府并未为其所屈，坚持抗战到底。国民党正面战场仍然是抗击日本军队的重要战场。

第三，国民党正面战场支援了中国共产党领导的解放区战场的开辟，为敌后游击战创造了有利条件。

第四，国民党正面战场爱国官兵英勇抗战，不怕流血牺牲，表现了强烈的爱国主义精神，振奋了民族精神，大长中华民族的志气，促进了全国的团结和进步，坚定了中国军民抗战必胜的信念。

第五，国民党正面战场的作战，扩大了中国在国际上的影响力，唤起了国际舆论的同情和支持，受到了国际社会的尊重，从而为二战后中国成为联合国五大常任理事国之一创造了条件。

1937 年至 1945 年，国民党正面战场先后进行大战役 22 次，重要战斗 3117 次，小战斗 3.89 万余次，重伤日军 85.9 万余人，付出了 322 万多人的重大伤亡。尤其值得肯定的是，国民党军队的广大爱国官兵，曾经在前线与日本侵略者奋勇作战，涌现出佟麟阁、赵登禹、张自忠、郝梦龄、戴安澜、王铭章、谢晋元等一批为国捐躯的爱国将领，为中国抗日战争的最后胜利贡献了力量。

2. 敌后战场在抗战中的作用

所谓“敌后”，从字面理解，其含义是“沦陷给敌人以后”，所谓敌后战场，是指在被日军占领的地方开辟出来的战场，由共产党领导，以开展游击战争为主要形式打击日军。这是抗战形势的需要，也是中国军事落后、正面战场失利形成的一种必然的结果。敌后战场与正面战场相互配合共同夹击日军是国共两党合作的基本形式，体现着中国人民不屈不挠的斗争精神，即使正面抗战失利，中国人民也不会甘心亡国而放弃斗争。

在中国共产党的领导下，敌后战场从 1937 年 9 月八路军在晋中取得平型关大捷开始，到 1945 年 4 月局部反攻前夕，经过了创造与开辟时期、困难时期和扩张时期，在抗日战争中形成了重要的和决定的战略地位，变成抗日的重心。具体体现在以下几个方面。

首先，在抗战初期，敌后战场便牵制了侵华日军的大量兵力，有力地配合了正面战场的作战，造成了日军不能全力西进的态势。红军主力改编为国民革命军第八路军后，便挺进山西，配合同民党军队对日作战，并以少数兵力开展群众工作，为敌后战场的开辟打下了基础。在华北，太原失陷后，以共产党为主体的游击战争占据主要地位。八路军在国民党军丢失的国土上，发动群众，武装群众，开展游击战争，相继开辟了晋察冀、晋西北、晋西南、晋冀豫等抗日根据地。在华东，新四军各支队挺进苏南、皖南、皖西和皖中地区，活跃在大江南北，打击了入侵华中的日本侵略军。与此同时，共产党领导的东北抗日联军在极其艰苦的条件下坚持斗争，积极配合了全国的抗战浪潮。

其次，八路军、新四军开辟的敌后战场在整个抗战的全局中具有重要的战略地位。时任中共中央革命军事委员会副主席、国民政府军事委员会政治部副部长的周恩来曾指出:“坚持抗战必须以坚持华北抗战为中心。华北抗战能持久，日寇将无法实现其全部阴谋。”由八路军开辟的华北敌后战场，它的持久战影响和推动着全国抗战的开展，掩护了全国新的军队组织，也使敌人没有稳固的后方。而新四军坚持华中（包括华东）敌后战场的抗日斗争，“不仅仅是因为中国东部被敌人占领了，而且更主要的是，这是中国人口最多的地区，是交通便利、土地肥沃、经济发达、文化程度高的财富地区。整个中国的东部代表了中国走向近代化的最有力的地区。中国的西部当然不如东部，尽管西北、西南可以成为我们的大后方，但是，假如中国东部完全被敌人统治，我们的西部就要一天一天地贫弱危困起来，困难就要无形地加深，而敌人就能够利用中国的人力物力财力来克服自己的困难。”

最后，进入战略相持阶段以后，敌后战场以解放区为依托，抗击着侵华日军总兵力的 64%，最高时达到 75%，最少时也占其 54%，成为中国抗日战争的主战场。共产党领导的八路军、新四军和华南抗日纵队等人民武装，通过对日伪军的艰苦作战以及对国民党顽固派的自卫反击，由几万人发展到 200 万人，创建了拥有近 1 亿人口的 19 块解放区。1944 年初，国民党军队在豫湘桂会战中大溃败的时候，八路军、新四军却对日军发动了局部反攻，解放了大片国土，为中国战场的战略反攻和抗日战争的最后胜利打下了基础。1945 年 8 月 9 日，即苏联对日宣战的第二天，毛泽东发表了《对日寇的最后一战》的声明，8 月 10 日，朱德向中国共产党领导的抗日武装力量发布了向日军展开全国反攻的命令。于是，敌后战场变成了解放区军民举行战略反攻、夺取抗日战争最后胜利的前进基地和实现战略反攻的出发点。

1937 年至 1945 年，中国共产党领导的抗日武装共作战 12.5 万余次，歼灭日伪军 171.4 万余人，创建了面积约 100 万平方公里、人口约 1 亿的解放区，为取得抗日战争的最后胜利作出了不可磨灭的贡献。正如日本史学家所说，中共军队的抵抗“是中国能够贯彻持久战，并将拥有近代武器、具备压倒性军事优势的日本一步步逼向战败的综合性要素之一。因此，不考察中共军队的战场，就不可能弄清强国日本何以最终败于弱国中国”。

总之，敌后战场的开辟和发展，是中国抗日战争的坚固支撑，没有敌后战场，抗日战争就不能坚持下来。敌后战场对最后夺取抗日战争的胜利起到了决定性作用。

3. 两个战场在抗战中不可或缺

国内的两个战场构成了中华民族抗日战争的基本格局。两者互为条件：国民党战场的存在，为解放区战场的开辟和发展提供了条件，尤其是在抗战初期；而解放区战场的开辟和发展，对国民党正面战场的坚持具有决定作用。两个战场相互依存，正如毛泽东所说：“这两个战场的作用，是互相援助的，缺少一个，在目前就不能制止法西斯野兽的奔窜，在将来就不能驱逐这个野兽出中国。”国共两党共同抗日、独立指挥及作战特点方面的差异，决定了抗日战争正面战场和敌后战场关系的特殊性。

（1）两个战场相互依存、相互配合。

在中日民族矛盾成为主要矛盾的情况下，国共两党为了抗击日寇侵略，挽救民族危亡，必须在军事上相互合作。在出现相对独立的两个战场情况下，这种军事上的合作体现在两个战场之间“互相需要、互相配合、互相协助”之上。正面战场和敌后战场是需要相互依存的，国民党的正面战场需要以共产党开辟的敌后战场，因为没有敌后战场对日军的打击、牵制和对日军战略要地的袭扰、对日军交通补给线的破坏，则日军将以更具优势的兵力对战正面战场，正面战场很难坚持下去；敌后战场也需要正面战场，因为“没有正面主力军的英勇抗战，便无从顺利地开展敌人后方的游击战争”。在对日作战中，正面战场和敌后战场是相互配合的，这种配合主要表现在对日作战的战略协同上。在抗战中，共产党始终站在抗敌前列，英勇抗战。共产党领导的敌后战场始终以各种军事斗争方式不断支援正面战场的作战，防止其崩溃。敌后战场对日军的打击以及共产党领导的军队在抗战中的壮大，本身就对日军起到了战略牵制作用，这是对正面战场最大的战略配合。在整个抗战过程中，日军自始至终不得不分出很大兵力用于后方守备，这大大减轻了正面战场的压力，成为正面战场不至崩溃的主因之一。国民党在正面战场上虽屡遭失败，但国民党终未降日，正面战场仍在支撑着，且淞沪、武汉、太原、忻口、台儿庄等战役也予日军以重大损伤，客观上支援了敌后战场。仅在淞沪、武汉两战役持续的7个月中，中国共产党领导的八路军即利用日军后方广大而空虚的有利时机，迅速开辟了华北抗日根据地，八路军由3万多人发展到15万人，新四军也由出师时的1万人发展到2万多人。在整个抗日过程中，尽管国共两党不断发生摩擦，但从总体上看，正面战场和敌后战场在战略上是相互支持的。忻口、娘子关会战和太原会战时，共产党领导的军队在敌后主动出击，有力地支持了国民党军队的正面作战，并掩护了国民党军失利后的撤退。徐州会战、武汉会战时，共产党领导的军队在华北的扩张和根据地的开辟，使日军原计划使用于正面战场的全部华北方面军8个师团6个旅团因受牵制而无法用于正面战场。而且，日本攻占武汉后，因受后方牵制也无力发动攻势，从而停止了战略进攻。1940年八路军发动百团大战，也是对国民党正面战场的支持。共产党领导的军队在整个抗战中抗击着在华的半数日军和几乎全部伪军，这不只是对正面战场的支持，而且成了支持抗战局面的关键军事因素。正面战场抗击半数侵华日军也是对敌后战场的支持。而且1942年以后，当日军继续对华北抗日根据地实施“扫荡”时，国民党向美军提供了用以轰炸日本本土的机场，日军为了摧毁国民党空军基地，不得不一再抽调重兵向正面战场发动进攻，这对敌后战场是很大的支持。

（2）两个战场相互补充。

正面战场和敌后战场的相互补充表现在两个战场互相补充彼此的不足、互相促进上。抗战开始后，国民党已经拥有相当数量的正规军，其武器装备稍弱于日军，但在国际援助下，后来与日军大体持平，具有与日军正面作战的本钱，但国民党军队缺少的是游击作战的经验和群众条件，而抗日游击战又是必需的。相反，共产党方面“有一种自己的拿手好戏”，这种拿手好戏就是游击战，能够开辟敌后战场。中国方面在正面抗击日军的同时又在敌后打击日军，使抗日战争成为正面抗击和敌后牵制并用的局面，不仅弥补了正面战场抗日军力的不足，而且一开始就使日军陷入腹背受敌的境地。

相互补充的特点也表现在与人民的关系上。中国要取得抗日胜利，必须依靠人民，而国民党由于其性质及政策，决定着其不可能真正依靠人民，真正能担负起团结人民抗日责任的只有共产党。共产党在敌后对人民的发动、组织，不断地对国民党提出实行民主、改善民生的要求，都真正代表了人民的利益，是对国民党的抑制。从整个中华民族抗战的大视角来看，这也是对抗日民族统一战线与人民关系中某种缺陷的一种弥补。再者，中国抗战军队在抗日战争中互相弥补也才能形成一种抗战合力。国民党领导的军队数量和装备大大优于共产党领导的军队，但在抗日的勇敢作战方面，在与人民群众的关系方面，在游击战方面，都不如共产党领导的军队。而共产党领导的军队虽然政治素质好，作战勇敢，与人民有密切联系，有打游击战的经验，但数量少装备差，不具备与日军打正规战的本钱。国民党在正面战场抗击日军和共产党在敌后抗日所形成的两个战场，正好相互弥补了不足，并在弥补中形成了一种抗战合力，使日军既受到正面正规军的抗击，又受到敌后游击部队的打击，陷入了腹背受敌的境遇。

（3）两个战场相互渗透。

正面战场和敌后战场的相互渗透，表现在二者你中有我、我中有你以及角色变换上。毛泽东在抗战之初曾建议国民党方面组织一些游击兵团赴敌后抗日，后来国民党果真在正面抗击日军外组织了一些游击兵团赴敌后抗战。七七事变后，国民党令陷于敌后的国民党军政官员组织游击队，“以游击战辅助正规战”。南京失守后，国民党为减轻正面战场压力，有意识地派些正规部队赴敌后抗日。抗战中，国民党先后组建了宋哲元部、孙殿英部等游击兵团。这样，敌后战场实际上也有国民党军队参与作战。国民党的游击兵团虽然在抗战中大部分都溃散或降日，但曾对日军起过牵制作用，减轻了敌后战场上日军对共产党领导的军队的压力。从以共产党领导的军队为主的敌后战场方面看，许多战役也表现为正规的作战形式。在忻口、娘子关会战时，共产党领导的八路军在敌后作战，实际上是直接配合正面战场的军事行动，是忻口、娘子关会战这一正面战场的一部分。1937 年 9 月平型关战役和 1940 年夏的百团大战，实际上是正规兵团的作战行动。上述实例从另一侧面表现了正面战场和敌后战场你中有我、我中有你的关系。两个战场的角色互换，也表现了二者的相互渗透。以国民党为主的正面战场在战败后战线后移时，常以败兵转为游击兵团，在国民党军队撤退后，在原正面战场对日军实施非正规的游击作战。这样，原来的正面战场就变换为敌后战场。在敌后战场，由于共产党领导的军队积极作战，也常常发生角色变化。由于敌后战场的开辟对日军造成极大威胁，1938 年 12 月日本大本营决定“内部进行基本工作—恢复治安”。此后的近 5 年时间里，日军开始把作战重点放在后方实行“治安战”。此时日军在华的 32 个师团中有 17 个师团和全部伪军兵力用于后方战场。从侵华日军在两个战场所使用的兵力来看，实际上可以说敌后战场起到了主战场的作用。

总之，在抗战中，正面战场和敌后战场有一种相互联系不可分割的关系。二者失去任何一方，都不可能支持抗战到胜利。

（四）中国共产党是抗战的中流砥柱

历史充分证明，中国人民当时之所以创造了弱国战胜强国的伟大奇迹，最根本的原因，是中国共产党代表全中国人民的意志，领导和推动了伟大的抗日战争，浴血奋战于抗战最前线，成为全民族团结抗战的中流砥柱。

1. 中国共产党制定和实施了全面抗战路线和持久战战略方针，实现了对抗日战争的正确指导

全国抗战爆发后，中国共产党及时地制定和实施了一条广泛发动群众、武装群众、依靠群众、实行人民战争的全面抗战路线。七七事变爆发后的第二天，中国共产党通电全国，提出：“只有实行全民族抗战，才是中国的出路。”随后，在洛川会议上，中国共产党明确指出：“争取抗战胜利的关键，在于使已发动的抗战发展成为全面的全民族的抗战。”会议通过了体现全面抗战路线的《抗日救国十大纲领》，指明了全民族持久抗战直至夺取最后胜利的具体道路。

为了实行全面抗战路线，必须明确抗战的战略方针。全国抗战爆发后，中共中央在《确立全国抗战之战略计划及作战原则案》中明确指出：“战略的基本方针是持久的防御战”。中国共产党提出的持久战战略方针，对制定全国抗战的战略方针产生了重大影响。

为了科学阐明抗日战争的发展趋势和正确战略方针，1938 年 5 月，毛泽东同志写下《论持久战》和《抗日游击战争的战略问题》两篇重要著作，全面考察中国持久抗战的客观依据，科学分析中日双方的基本特点，明确指出抗日战争是持久战，最后胜利是中国的。毛泽东同志预见，抗日战争将经过战略防御、战略相持和战略反攻三个阶段，而相持阶段是持久抗战转到最后胜利的“枢纽”。这一科学预见，被抗日战争的伟大进程所证实。毛泽东同志还系统地论述了游击战在抗日战争中的战略地位。

中国共产党制定的全面抗战路线和持久战的战略方针，以及抗日游击战争的战略战术原则，是夺取抗战胜利的指南，对全民族抗战起到了重大的战略指导作用。

2. 中国共产党开辟抗日根据地和领导游击战争，确立了正确的战争方针

1937 年 11 月 8 日，太原失守后，共产党领导的八路军独立自主到敌后进行游击战争，开辟抗日根据地。从此，以国民党领导的军队为主体的正规战，逐渐被以共产党领导的人民军队为主体的游击战所代替。国民党在抗战初期表现出一定的抗日积极性。但是，由于敌强我弱的总形势和国民党实行片面抗战路线，在防御阶段一年零三个月期间，国民党军队从北平、天津、上海、南京、广州、武汉一直退到四川，丧失了华北、华中和华南大片国土，断送了中国半壁河山。1938 年 10 月，中日战争的战略相持阶段到来后，日本侵略军将主要力量用于打击八路军和新四军，对国民党采取政治诱降为主、军事打击为辅的方针。12 月，以国民党汪精卫为首的亲日派公开投敌，充当汉奸；以蒋介石为代表的亲英美派开始推行消极抗日、积极反共的政策。这样，抗击日军的主

要责任便落到了共产党身上。

在战略相持阶段，共产党领导的敌后战场逐渐成为抗日战争的主要战场、共产党领导的敌后军民，依托抗日民主根据地，抗击了一半以上的侵华日军和几乎全部伪军，是中国抗日战争的中坚力量。1943 年，世界反法西斯战争取得一系列重大胜利。共产党领导的人民抗日力量也度过严峻的困难时期，进入再发展时期，华北和其后各个根据地开始对敌军发起攻势作战和局部反攻。到 1945 年春，中国共产党领导的抗日根据地已发展到 19 块，面积 95 万多平方公里，人口 9550 万人，其中军队发展到 91 万人，民兵 220 万人。当世界反法西斯战争进入最后胜利阶段，在中国战场，共产党领导人民军队展开了大规模的攻势作战。1945 年 8 月 15 日，日本宣布无条件投降，9 月 2 日，日本代表在向同盟国的投降书上签字。至此，中国抗日战争胜利结束。在全面抗战中，中国共产党领导的八路军、新四军及其他人民武装军，在敌后作战 12.5 万次，消灭日、伪军 171.4 万人，其中日军 52 万余人。八路军、新四军伤亡 60 余万人，各抗日根据地群众伤亡 600 余万人。事实证明，没有中国共产党领导的敌后游击战争，抗日战争要坚持和胜利是不可能的。中国共产党是团结抗战的中流砥柱，是领导抗战取得胜利的决定力量。

3. 中国共产党积极倡导和始终坚持的抗日民族统一战线是抗日战争取得胜利的决定性因素和最强大武器

中国共产党积极倡导建立的抗日民族统一战线，是以国共两党合作为基础，包括一切抗日的政党、阶级、阶层、团体、爱国人士、少数民族、港澳台同胞、海外华侨的广泛统一战线。共产党为什么要倡导建立并坚决维护如此广泛的统一战线呢？

鸦片战争以来，中国人民抗击外敌入侵的斗争屡战屡败，其根本原因就在于全国似一盘散沙，不能凝聚全民族的力量共御外侮。而日本之所以一再挑衅欺负中国，一个极其重要的原因就是当时的中国缺乏民族凝聚力，不能汇聚全民之力御敌。然而，由于历史的、阶级的局限性，这个问题一直未能解决。

抗日战争是一场关系中华民族生死存亡的民族解放战争。民族的解放战争，必须进行全民族的总动员，必须结成全民族的抗日统一战线。中国共产党正确把握了这一历史要求，自觉承担起建立并领导抗日民族统一战线的历史重任，扭转了历史发展的方向。

1935 年 8 月，中国共产党为挽救民族危亡，发表了著名的《为抗日救国告全体同胞书》(即《八一宣言》)，鲜明地提出了建立抗日民族统一战线的主张。12 月，瓦窑堡会议进一步明确了建立抗日民族统一战线的基本策略和任务。震惊中外的西安事变爆发后，中国共产党毅然捐弃前嫌，从民族大局出发，全力促成西安事变和平解决，开始国共第二次合作，推动并建立了抗日民族统一战线。

抗日民族统一战线的建立，开创了全民族抗战的新局面。

三、案例思考

案例 1

案例呈现

2017 年 1 月 3 日，教育部基础教育二司下发了 2017 年 1 号文件《关于在中小学地方课程教材中全面落实“十四年抗战”概念的函》。文件要求各级教育主管部门全面排查，凡“八年抗战”字样，改为“十四年抗战”，并视情况修改与此相关内容，确保树立并突出“十四年抗战”概念。

“八年抗战”改为“十四年抗战”，这对很多人来说有点“措手不及”：我们从小受到的关于抗战时间的教育就是“八年抗战”，它已是自然而然的语言习惯、思维习惯，如常识般存在，怎么忽然就变了呢？实际上，在抗战史研究中，“十四年抗战”并非一个新鲜概念。

早在 1945 年抗战胜利前夕，中共中央主席毛泽东在《论联合政府》中就指出：“中国人民的抗日战争，是在曲折的道路上发展起来的。这个战争，还是在一九三一年就开始了。”

在 20 世纪 80 年代，学术界就有人从九一八事变后中日民族矛盾上升及中国人民在东北、华北等地的抗日斗争等方面，论述中国从 1931 年开始的“十四年抗战”问题。

20 世纪 90 年代，为纪念中国人民抗战胜利 50 周年，军事科学院军事历史研究部编写的《中国抗日战争史》，全面论述了从 1931 年至 1945 年中国人民“十四年抗战”的历程。

2001 年，由中国现代史学会名誉会长、南京大学张宪文先生主编的《中国抗日战争史》出版。该书明确中国抗战史的时限为 1931 年到 1945 年。为纪念中国人民抗战胜利 70 周年，人民出版社出版了《中国抗日战争史简明读本》。这是中共中央宣传部推出的马克思主义理论工程研究和建设工程重点成果。参加编写的多为国内研究抗日战争史的知名专家。该书明确指出：“中国抗日战争以 1931 年九一八事变为起点，到 1945 年日本宣布无条件投降结束，经历了十四年艰难曲折的斗争。”由此可见，“十四年抗战”已成为社会各界关于中国抗日战争历史的主流认识。

案例讨论

1. 抗战时间从八年到十四年的转变，说明了什么？
2. 明确“十四抗战的概念”有何深远的现实意义？

案例点评

抗战时间从八年到十四年的转变，既是对“全面抗战”之前抗战行动历史地位的认定，也是为当下国人的共同感情负责。明确“十四年抗战”概念，并不代表以往提出的“八年抗战”概念错了。从中国抗日战争的全过程来看，大体经历了两个阶段，共十四年抗战历程：前六年（从1931年至1937年）是局部抗战，战事主要在东北、华北及上海等地，是整个抗日战争的先声和重要组成部分；后八年（从1937年至1945年）是全国性抗战，是前期局部抗战的延伸和发展，也是中国以全国之力全面抗击并最终战胜日本侵略者的决战阶段。可以说，以往的“八年抗战”概念仅是指1937年至1945年的全国性抗战，而“十四年抗战”概念反映的是中国抗日战争的全过程，并没有改变史实，也不是重写历史，只是更全面、更完整地反映历史。中国的抗日战争已结束70多年，今天在中小学教材中明确“十四年抗战”概念，有重要的意义。

第一，“十四年抗战”概念的明确，有利于学生全面了解中国人民的抗日战争全过程。九一八事变发生后，富有爱国主义传统的中国军民，在中国共产党的号召、影响和领导下，就开始了抗击日本侵略的斗争。明确“十四年抗战”概念，就是反映东北、华北、上海等地中国人民的抗日斗争，把1931年开始的局部抗战与1937年开始的全国性抗战连接起来，完整地论述中国人民的抗日战争史。

第二，“十四年抗战”概念的明确，有助于学生理解日本侵华的本质和危害。侵略东北，是日本发动侵略战争的重要环节。自甲午战争开始，日本从中国东北获得了巨大的政治、经济和军事利益。日本逐步将中国东北视作自己的势力范围，并提出了先夺“满蒙”、后取整个中国，进而吞并亚洲、称霸世界的侵略政策。在这一侵略方针的指导下，从侵略东北到全面侵华，再到发动太平洋战争，日本的对外侵略是逐步推进、一脉相承的，日本是发动法西斯侵略战争的策源地。

第三，“十四年抗战”概念的明确，有助于学生认识中国抗日战争在世界反法西斯战争中的地位和意义。中国抗日战争是世界反法西斯战争的重要组成部分，中国战场是世界反法西斯战争的东方主战场。日、德、意法西斯发动的第二次世界大战，是在东、西方分别酝酿，并通过一系列局部战争逐步演变而成的。日本率先在中国挑起九一八事变，点燃了世界法西斯侵略战争的第一把战火。面对日本侵略，中国人民奋起反抗，打响了世界反法西斯战争的第一枪，揭开了世界反法西斯战争的序幕。“十四年抗战”概念的提出，有力地说明了中国反法西斯侵略战争开始时间最早、持续时间最长、付出代价最大，对彻底战胜法西斯起到了决定性作用。

案例 2

案例呈现

罗斯福说："假如没有中国，假如中国被打垮了，你想有多少个师团的日本兵，可以调到其他方面来作战，他们可以马上打下澳洲，打下印度……"

丘吉尔说："如果日本进军西印度洋，必然会导致我方在中东的全部阵地崩溃，能防止上述局势出现的只有中国。"

斯大林说："只有当日本侵略者的手脚被捆住的时候，我们才能在德国侵略者一旦进攻我国的时候避免两线作战。"

当年，其他战胜国领导人和民众都对中国抗战战胜法西斯作出的贡献给予了高度评价，60 年后，这些大国如何看待中国抗战的历史作用呢？

美国人对"二战"的记忆不如中国人深刻，毕竟"二战"没有在美国本土进行，不像中国本土曾经是"二战"的战场。美国媒体对中国抗战的报道虽然没有对欧洲战场那样多，但是，对于中国抗战的重要作用，无论是在历史上还是现在，都有不少清醒的声音。

不论在美国还是中国，飞虎队都是能够引起双方政界和民众共鸣的部分。美国一位中国问题专家在接受本报记者采访时表示，飞虎队已经成为美国对中国抗战的珍贵记忆。当年这支美国志愿航空队赴华参战时屡立战功，为打破日本法西斯对中国的封锁和最终打败日本立下了战功，不少飞虎队成员已成为美国政坛上的重要人物。

对于世界反法西斯战争胜利 60 周年，英国媒体报道的重点都集中在欧洲战场上，媒体对亚洲战场的报道得最多的是日本广岛和长崎的原子弹轰炸。不过，一些清醒的英国媒体也发出了"'二战'究竟是如何胜利的"这样的疑问。英国主流媒体《卫报》在一篇题为《我们不能忘记我们在"二战"中是如何获胜》的文章中指出，是苏联和中国的巨大牺牲使"二战"胜利成为可能。文章说，苏联和中国为"二战"胜利作出的贡献被西方忽略了。如果不是中国付出 2000 多万人牺牲的代价，在亚洲战场拖住了日本军队，日本军队就会在中国战场迅速取得胜利后进攻苏联后方，并控制太平洋地区。没有亚洲盟国的抵抗，西方盟国将会付出更大的牺牲。

剑桥大学历史学家菲利浦·托尔博士在接受本报记者采访时说，在英国，研究历史的人知道一些中国战场抗击日军的情况，但他们的兴趣侧重于中国在"二战"中遭受的灾难上。菲利浦·托尔博士把西方社会对中国抗战作用的忽视称为"流行的狭隘主义"，即只关心自己国家士兵参战的战场，他称这是整个西方社会的通病。

俄罗斯军事科学院院长加列耶夫认为，中国隆重庆祝抗日战争胜利 60 周年是非常正确的决定。尽管这场战争已经过去半个多世纪，但我们不应因此忘记这段历史，不能忘记日本军国主义的罪行，也不能忘记苏中人民团结抗击日本侵略者的历史。

与看重历史文化的法国人谈起“二战”，他们都能侃侃而谈，然而，在谈到亚洲和中国战场的情况时，法国人却说不出什么。

“二战”后，由于冷战的原因，法国史学界在很长一段时间内不肯承认中国抗战对于“二战”胜利所发挥的重要作用，将中国抗战隔离于世界反法西斯战争之外。随着中国抗战史研究的逐渐兴起，许多历史学者呼吁，应当客观评价中国抗日战争在“二战”中所起的作用。法国军事学院专家肖布拉德认为，中国抗战对于“二战”所作出的巨大贡献不容否认。正是由于中国战场的牵制，日本难以将全部兵力投入到与美国的太平洋战争中，更不敢按照德国的要求在东线进攻苏联。这使得美军可以放心在太平洋战场和欧洲战场同时作战，也为苏联全力反击德军解除了后顾之忧。

——摘编自《环球时报》，2005 年 8 月 12 日

案例讨论

1. 为什么说中国的抗日战争是世界反法西斯战争的东方主战场？

2. 二战战胜国现在是怎样评价中国抗战的？

3. 为什么第二次世界大战结束后，中国抗战对于世界反法西斯战争所作出的巨大贡献长期被忽视？

案例点评

本案例介绍了美、英、俄、法一些国家的学者对中国抗日战争地位的评价。20 世纪 40 年代，中国人民以巨大的民族牺牲和惨重代价，取得了抗日战争的伟大胜利。正如毛泽东同志所说，伟大的抗日战争是“战争史上的奇观，中华民族的壮举，惊天动地的伟业”，它不仅洗雪了中国的百年耻辱，开始了复兴中华民族的历史转折，而且为世界反法西斯战争的胜利、为重建战后的世界和平秩序作出了不可磨灭的历史贡献，中国的抗日战争也成为世界反法西斯战争的重要组成部分。

第一，中国的抗日战争发动最早，持续时间最长，它拉开了世界反法西斯战争的序幕，成为世界反法西斯战争的先锋。日本帝国主义于 1931 年 9 月 18 日发动了侵略中国东北地区的九一八事变，此后，处于国破家亡境地的东北人民，在中国共产党的号召与领导下，中国人民与日本帝国主义的野蛮侵略展开了不屈不挠的斗争，揭开了中国抗日战争和世界反法西斯战争的序幕。从 1931 年九一八事变至 1939 年 9 月英法对德宣战的八年中，只有中国在坚持着对世界法西斯势力的抗战。中国这个广阔的反法西斯战场不仅是主要的反法西斯战场，而且在 1941 年底太平洋战争爆发前，可说是毫无外援，孤军奋战。

1937 年 7 月 7 日，日本帝国主义发动了全面侵略中国的战争。面对日本法西斯的野蛮侵略，中国抗日军民凝聚在中国共产党倡导建立的抗日民族统一战线的旗帜下克服困难，奋勇抗战，开辟了世界上第一个大规模的反法西斯战场。

第二，打乱了德、意、日法西斯的侵略计划，有力地配合了欧洲战场的胜利。在第二次世界大战中，德、意、日法西斯一直未能实现其预定的战略协同计划。一个重要原因是中国战场坚持持久抗战，始终抗击和牵制着日本陆军主力，打乱了日本的“北进”计划，遏制和迟滞了日本的“南进”侵略步伐，从而打乱和粉碎了德国企图勾结日本东西夹击苏联和德日两军会师中东的计划。

“北进侵苏”是日本帝国主义妄图称霸亚洲和称霸世界的重要目标之一，但这一目标未能变成现实：一是因为苏联本身注重加强远东边境地区的军事防御，在击退日军挑衅基础上进行了重大外交努力；二是因为中国人民的抗日战争有力地拖住了日本的后腿，完全打乱了其侵略计划，致使日本的计划一再推延实施。

从1937年七七事变以来、中国战场始终牵制住了一百万左右的日本陆军主力。在整个抗日战争中，中国战场毙、伤、俘日军155. 9万余人，占日军在第二次世界大战中军队伤亡人数的60%以上。1945年8月15日，日本被迫宣布无条件投降，世界反法西斯战争取得了彻底胜利。中国的持久抗战为同盟国顺利实施“先欧后亚”战略提供了前提，为确保世界反法西斯战争的全胜奠定了可靠基础。

第三，中国人民的抗日战争得到世界普遍承认和尊重。中国作为世界反法西斯战争的东方主战场，得到了普遍承认和尊重，为中国赢得了大国地位。

1942年1月1日，26个反法西斯国家在华盛顿发表《联合国家宣言》，美、英、苏、中四国领衔签字，这是中国第一次以“四大国”之一身份出现在战时的国际政治舞台上。1943年10月30日，美、英、苏、中四国在莫斯科签署《普遍安全宣言》，标志着中国正式成为“四大国”之一。11月下旬，美、英、中三国首脑聚会埃及首都开罗，于12月1日发表《开罗宣言》，规定战后把日本占领的中国东北、台湾、澎湖列岛等归还中国。开罗会议是战时中国外交的最高峰，标志着战时中国的大国地位达到顶峰。据此，中国有权参与各大国之间为结束战争而采取的协调行动，有权参与筹建联合国的活动。后来，中国参加了1944年夏天的敦巴顿橡树园会议和1945年4月的旧金山联合国会议，成为联合国的创始会员国和安理会常任理事国。

在反法西斯战争中，中国与各盟国并肩作战，共同赢得了胜利，同时中国也赢得了大国地位。战后，百年来帝国主义强加给中国的各种不平等条约基本得以废除。从此，中国以崭新的姿态，冲出亚洲，走向世界，为维护世界和平、民主，为维护人类正义事业，作出越来越大的贡献。

然而，西方社会对中国抗战的作用没有给予足够的重视，一方面是因为历来西方社会只关心自己国家士兵参战的战场，这是整个西方社会的通病。另一方面，一个重要原因是战后东西两大阵营的冷战。冷战期间，两大阵营在经济和文化上的交流降到了历史低点，东西方国家民众间几乎无法实现信息沟通。近年来，西方一些专家都表示，随着西方对中国的了解，对与中国相关的研究工作越来越感兴趣，中国在第二次世界大战中所发挥的作用最终会得到多数人的认可。

四、实践课堂

实践活动 西安事变历史情景剧活动方案

内容

1. 西安事变的历史材料

1936年12月4日，蒋介石由洛阳飞抵西安，居住在临潼华清池的五间厅。张学良与杨虎城再次进谏，要求联共抗日，遭蒋拒绝。蒋向张学良、杨虎城表示：要么进兵，要么将东北军、十七路军分调福建、安徽。

1936年12月7日，张学良到华清池见蒋介石，再三苦谏，要求停止内战，一致抗日，遭蒋拒绝。

1936年12月9日，中国共产党组织大规模的群众游行示威，纪念“一二·九”运动一周年。特务军警开枪打伤一名小学生，群众非常激愤，决定到临潼直接向蒋介石请愿示威。蒋介石强令张学良制止学生运动，并指示必要时可以向学生开枪。张学良接到命令后，赶上游行队伍，极力劝说学生回去。东北大学学生高呼“中国人不打中国人!”“东北军打回老家去，收复东北失地!”等口号。张学良向群众表示一周内以实际行动答复学生要求，如果做不到，你们其中任何人都可以“置我张学良于死地”。请愿学生们在华清池前高唱《松花江上》一曲，感动了在场的东北军士，全场爱国情绪高昂。

当晚，张学良找到蒋介石，再次劝蒋抗日，并要求蒋放过学生，但是蒋介石怒道：“对这批学生，除了拿机关枪打以外，是没有办法的。”张听后大怒，反问道：“机关枪不打日本人反而去打爱国学生?”张与蒋再次大吵，盛怒下的张学良于当晚决定兵谏。当晚张学良与杨虎城商议，决定发动兵变，命令白凤翔去捉拿蒋介石。白凤翔说：“只见过照片，没见过本人，到时候乱军之中怕出错误。”

1936年12月11日晚间，张学良和杨虎城分别召见东北军和十七路军高级将领，宣布第二天清晨进行兵谏。

1936年12月12日晨5时，张、杨发动兵谏，东北军到临潼的华清池捉蒋。蒋从卧室窗户跳出，摔伤后背，躲在一块大石头后面，被发现活捉，十七路军还扣留了在西安的陈诚、邵力子、蒋鼎文、陈调元、卫立煌、朱绍良等国民党军政要员，邵元冲等人遇难。张、杨于12日当即宣布取消“西北剿匪总部”，成立抗日联军西北临时军事委员会，张、杨分任正、副委员长。他们通电全国提出改组南京国民政府，停止内战，释放救国会领袖及其政治犯，开放民众爱国运动，保障人民集会、结社自由，实行孙中山遗嘱，召集救国会议等八项主张。同时，他们致电中共中央，要求派代表到西安共商团结抗日大计。这就是震惊中外的“西安事变”。

西安事变发生后，在国内外引起了强烈的反响。在如何对待事变的问题上，南京当权势力中出现了两种对立的主张。以军政部长何应钦为代表的亲日派竭力策动“讨伐”，轰炸西安，企图取代蒋介石的统治地位。亲英美派的蒋介石亲属宋美龄、孔祥熙、宋子文等则不顾何应钦的反对，为和平解决西安事变，营救蒋介石而积极努力。

1936年12月13日，中共召开政治局扩大会议，中共中央在对国际国内的政治形势进行正确分析之后，确定了和平解决西安事变的基本方针，主张用和平方式解决西安事变引起的问题，反对新的内战。同时，中共中央还主张用一切方式联合南京的左派，争取中派，反对亲日派，以推动南京政府走向抗日。

1936年12月17日，中共中央派周恩来、博古、叶剑英一行飞抵西安。

12月22日，南京政府代表宋子文、宋美龄等抵达西安。

12月23日，宋子文、宋美龄、张学良、杨虎城、周恩来进行谈判。

经过两天的商谈，宋美龄等人作出“停止剿共”“三个月后抗日发动”等项承诺。12月24日晚，周恩来会见蒋介石，当面向蒋介石说明中国共产党抗日救国的政策。蒋介石表示同意谈判议定的六项条件，允诺“只要我存在一日，中国决不再发生反共内战”。

12月25日下午，蒋介石乘飞机离开西安，张学良亲自陪同，当日抵洛阳。

12月26日，蒋介石抵达南京，西安事变和平解决。

西安事变的和平解决对国共两党的再次合作、团结抗日起了重大的推动作用，为抗日民族统一战线的建立准备了必要的前提，成为由国内战争走向抗日民族战争的转折点，成为时局转换的枢纽。

2. 活动主题设计

以西安事变为背景，聚焦事变过程中的某一个点或局部环节，编成历史情景剧，突出主题，演绎历史，再现历史情景。

3. 活动目标

（1）通过搜集有关西安事变的背景、爆发、过程、影响及和平解决的历史材料，培养学生搜集处理历史材料、截取有效信息的能力。

（2）通过模拟西安事变的情景，培养学生再认再现历史情景和历史人物心态的创造性能力。

（3）通过搜集和交流材料，培养学生相互之间学习交流的良好习惯。通过模拟西安事变的历史情景，培养学生的机智、灵敏、善于应对和揣摩人物心态的能力。

（4）通过积极参与活动使学生明白：西安事变是在国难深重、民族存亡之际，张、杨二位将军为了促成国共联合全面抗日的大局，不顾个人得失而发动的爱国之举，更由于各种因素的合力，特别是以周恩来为代表的中国共产党的不懈努力，才促成了西安事变的和平解决。

4. 活动准备和要求

（1）每个班分成4个小组，每组设定一个组长，具体负责。

（2）安排学习、搜集相关资料，观看《西安事变》影片。

（3）每个小组成员，按照特长进行任务分工，搜集资料，撰写剧本。情景剧内容要集中，主题突出，时间设计不宜过长，保持在10分钟左右。

（4）根据剧情需要，安排所扮演的人物角色，演练台词，设计情景和搜集所需的道具。

（5）准备时间：2~3周。

活动实施步骤和过程

1. 创设情景，激发兴趣

在教室里创设西安事变的模拟场景。空间场景设计，扮演者适当化妆，多媒体播放背景场面。经过布置，把教室变成西安事变的一个“小场景”。

2. 参与活动，学习知识

以小组为单位，按抽签顺序依次进行历史情景剧演出。演出时扮演者要熟练台词，对白尽可能自然、真实，模拟历史情景，再现历史场面。

3. 总结教学，转化情感

演出结束后，教师引导学生回顾和总结历史，启发学生通过“西安事变”的“参与”和“活动”，自觉感悟事变发生的历史复杂性，感悟到民族危难之际中国人民的爱国情怀，从而激发学生热爱和平、团结协作的情感和爱祖国、爱民族的高尚情操。

评价

1. 根据每个小组的准备、演绎过程和总结情况，教师和学生共同打分评出优劣。
2. 本次活动，小组集体计分，作为一次平时成绩。

五、习题训练

一、单项选择题

1．1931年9月18日，日本关东军在中国（　）市郊柳条湖爆破铁路，制造借口向中国军队进攻。九一八事变后，日军迅即侵占我国东北。

A. 沈阳　　B. 长春　　C. 大连　　D. 旅顺

2．全国抗战初期，国共合作最典型的战役是（　）。

A. 淞沪会战　　B. 太原会战　　C. 徐州会战　　D. 武汉会战

3．在惨绝人寰、震惊中外的南京大屠杀中，日军共杀害了约（　）中国军民。

A. 10 万以上　　B. 30 万以上　　C. 5 万　　D. 50 万以上

4．1938 年 5 月，毛泽东发表了（　）一文。该文从战略高度，论述了抗日游击战争的地位、作用，以及在抗日游击战争中主动地、灵活地、有计划地执行防御战中的进攻战，持久战中的速决战，内线作战中的外线作战，与正规战争相配合、建立根据地、战略防御和战略进攻、向运动战发展、正确的指挥关系等一系列具体的战略问题。

A.《论反对日本帝国主义的策略》　　B.《论抗日游击战争》

C.《论持久战》　　D.《抗日游击战争的战略问题》

5．1944 年 4 月至 1945 年 1 月，日本发动打通中国大陆交通线的战役是（　）。

A. 忻口战役　　B. 淞沪战役　　C. 豫湘桂战役　　D. 枣宜会战

6．中国人民抗日战争胜利的纪念日是（　）。

A. 8 月 15 日　　B. 9 月 3 日　　C. 7 月 7 日　　D. 8 月 12 日

7．中国的抗日战争对世界反法西斯战争的胜利作出了巨大贡献，突出表现在（　）。

A. 中国战场最广大　　B. 中国抗日战争最艰苦

C. 中国反法西斯战争时间最长　　D. 中国战场对日本法西斯的牵制

8．抗战初期两条不同抗战路线的根本区别是（　）。

A. 是否抵抗日本侵略　　B. 是否依靠人民群众

C. 是否合作抗战　　D. 是否积极抗战

9．以国共合作为基础的抗日民族统一战线正式建立的标志是（　）。

A. 西安事变的和平解决

B. 国民政府发表自卫宣言

C. 中国工农红军改编为八路军、新四军

D. 国民党公布中共中央提交的国共合作宣言

10．中国人民取得抗日战争胜利的最主要因素是（　）。

A. 实行全民族抗战　　B. 战争的正义性

C. 国际反法西斯力量配合　　D. 正确的战略战术

二、多项选择题

1．1935 年日本策动“防共自治运动”，其中华北五省是（　）。

A. 河北　　B. 察哈尔　　C. 绥远

D. 山西　　E. 山东

2．抗战初期，国民党正面战场除了台儿庄战役取得大捷外，其他战役几乎都是以退却、失败而结束的，造成这种状况的原因（　）。

A. 在敌我力量的对比上，日军占很大优势

B. 国民党战略指导方针上的失误

C. 实行片面抗战路线

D. 没有采取积极防御的方针

E. 国民党政府在军事、政治、经济各方面陷入深刻的危机

3．毛泽东科学预测抗日战争的发展进程包括（ ）三个阶段。

A. 战略防御　　B. 战略相持　　C. 战略进攻

D. 战略撤退　　E. 战略反攻

4．抗战时期，正面战场和敌后战场的主要区别是（ ）。

A. 抗战的领导不同　　B. 抗战路线不同

C. 作战方式不同　　D. 战略地位不同

E. 战场范围不同

5．中国的抗日战争是世界反法西斯战争的重要组成部分，其表现是（ ）。

A. 中国战场年平均牵制日本的陆军的 74% 以上

B. 日军在海外作战中损失的 287 万人中，有 150 万人在中国战场伤亡

C. 中国为盟国提供了大量的战略物资和军事情报

D. 苏联出兵击败日本关东军

E. 美英法等国向中国提供了经济援助或军事合作

三、材料分析题

材料 1:

1945 年 11 月 10 日，毛泽东与美国总统特使赫尔利最后达成的《中国国民政府、中国国民党与中国共产党协定》内容如下：

一、中国政府、中国国民党与中国共产党应共同工作，统一中国一切军事力量，以便迅速击败日本与重建中国。

二、现在的国民政府改组为包含所有抗日党派和无党派政治人物的代表的联合国民政府，并颁布及实行用以改革军事政治经济文化的新民主政策。同时，军事委员会改组为由所有抗日军队代表所组成的联合军事委员会。

三、联合国民政府应拥护孙中山先生在中国建立民有民享民治之政府的原则。联合国民政府应实行用以促进进步与民主的政策……

四、所有抗日军队应遵守与执行联合国民政府及其联合军事委员会的命令，并应为这个政府及其军事委员会所承认，由联合国得来的物资应被公平分配。

五、中国联合国民政府承认中国国民党、中国共产党及所有抗日党派的合法地位。

——摘自《胡乔木回忆毛泽东》

材料 2:

这一协定（见材料 1）的精神和方向，是我们中国共产党和中国人民八年来在抗日

统一战线中所追求的目的之所在。

——摘自1945年11月10日毛泽东致罗斯福函

材料3：

蒋介石明白告诉赫尔利：承认这一协定，将意味着他和他的党完全失败，并不可避免地会导致共产党控制政府。

——摘自《美国对外关系（1944，中国卷）》

材料4：

11月21日，国民党方面又另行提出了一个三条反建议，由赫尔利转交给周恩来同志。它的要点是：一、国民政府允将中共军队加以改编，此后，承认中共为合法政党；二、中共应竭诚拥护国民政府，将其一切军队移交国民政府军委会统辖，国民政府指派中共将领以委员资格参加军委会；三、国民政府之目标为实现三民主义国家。

——摘自《胡乔木回忆毛泽东》

材料5：

在武装的政党和军阀强大得足以抗拒政府的时候，中国是不能有政治统一的。美国方面曾过分估计后者那些力量，而最强大的力量，依然是重庆的国民政府。蒋介石并无法西斯心理，他正在为了他的国家走向民主政府，那是他的事业的目标。美国已承认国民政府为中国的政府，并且在经济上、军事上和政治上支持它，但并不曾支持任何军阀或武装的政党。在该国有强得足以抗拒政府的武装力量的时候，一个自由的、团结的和民主的中国总不能在这次战争中出现。

——摘自1945年4月2日赫尔利在华盛顿记者招待会上的讲话

请回答：

1. 根据材料1，指出五点协定的关键所在。

2. 参照材料1、2、3，如何理解毛泽东和蒋介石对协定截然不同的评价。

3. 比较材料4与材料1，指出国民党三点反建议的要害。

4. 指出材料5中赫尔利对中国国共两党的看法，并阐明美国对华政策的基点及这一政策造成的后果。

四、论述题

1. 试评国共两党的不同抗战路线。

2. 为什么说中国人民抗日战争是弱国战胜强国的范例。

参考答案

一、单项选择题

1. A　2. B　3. B　4. D　5. C　6. B　7. D　8. B　9. D　10. A

二、多项选择题

1. ABCDE　2. ABC　3. ABE　4. ABCDE　5. ABCDE

三、材料分析题

1. 关键是必须改组现存的国民党政策，建立民主的联合政府；所有军队都应遵守与执行联合政府及其联合军委会的命令。

2. 毛泽东肯定这一协定。因为协定体现了抗战以来中国共产党一贯追求的抗日和民主的目标，这是争取抗战的胜利为人民的胜利的重要保证。蒋介石认为承认这一协定就是他的失败，因为这一协定实际上否定了国民党的一党专政和独裁统治。

3. 要害是让共产党交出军队，接受国民党的“招安”。

4. 粉饰国民党蒋介石的专制独裁统治，美化蒋介石和他的政府正在“走向民主”；诬蔑中国共产党是“抗拒政府”的“武装的政党和军阀”，是建立“自由”“民主”的中国的障碍。美国对华政策的基点是扶蒋反共，这一政策助长了蒋介石的气焰，加剧了中国内战的危机。

四、论述题

1.（1）国民党的片面抗战路线。

特点：国民党主张由它的政府和军队来包办抗战，不要全国人民参加抗战。1938 年 3 月，中国国民党在汉口召开临时全国代表大会，大会所通过的《抗战建国纲领》就是这条路线的具体体现。为此，他们坚持国民党的一党专政，不愿实行有利于抗日的民主改革，不给人民抗战的自由，不允许改善人民生活。

原因：①蒋介石的抗日是从大地主大资产阶级利益出发的，是从维护它的反革命统治出发的；②蒋介石的抗日是从维护英美帝国主义的在华利益出发的；③它害怕人民力量起来以后，会损害四大家族的利益和统治。

评价：一面是蒋介石的片面抗战比起不抵抗主义是具有进步性的，因为它也在为保卫祖国而战；另一方面，片面抗战不能坚决抗战到底，而只能导致抗战的失败，因为它不是人民战争。

（2）中国共产党的全面抗战路线。

特点：中国共产党采取了相信群众、依靠群众，放手发动群众、武装群众，实行全国人民参加抗战、支持抗战的全面抗战路线。1937 年 8 月，中国共产党在陕北洛川召开的政治局扩大会议通过的《抗日救国十大纲领》，就是全面抗战路线的体现。

原因：中国共产党是从全民族和全国人民的根本利益出发的。共产党领导抗战既代表了全国人民的利益，也代表了全民族利益，它不怕发动群众起来抗战。

评价：只有实行全面抗战路线，才能引导中国抗战取得最后胜利。

2. 第一，从实力对比来看，抗日战争是弱国对强国的战争。中国是半殖民地半封建社会，政治、军事、经济、文化等各方面综合实力都很落后，是弱国。而日本是世界上一等强国，军事、经济实力和政治组织力量都很强大。

第二，从战略对比来看，抗日战争是大国对小国的战争。

第三，从战争性质上看，抗战是中国抵御日本侵略的正义战争。中国是正义的、进步的反侵略战争，是得道的；日本是非正义的、野蛮的、侵略战争，是失道的。

第四，从战争结果上看，中国人民的抗日战争取得了近代以来的第一次反侵略战争的完全胜利。中国人民彻底打败了日本侵略者，使中华民族避免遭受殖民奴役的厄运。

第七章

为建立新中国而奋斗

一、理论要点

（一）教学目的

通过本专题的学习，要使学生认识到抗日战争胜利后，全国人民迫切需要和平安定的环境，重建家园，医治战争带来的创伤，休养生息。中国共产党从人民的这一根本愿望出发，主张团结一切爱国民主力量，把中国建设成为独立、自由、民主、统一、富强的新国家。说明中国共产党始终代表着最广大人民的根本利益，没有共产党就没有新中国。

同时，还要使学生认识到，在两种命运、两个前途决战的关键时刻，是中国共产党领导人民打败了国民党的军事进攻，为中国选择了社会主义的前途。通过与国民党实行的军政独裁的对比，说明只有社会主义才能救中国。

（二）教学要点

1. 战后中国三条道路、两个命运
2. 中国共产党争取和平的伟大之举：参加重庆谈判
3. 中华人民共和国：中国人民的历史性选择

（三）关键词

两种命运；三条道路；重庆谈判；解放战争

二、理论知识

（一）战后中国三条道路、两个命运

1. 战后国际国内形势朝着和平、民主发展

抗日战争结束后，压在中华民族头上的百年外侮消除。残酷的战争催生了人们渴望和平的心态，而被压抑的中国人的民主意识亦勃然而起。呼吁建立联合政府，以民主建国为目标的运动风起云涌。制止内战爆发，使中国走向民主与和平，成为中国人民的共同心愿。

从国际发展的形势来看，第二次世界大战最直接最深刻的结果之一，是它大大加速了欧洲作为传统力量中心的衰落和美国与苏联的崛起，从而完成了自20世纪初便开始进行的国际政治格局的巨大变革：以欧洲大国势均力敌为中心的传统的国际政治格局完

全被战火所摧毁，取而代之的是美苏对峙的两极格局。这个新的两极格局的基石，就是“二战”后期由反法西斯同盟的主要领导人通过多次会谈和一系列协定而确立的雅尔塔体系。作为这场反法西斯正义战争的产物，雅尔塔体系以建立和维持战后的世界和平为主要目标。而作为大国同盟内部相互妥协的产物，雅尔塔体系又带有强权政治的烙印，并实际成为美、英、苏谋求势力范围的产物。它们所划定的势力范围，成为冷战两极格局形成的地缘政治基础。但是，雅尔塔体系也发挥了正面作用：首先，雅尔塔体系第一次将苏联和美英两种不同社会制度国家之间的和平共处原则正式纳入了国际关系体系，这就在总体上制约了美苏在产生争端时的行为方式，即双方不能以战争手段相见，而要用和平手段协商谈判来解决；其次，雅尔塔体系所提倡的和平、民主、独立的原则，对战后世界的发展有着极大的作用，从一定意义上说，它决定了战后世界和平与发展的主潮流。

在这种以美苏为核心的新的世界格局中，美苏之争也在一定程度上影响、制约着中国国内的国共斗争。第二次世界大战后，美国凭借其强大的经济和军事实力，企图称霸世界，其全球战略中一个重要的组成部分就是扶持国民党政府的统一中国，把中国变为其附庸。苏联这时也明确表态不再支持中国共产党，其原因是此时的苏联并不相信中国共产党有能力和国民党政府抗衡，为了不失去对中国的影响，苏联表态支持国民党。另一方面，美苏也要求国民党政府必须实行改革。美国一再要求国民党政府在战后实行体现其意图的民主政治。“杜鲁门总统敦促在中国召开一个包括中国主要政党的国民会议，以期解决中国问题，即不仅要结束内争，并且要使全国团结一致，使各重要党派人士在中国政府里均有公平有效的代表参加工作。这显然是要国民党修改‘训政’时期的设施和扩大政府的基础。”同时，美国要求国民党重视第三方面的力量，“这第三方面的出现表现出这局势中唯一的希望，并请蒋委员长尽量重视他们，做些让步以建立他们的威信和鼓励他们对他坦白说话。”美国做出这些举措的根本目的是维护和获取自己在中国的最大利益，但在客观上美国向国民党政府施压的结果有利于国民党政府走向民主化，至少在一定程度上缓解了国民党政府对党派的高压控制。

从国内发展的形势来看，经过抗战，中国共产党逐渐成长为可与国民党政权相抗衡的一股重要力量，在人口、地域、军队数量以及国际影响等各方面都获得了很大发展。“中国共产党居然强大到足以与国民党分庭抗礼的程度”，而且中国共产党自抗日战争以来，更进一步地广泛动员组织民众，极力主张言论、出版、集会、结社的自由和停止国民党的一党专政，结成各党派各阶层的民主联合政府。唱出了反抗国民党政府专制统治的最强音，在政治上突破了国民党一手遮天的局面。

日本帝国主义长达十四年之久的侵华战争给中国人民带来了深重的灾难。战争打乱了中国近代化的进程，中国百废待兴。经过艰苦卓绝的抗战，中华大地上已经没有了日本侵略者的铁蹄，中国人民凭着自己的努力获得了主宰自己命运的权利。此时，重建家园，是饱经战乱的绝大多数人的强烈愿望。

总体上看来，形势虽然复杂，但民主与和平已经成为中国人民的共识和强烈的呼声，“得民心者得天下”，符合民主与和平的就得民心，与民主和平背道而驰必将失去民心，必将为历史所不容。

2. 三种建国方案

抗日战争胜利后，在和平、民主成为主流的时代背景下，激发了国内各个阶层人民的建国热情，每一个政治利益集团都站在各自利益的出发点提出了不同的建国方案。当时，中国国内主要存在着三股政治力量，他们提出了与之相对应的三种建国方案。

（1）地主阶级和买办性的大资产阶级的方案。

在长时间里，地主阶级和买办大资产阶级是中国社会中占统治地位的力量。他们同广大人民处于尖锐对立的地位，因而主张继续实行地主阶级、买办性的大资产阶级的军事独裁统治，使中国继续走半殖民地半封建社会的道路。蒋介石认为，社会主义制度、资产阶级民主主义制度，都不能行之于中国。他主张，“领导素无政治经验之民族”“非藉经过较有效能的统治权之行施不可”。此为法西斯之政治理论，“认定国家为至高无上之实体，国家得要求国民任何之牺牲”，照此实行，即为“统治最有效能者”。其党徒大力宣传“一个国家的政治，与其由民主的虚名而陷于腐败、没落，当然不如由一个才干和道德高超的领袖去执行独裁”。根据这种法西斯主义理论，他们实行反革命军事独裁统治，维护帝国主义和地主买办资产阶级的利益。

（2）民族资产阶级的方案。

在旧中国，民族资产阶级在政治上始终没有占据统治地位。其基本政治主张是建立一个名副其实的资产阶级共和国，以便使资本主义得到自由的和充分的发展，使中国成为一个独立、强大的资本主义国家。尽管辛亥革命的流产已经宣告了资产阶级共和国方案在中国行不通，中国资产阶级及其代表人物还是一次又一次地把这个方案提了出来。抗日战争胜利以后的一个时期内，一些民主党派的领导人物和若干无党派人士更大力鼓吹过“中间路线”或“第三条道路”（基马尔在土耳其走的资本主义道路），企图在国民党坚持的地主、买办资产阶级专政和共产党主张的无产阶级领导的革命阶级联合专政之外，另辟一条道路——英美式的资产阶级共和国的道路。有人声称：“中间派的政治路线，在政治上必须实现英美式的民主政治，但决不能为少数特权阶级（在今日中国是官僚资本家、买办资本家和大地主）所操纵；在经济上必须发展民族资本主义，奖励民生必需品的扩大再生产，但决不容许官僚买办资本的横行和发展。”这种资产阶级共和国的方案，对于地主、买办资产阶级专政的政治现实是一种批判，但在实际上却并不具备现实的可行性。

（3）工人阶级和其他进步势力的方案。

工人、农民和城市小资产阶级是中国民主革命的基本动力和主要依靠。其政治代表——中国共产党，主张中国人民应当在工人阶级及其政党的领导下，首先进行一场彻底的反帝反封建的新式资产阶级民主革命，即新民主主义革命，以便建立一个工人阶级领导的人民共和国，即人民民主专政的国家；并经过这个人民共和国，逐步到达社会主义和共产主义。毛泽东在《中国革命和中国共产党》《新民主主义论》《论联合政府》《论人民民主专政》等著作中，对于中国共产党的政治主张和建国方案作了系统的论述。革命的根本问题是国家政权问题。为建立一个工人阶级领导的、以工农联盟为基础的、团结一切可以团结的力量的人民民主专政的人民共和国而奋斗，这就是中国共产党领导中国人民进行新民主主义革命所要达到的基本目标。

上列三种建国方案在长时期里始终摆在中国人民的面前，让人民在政治实践中去做出选择，但是，由于资产阶级共和国的方案并不具备现实性，实际上可供中国人民选择的方案主要是两个：或是继续半殖民地半封建的旧中国，或是创建新民主主义的新中国。

3. 两种基本的选择，两个中国之命运

（1）资产阶级共和国的方案在中国行不通。

这是由中国所处的时代条件和国内阶级关系的状况所决定的。其一，帝国主义不允许。因为列强侵略的目的是要堵死中国发展资本主义的道路。他们既不愿意失去在中国的殖民利益，更不愿意看到中国在国际市场上成为竞争对手。其二，近代中国社会矛盾和阶级斗争十分尖锐激烈，任何改良的、中间性的方案都失去实现的可能性。其三，由于民族资产阶级的两重性，使得他们没有勇气和能力去领导人民进行彻底的反帝反封建的斗争，为建立资产阶级共和国扫清障碍。民族资产阶级由于没有最广大的社会基础，也不敢进行革命的武装斗争，于是幻想以改良来改变中国面貌，或将实现民主政治的希望，寄托在统治阶级能够让步的幻想之上。反动统治者由于自身社会基础的狭窄，其统治十分残暴，同时又十分虚弱。它不能容忍、更经受不住任何的民主改革，也绝不会对建立民主共和国的要求做出任何原则性的让步。一些民主党派、民主人士虽然一再声明是“以民主的方法争取民主，以合法的手段争取合法地位”，但是反动统治者还是不断对他们施行迫害，直至取缔他们的组织，监视、逮捕以至暗杀他们。最后，残酷的事实教育了他们，使他们逐步放弃了走中间路线的幻想，而站到了拥护共产党主张的新民主主义革命的立场上来。在反对蒋介石独裁统治的斗争中，中国各民主党派和无党派民主人士都作出了自己的贡献。

（2）地主资产阶级的方案是祸国殃民。

地主资产阶级的方案是祸国殃民的，最终遭到了全国人民的唾弃。大地主大资产阶级是依附于帝国主义的，代表中国最落后的和最反动的生产关系，阻碍生产力的发展，同中国革命的目的完全不相容。

以蒋介石、宋子文、孔祥熙、陈立夫四大家族为代表的买办官僚资本，为保持在国民经济中的垄断地位，维护自己的利益，在抗日战争时期口头上讲发展中国经济，而实际上残酷地剥削人民，巧取豪夺，积累资本，以垄断中国的经济命脉。他们在经济上不仅垄断全国的财政金融和商业，大发国难财，侵吞民族工业，而且在广大农村实行残酷的封建专制统治和经济剥削，使成千上万的农民趋于破产，极大地摧残和破坏了农村生产力。经济上的垄断必然走向政治上的反动，蒋介石集团为了达到其一党专政的目的，不断地强化国家机器，进一步走向法西斯化。

国民党统治集团为维持自己的统治，首先加强法西斯独裁专制。蒋介石从国民党五中全会以来，越来越反动。极力鼓吹“一个主义、一个党、一个领袖”的法西斯主义。妄图建立国民党法西斯主义的一党专政和个人独裁，对国民党统治区人民进行恐怖统治。蒋介石极力扩张个人的权力和地位，将党、政、军三权集于一身。继1938年他成为国民党总裁后，1943年9月召开的国民党五届十一中全会，又“推举”蒋介石为国民政府主席，并修正了“国民政府组织法”，规定“国民政府主席为中华民国元首”“为海陆空军大元帅”等。

其次，蒋介石为了维持其反动的独裁统治，提出了全党“特务化”的口号，加强了血腥的特务统治。这种特务组织寄生在国民党内而篡夺了党，寄生在三青团里面统治了团，寄生在军队内而管制了军队。这就是蒋介石控制下的三大特务系统：三青团、中央调查统计局（简称“中统”）和军事委员会调查统计局（简称“军统”）。这三个组织形成对全国的特务统治，并对我解放区进行破坏活动。

再次，国民党反动派坚持一党专制，在地方行政上实行黑暗的保甲制度。根据国民党当局的规定，在国民党政权统治下的农村，普遍实行保甲制度，一保十甲（不得少于六甲多于十五甲），保有保长，甲有甲长。保长要兼国民学校校长和国民兵队队长，保设办公处，保长和保办公处实际上就成为国民党法西斯专政制度的基层统治机构，成为国民党反动统治的基础。不仅如此，他们还规定保甲与警察“密切合作”，加强对国民党统治下的农村居民的法西斯统治。

这样，国民党的一党专政、特务统治、保甲制度三者相互结合，就构成了中国式的封建的、法西斯的、专制独裁的政治制度。特务统治是维持一党专政的工具和手段，保甲制度是一党专政的基层机构，而一党专政则是特务统治和保甲制度的基础。国民党一党专政，换言之，是国民党内主要统治集团的专政，即国民党反动政权的阶级实质。

国民党当局出于经济上和政治上的需要，在文化和思想上也加强了封建主义和法西斯主义的专制统治，强化国民党的党化教育，对新闻出版事业严加控制。他们坚持的反动腐朽的封建主义和法西斯主义文化，成为维持其统治的工具。

可见，抗日战争胜利后居中国社会统治地位的国民党反动集团，依然实行一党专政、特务统治、保甲制度三位一体的封建法西斯专制制度。蒋介石力图以国民党1936年炮制的“五五宪草”为基础，把国民党一党专政合法化，决心发动内战，消灭人民革命力量，建立大地主、大资产阶级专政的半殖民地半封建国家，继续把中国推向黑暗的深渊。随着新中国的诞生，其反动统治也在根本上被推翻。

（3）中国共产党的方案得到最广大的民众的支持。

中国共产党提出的方案，逐步地获得了工人、农民、城市小资产阶级乃至民族资产阶级及其政治代表的拥护，由此成了中国最广大人民群众的共同选择。

无产阶级、农民和城市小资产阶级是中国反帝反封建民主革命的基本动力，是中国社会中的进步力量。代表他们根本利益的中国共产党主张，在半殖民地半封建中国，革命分两步走，先进行新民主主义革命，建立人民民主专政共和国，然后经由这个共和国到达社会主义至共产主义。在抗战胜利后，中国共产党主张“立即宣布废止国民党一党专政，成立一个由国民党、共产党、民主同盟和无党派分子的代表人物联合组成的临时的中央政府，发布民主的施政纲领”。待条件成熟时，“经过自由的无拘束的选举，召开国民大会，成立正式的联合政府”。同时，考虑到国民党政治集团对人民革命力量的敌对态度，我党我军也不放松，做好以革命战争反对反革命战争的自卫战争准备，以实现建立人民民主专政共和国，将中国引向光明前途的目的。

毛泽东《论人民民主专政》指出：“就是这样，西方资产阶级的文明，资产阶级的民主主义，资产阶级共和国的方案，在中国人民的心目中，一齐破了产。资产阶级的民主主义让位给工人阶级领导的人民民主主义，资产阶级共和国让位给人民共和国。”这揭示了广大中国人民在长期探索、艰苦奋斗的基础上共同确认的一个历史性的真理。

（二）中华人民共和国成立开创了中国历史的新纪元

1949 年 10 月 1 日，首都军民 30 万人齐聚北京天安门广场举行开国大典，欢庆中华人民共和国的诞生。

中华人民共和国的成立，宣告中国人民当家作主的时代已经到来，具有 5000 多年文明历史的中华民族从此进入了发展进步的历史新纪元。

第一，资本－帝国主义列强压迫中国、奴役中国人民的历史从此结束。中华民族一洗近百年来蒙受的屈辱，开始以崭新的姿态自立于世界民族之林。占人类总数四分之一的中国人从此站立起来了。

第二，本国封建主义、官僚资本主义统治的历史从此结束。长期以来受尽压迫和欺凌的广大中国人民在政治上翻了身，第一次成为新社会、新国家的主人。一个真正属于人民的共和国建立起来了。

第三，军阀割据、战乱频繁、匪患不断的历史从此结束。国家基本统一，民族团结，社会政治局面趋向稳定，各族人民开始过上安居乐业的生活。人民可以集中力量从事经济、文化等方面建设的时期开始到来了。

第四，从根本上改变了中国社会的发展方向，为实现由新民主主义向社会主义的过渡，创造了前提条件。

第五，中国共产党成为全国范围内的执政党。它可以运用国家政权凝聚和调集全国力量，解放并发展社会生产力，以造福于各族人民，造福于整个中华民族。这就为巩固民族独立和人民解放的成果，为进行社会主义现代化建设，提供了根本的政治保证。

总之，中华人民共和国的成立，标志着中国的新民主主义革命取得了基本的胜利，标志着半殖民地半封建社会的结束和新民主主义社会在全国范围内的建立。这是马克思主义同中国实际相结合的伟大胜利。近代以来中国面临的第一项历史任务，即求得民族独立和人民解放的任务基本上完成了，这就为实现第二项历史任务，即实现国家的繁荣富强和人民的共同富裕，创造了前提，开辟了道路。

中华人民共和国的成立，标志着中国共产党领导的新民主主义革命的胜利，也标志着中国共产党在全国执政地位的确立，因而具有划时代的伟大历史意义。

中国新民主主义革命的胜利有着伟大的意义，主要有以下四个方面。

1. 结束了半殖民地半封建社会。中国新民主主义革命的胜利是中国历史上翻天覆地的大事变，是中国历史的新纪元。中国由半殖民地半封建国家变成一个真正独立、统一的人民民主专政的国家，结束了帝国主义、封建主义和官僚资本主义奴役中国的历史。

2. 为社会主义制度发展奠定了基础。中国新民主主义革命的胜利为社会主义制度在中国的建立和发展奠定了坚实基础。

3. 改变了世界格局。中国新民主主义革命的胜利使世界政治力量的对比发生了极大改变，打击了帝国主义的殖民制度，推动和鼓舞了被压迫民族的解放事业，对二战后的世界政治格局、世界历史都有深远影响。

4. 证明了马列主义思想的真理性。中国新民主主义革命的胜利证明了马克思列宁主义、毛泽东思想的真理性。

（三）中国共产党执政地位的确立是历史和人民的选择

近代中国面对外国列强的侵略和本国封建专制的统治，各阶级都掀起了波澜壮阔的反帝反封建的斗争。但是，革命的实践证明了传统的农民阶级、资产阶级改良派以及民族资产阶级都不可能担当起领导中华民族民主革命的重任，历史呼吁新的阶级担当中国革命的领导力量。五四运动后工人阶级队伍的成长与壮大，使得工人阶级成为当时新的社会力量。马克思主义在中国的传播，使得一批先进分子先后成为信仰马克思主义的革命者。五四运动中工人所表现出来的力量，吸引着早期的马克思主义者到工人中去，马克思主义同中国工人运动结合起来了。先进的理论和新的社会力量，通过先进分子这个桥梁，使得20世纪20年代在中国建立一个新型的工人阶级政党成为中国革命发展的必然结果。

中国共产党成立后，将马克思主义普遍原理与中国革命实际相结合。中共二大中提出了适合中国国情和革命实际的最高纲领和最低纲领，开创了具有中国特色的新民主主义革命道路。中国的劳苦大众在革命的实践和比较中，逐步认识到中国共产党的主张代表了中国历史发展的正确方向，符合中国人民和中华民族的根本利益。他们最终选择中国共产党作为带领自己前进的领路人，将中国共产党作为带领自己争取民族独立和解放的坚强核心。中国共产党不负众望，带领中国人民经过不屈不挠的斗争和浴血奋战，最终实现了民族和国家的真正独立。

历史和人民将中国共产党推上了执政位置。1945 年抗战胜利后，中国面临着三条道路：国民党的一党独裁专政、中国共产党的新民主主义道路和民主党派的资产阶级民主共和道路（也叫“中间路线”）。解放战争的爆发，以及国统区和解放区生活的对照成为国共两党的真正“决战”，这给人民更多的判断和选择。中国共产党“得道多助”，国民党“失道寡助”，民主党派在国民党的压制和打击下“溃不成军”，最终中国共产党在中国人民和各民主党派的支持下成为新中国的缔造者和领导者，确立了执政党的地位。

三、案例思考

案例呈现

根据七届二中全会的决定，为适应党的工作重心转移，迎接新中国的诞生，中共中央办公地点将在七届二中全会后由西柏坡迁往古都北平，即北京。西柏坡成为中国共产党领导中国革命的最后一个农村指挥部。

1949 年 3 月 23 日上午，七届二中全会结束后的第十天，全会新闻公报由新华社向全国播发的当天，毛泽东、朱德、刘少奇、周恩来、任弼时等中共中央五大书记率领中共中央机关和人民解放军总部，乘坐 11 辆吉普车和 10 辆美制大卡车，浩浩荡荡离开西柏坡前往北平。

两年前的 1947 年 3 月 18 日，面对胡宗南 25 万大军的进攻，毛泽东率领中共中央和人民解放军总部撤离战斗和工作了 10 余年的延安，转战陕北，指挥人民解放战争。1948 年 3 月 22 日，毛泽东率领中共中央和人民解放军总部由陕北米脂县杨家沟进入华北，于 5 月 27 日移驻西柏坡。离开延安仅仅两年，中国革命的统帅部就要离开西柏坡向北平进发了。

在进行出发的准备工作时，毛泽东就对周围的人说：“同志们，我们就要进北平了。我们进北平，可不是李自成进北平，他们进了北平就变了。我们共产党人进北平，是要继续革命，建设社会主义，直到实现共产主义。”临行前夜，毛泽东只睡了四五个小时。他兴奋地对周恩来说：“今天是进京的日子，不睡觉也高兴啊。今天是进京赶考嘛！进京赶考去，精神不好怎么行呀？”周恩来笑着接过话题说：“我们应当都能考试及格，不要退回来。”毛泽东说：“退回来就失败了。我们决不当李自成，我们都希望考个好成绩！”

以史为镜，可知兴替。热爱历史的毛泽东对古往今来、兴衰成败的历史经验教训，特别是对明末李自成领导的农民起义军占领北京，取得政权后，居功自傲，贪图安逸，结果导致失败的历史教训，格外重视。早在延安整风期间，毛泽东即指示将郭沫若论李自成的史学论著《甲申三百年祭》作为整风学习的重要文件。他在延安高级干部会议上说："近日我们印了郭沫若论李自成的文章，就是要叫同志们引以为鉴，不要重犯胜利时骄傲的错误。"他一再强调说："小胜即骄傲，大胜更骄傲，一次又一次吃亏，如何避免此种毛病，实在值得注意。"在刚刚结束的七届二中全会上，他再次向全党敲响警钟，提出了"两个务必"。

毛泽东率领的车队出了西柏坡，进入华北大平原。行军途中，毛泽东很高兴，他对周围的同志们说："没想到撤离延安两年就进北平了。咱们没有想到，蒋介石更没有想到，他天天想消灭我们，反而被我们消灭了。人心向背决定了我们必定胜利，蒋介石必定失败。"

当天，车队在河北唐县附近的淑闾村住下了。毛泽东住在村民李大明家里。这一夜他没有休息，前半夜同村干部座谈，后半夜坐在小凳子上，趴在用木板支的床上写材料。第二天上午车队继续开进，中午到保定休息吃饭，傍晚抵达涿县，住在第四野战军第四十二军军部。3 月 25 日清晨，毛泽东等中央领导从源县改乘火车到达北平清华园火车站，随后乘车到颐和园休息。下午，毛泽东和中共中央其他领导人到北平西苑机场，同各界代表多人，以及沈钧儒、郭沫若、李济深、黄炎培、马叙伦、傅作义等著名民主人士见面，并且举行了盛大的阅兵式。当天晚上，中共中央和人民解放军总部机关进驻香山。毛泽东住进香山的双清别墅，半年后的 9 月 21 日移居中南海菊香书屋。

——摘编自《陕西日报》，2006 年 9 月 30 日

案例讨论

1. 毛泽东为什么提出"进京赶考……我们不做李自成"？
2. "两个务必"提出有何重要意义？
3. 如何加强执政党建设？

案例点评

本案例介绍了毛泽东在中华人民共和国成立前，对党内外可能出现的骄傲自满、贪污腐化同题十分重视，多次以李自成失败的教训告诫党员干部的史实。

1944 年著名历史学家郭沫若为纪念明代末年李自成农民起义 300 周年写的一篇文章《甲申三百年祭》，记述了李自成领导的农民起义军由胜利走向失败的过程和原因。这篇文章首先在 1944 年 3 月 19 日重庆《新华日报》上刊出，这一天正是 300 年前李自成攻下北京的日子。当时在延安的毛泽东，对郭沫若的文章大加赞赏，并批示有关部门立即刊印，把它列入整风重要文件，让全党高级干部认真学习。

毛泽东为什么提倡读《甲申三百年祭》和重视对李自成的研究呢？这是因为，他从李自成的成功与失败中得出深刻的历史教训——李自成之所以成功，是他依靠农民群众顺应人心的结果；李自成之所以失败，是因为骄傲，因为腐化，从而失去人心。毛泽东说："我们进北平，可不是李自成进北平，他们进了北平就变了。我们共产党人进北平，是要继续革命，建设社会主义，直到实现共产主义。"

解放战争的胜利、时局的发展把一系列新问题摆在中国共产党人面前。中国共产党即将转变为执掌全国政权的政党，全党工作重心将由乡村转向城市，斗争形式将由主要进行武装斗争转变为主要进行和平斗争。中国共产党的总任务将由革命转变为建设，即实现国家的工业化和实现从新民主主义向社会主义过渡。怎样适应这种迫切需要，迎接全国解放，为执掌全国政权做准备，成为中国共产党人必须思考和解决的问题。为此，党的领导人提出并阐述了加强执政党建设的新思想。

反腐倡廉是中国共产党在抗日战争胜利后尤为关注的问题。解放区的反腐倡廉斗争与国统区的贪污腐败形成鲜明对比，这赢得了广大群众的支持和拥护，民心所向胜过雄兵百万。"夺取全国胜利，这只是万里长征走完了第一步。如果这一步也值得骄傲，那是比较渺小的。"中国的革命是伟大的，但革命以后的路程更长，工作更伟大，更艰苦。毛泽东在中共七届二中全会上郑重提出："务必使同志们继续地保持谦虚、谨慎、不骄、不躁的作风，务必使同志们继续地保持艰苦奋斗的作风。"毛泽东同志的"进京赶考""不当李自成"，今天对于全党、全国来说具有十分重要的现实意义。

四、实践课堂

实践活动　影视作品赏析

内容

1. 活动主题

看电影、学历史

2. 活动目的

学生通过熟读教材内容，结合课外大量历史资料的阅读，配合电影《建国大业》的历史再现，了解抗日战争后中国国家命运的选择，认识中华人民共和国的建立和共产党执政地位的确立是历史和人民的选择。

3. 活动目标

通过历史知识的学习和历史题材影视的欣赏，树立正确的历史观，培养良好的政治素养。

4. 活动讨论主题

（1）如何看待两种命运的抉择？

（2）如何看待共产党执政地位的确立是历史和人民的选择？

活动实施步骤和过程

1. 提前一周布置观看《建国大业》电影的任务，学生课下通过查阅图书及影视资料，掌握相关历史知识。

2. 以班为单位分成 8~10 人的学习小组，设组长。各个小组围绕《建国大业》中再现的人物和事件展开有针对性的讨论。

3. 学生分组积极回答并阐述个人观点。

4. 活动结束时总结各小组得分。

5. 学生整理并上交学习讨论材料。

评价

1. 发言情况评价。

2. 小组参与度评价。

3. 学生分析问题、解决问题的能力评价。

4. 学生收集资料情况评价。

五、习题训练

一、单项选择题

1．抗日战争胜利后，国共双方通过重庆谈判签订《政府与中共代表会谈纪要》的时间是（　）。

A. 1945 年 8 月　　B. 1945 年 9 月

C. 1945 年 10 月　　D. 1945 年 11 月

2．全面内战爆发的时间是（　）。

A. 1945 年 11 月　　B. 1946 年 6 月

C. 1947 年 12 月　　D. 1948 年 1 月

3．1948 年秋，中国人民解放军进行战略决战的第一个战役是（　）。

A. 辽沈战役　　B. 淮海战役　　C. 平津战役　　D. 渡江战役

4．提出“两个务必”思想的会议是（ ）。

A. 中共七届二中全会　　B. 中共七大
C. 中共八大　　D. 中共八届二中全会

5．1947 年，中共军队千里跃进大别山，其军队领导人为（ ）。

A. 林彪、高岗　　B. 邓小平、刘伯承
C. 陈赓、谢富治　　D. 陈毅、粟裕

6．1949 年 4 月 21 日，毛泽东、朱德发布（ ），掀起渡江战役。

A.《将革命进行到底》　　B.《渡江战役宣言》
C.《解放南京》　　D.《向全国进军的命令》

7．人民解放军攻占南京的时间是（ ）。

A. 1949 年 3 月 22 日　　B. 1949 年 9 月 2 日
C. 1949 年 4 月 23 日　　D. 1949 年 8 月 15 日

8．提出中国由农业国转变为工业国、由新民主主义社会转变为社会主义社会的会议是（ ）。

A. 中共七届二中全会　　B. 中共七大
C. 中共八大　　D. 中共八届二中全会

9．解放战争中歼灭国民党整编 74 师的是（ ）。

A. 华中野战军　　B. 华东野战军
C. 晋鲁豫野战军　　D. 西北野战军

10．人民解放战争走向胜利的历史转折点是（ ）。

A. 粉碎重点进攻　　B. 战略反攻
C. 三大战役　　D. 渡江作战

二、多项选择题

1．1949 年 3 月中共中央离开西柏坡迁往北平。毛泽东说，“今天是进京赶考的日子，我们决不当李自成，我们都希望考个好成绩。”这句话的意思主要是（ ）。

A. 避免农民战争中的流寇主义
B. 克服农民阶级的私有观念
C. 防止产生骄傲麻痹思想
D. 防止干部中出现享乐腐化作风

2．促使民主党派与蒋介石集团决裂，同中国共产党并肩战斗的原因有（ ）。

A. 国民党撕毁政协决议，发动全面内战
B. 蒋介石非法召开“国民大会”，制定伪宪法
C. 人民解放军转入战略反攻，国统区反蒋斗争高涨
D. 三大战役胜利，全国解放在望

3．毛泽东指出：中国共产党在中国革命中战胜敌人的三个法宝是（　）。

A. 统一战线

B. 实事求是

C. 党的建设

D. 武装斗争

4．下面属于中国革命胜利的原因有（　）。

A. 中国共产党的领导

B. 各民主党派和无党派人士、各少数民族、爱国知识分子和华侨的支持

C. 工人、农民和城市小资产阶级是民主革命的主要力量

D. 国际无产阶级和人民群众的支持

5．解放战争时期，三大战役是指（　）。

A. 长沙会战

B. 淮海战役

C. 平津战役

D. 辽沈战役

三、材料分析题

1949 年 7 月，美国国务卿艾奇逊给杜鲁门总统的一封信中写道："和平来到（按：指 1945 年 8 月日本投降）的时候，美国在中国碰到了三种可能的选择：

（一）它可以一干二净地撤退。

（二）它可以实行大规模的军事干涉，帮助国民党毁灭共产党。

（三）它可以帮助国民党把他们的权力在中国最大可能的地区里建立起来，同时却努力促成双方的妥协来避免内战。

……

我们因此采取了第三种供选择的政策……"

请根据抗日战争胜利后的国际和国内时局回答：

1. 美国政府为什么不采取第一、二种政策，而采取了第三种政策?

2. 美国又是如何推行这一政策的?

四、论述题

1. 抗战胜利后，国民党政府为什么会陷入全民的包围中并迅速走向崩溃?

2. 为什么说"没有共产党就没有新中国"？

参考答案

一、单项选择题

1. C　2. B　3. A　4. A　5. B　6. D　7. C　8. A　9. B　10. B

二、多项选择题

1. CD　2. ABC　3. ACD　4. ABCD　5. BCD

三、材料分析题

1.（1）美国政府之所以不选择第一、二种政策，是因为：第二次世界大战结束后，美国成为头号帝国主义强国，控制中国是其谋求世界霸权的重要步骤。这决定了美国不愿意一干二净地撤退。同时，美国人民和世界人民都希望和平，特别是中国共产党领导的人民革命力量的空前强大，又使美国不敢对中国实行大规模的军事干涉。

（2）美国政府只有选择第三种政策，才既可实现它控制中国的意图，又可避免直接出兵带来的种种风险。

2. 在推行第三种政策中，美国一方面从军事上、经济上援助国民党；一方面在“调停”的幌子下，诱使中国共产党放弃解放区和人民军队。当“调停”失败后，美国就公开支持蒋介石国民党发动全面内战，以达到它扶植国民党在中国最大可能的地区建立其统治，控制中国，谋求世界霸权的目的。

四、论述题

1. 第一，国民党政府由于其专制独裁统治和官员们的贪污腐败，大发国难财，抗战后期在大后方便已严重丧失人心。在抗战胜利时曾经对其抱有很大希望的原沦陷区人民，也很快感到极端的失望。一个重要原因，就是国民党政府派出的官员到原沦陷区接收时，把接收变成了“劫收”，大发国难财。

第二，国民党之所以迅速失去民心，还由于其违背全国人民迫切要求休养生息、和平建国的意愿，执行反人民的内战政策。为了筹措内战经费，国民党政府除了对人民征收苛重的捐税以外，更无限制地发行纸币，导致恶性通货膨胀，工农业生产严重萎缩。

这样，国民党当局就将全国各阶层人民置于饥饿和死亡线上，迫使全国各阶层人民团结起来，同蒋介石反动政府做你死我活的斗争，除此以外，再无出路。

2.“没有共产党就没有新中国”，这是因为：

第一，中国共产党作为工人阶级的政党，不仅代表着中国工人阶级的利益，而且代表着整个中华民族和全中国人民的利益。

第二，中国共产党是由马克思主义的科学理论武装起来的，并以中国化的马克思主义，即马克思列宁主义基本原理与中国实践相结合的毛泽东思想为其工作的指针。

第三，中国共产党人在革命过程中始终英勇地站在斗争的最前线。以实际行动表明了自己是最有远见、最富有牺牲精神、最坚定而又最能虚心体察民情并依靠群众的坚强的革命者，从而赢得了广大中国人民的衷心拥护。

第四，“没有共产党就没有新中国”。这是中国人民基于自己的切身体验所确认的客观真理。

第八章

中华人民共和国的成立与中国社会主义建设道路的探索

一、理论要点

（一）教学目的

了解新民主主义社会的政治、经济和文化特点；我国对农业、手工业和资本主义工商业进行社会主义改造的过程和经验；社会主义在中国的确立过程。

对1956年到1976年这段历史的学习，使学生有两个方面的认识。

一是使学生认识到：我国在开始建设社会主义时，由于没有经验，只能模仿当时的社会主义国家苏联。当苏联国内出现问题后，毛泽东明确提出了要“以苏为鉴”，开始了有中国特色社会主义道路的初步探索，实现了把马克思主义同中国实际的第二次结合。但是，由于党内一些领导人对国际、国内形势判断失误，又没有深入研究中国进入社会主义时期出现的新情况、新问题，凭借以往的经验办事，因而逐渐背离了马克思主义和中国实践相结合的原则，给中国的社会主义建设带来了不可挽回的重大损失。

二是使学生认识到：中国共产党在探索建设社会主义道路的过程中，取得了很大的成就，也经历了巨大的挫折，这些挫折给党和人民带来了很大的损失，但也为中国人民探索建设有中国特色社会主义道路，提供了必要的经验和教训。历史证明：无论何人、无论何时，都不要迷信权威，不相信教条，坚持把马克思主义的普遍真理与中国社会主义建设的实际相结合，与时俱进，才能不断开创社会主义建设的新局面。

（二）教学要点

1. 新民主主义社会的政治、经济和文化特点
2. 我国对农业、手工业的改造，资本主义工商业的改造过程、经验和不足
3. 社会主义初步建设探索的曲折
4. 十年早期探索的成果和曲折
5. “文化大革命”的原因和教训
6. 社会主义建设在探索中有无成就

（三）关键词

曲折发展；建设成就；从新民主主义向社会主义过渡；社会主义初步建设探索的曲折

二、理论知识

中国共产党自创立时就确定的奋斗目标是在中国实现社会主义。由于旧中国的基本国情，党确定实现社会主义必须分两步走，必须经过新民主主义革命才能转入社会主义

革命，这是中国革命发展的必由之路。

（一）从新民主主义向社会主义过渡

1. 过渡时期总路线的提出

在中国实现社会主义，是中国共产党自创立时就确定的奋斗目标。但是，由于旧中国是一个经济文化十分落后的半殖民地半封建国家，党确定实现社会主义必须分两步走，必须经过新民主主义革命才能转入社会主义革命，这是中国革命发展的必由之路。因此，党在很长的时间里一直以新民主主义作为自己的第一步纲领，用以规定当前革命的性质和通过这个革命所建立的共和国的性质。在新中国建立之时，中国人民政治协商会议制定的起临时宪法作用的《共同纲领》，没有把中国的社会主义前途写进去。当时党中央认为：先经过一段新民主主义建设时期，再实行资本主义工商业的国有化和个体农业的集体化，这至少要十年到十五年，然后视情况而定。随着土地改革的基本完成和国民经济的迅速恢复，建立在没收官僚资本基础上的国营企业和新建国营企业的力量日益发展壮大，实际上成为对整个国民经济进行社会主义改造的重要力量；工人阶级在整个国家中的领导地位和国家对社会经济活动的控制能力，得到很大的加强；调整工商业采取的加工订货、统购包销等措施，不仅起到了利用和限制的作用，实际上也是对资本主义工商业进行社会主义改造的最初步骤；土地改革后党注意发扬农民个体经济和互助合作这两种生产积极性，帮助农民组织起来，倡导互助合作运动，实际上成为引导个体农业向社会主义的集体化逐步过渡的开端。新民主主义的前途必然是向社会主义发展，新民主主义的经济中本来就有社会主义因素，而且是有决定意义的因素，是不断壮大其力量和扩展其范围的因素。苏联社会主义的发展已经显示出社会主义的优越性，对我国有重大的榜样作用。在这种情况下，党认为解决工人阶级与资产阶级的矛盾，在农村和城市开始逐步进行社会主义改造已经成为必要并有现实可能，于是提出向社会主义过渡的问题。

1952 年 9 月，毛泽东在中共中央书记处会议上讲道：“我们现在就要开始用十年到十五年的时间基本上完成到社会主义的过渡，而不是十年或者更长时间以后才开始过渡。”1953 年 6 月，中共中央政治局正式讨论和制定了中国共产党在过渡时期的总路线：“从中华人民共和国成立，到社会主义改造基本完成，这是一个过渡时期。党在这个过渡时期的总路线和总任务，是要在一个相当长的时期内，逐步实现国家的社会主义工业化，并逐步实现国家对农业、对手工业和对资本主义工商业的社会主义改造。”这是一条社会主义建设与改造同时并举的路线。1954 年 9 月 15 日至 28 日，第一届全国人民代表大会第一次会议在北京隆重召开。大会通过了《中华人民共和国宪法》，以根本大法的形式，把中国共产党在过渡时期的总路线作为国家在过渡时期的总任务确定下来。

过渡时期总路线提出以后，党中央向全党和全国人民进行广泛深入的宣传教育工作，在党内迅速统一了认识，在全国人民中得到广泛的拥护，成为团结和动员全国人民共同为建设一个伟大的社会主义新中国而奋斗的新的纲领。

2. 社会主义工业化与社会主义改造同时并举

中国共产党在过渡时期的总路线，一方面要求把实现社会主义工业化作为全党、全国人民的基本任务，另一方面又要求通过对农业、手工业和资本主义工商业的社会主义改造来促进生产力的发展，以利于社会主义工业化的实现。

实现国家的社会主义工业化，是国家独立富强的客观要求和必要条件。中央提出，从 1953 年起，开始执行国家建设的第一个五年计划，并指出经济建设工作在整个国家生活中已经居于首要的地位。第一个五年计划确定的指导方针和基本任务是：集中主要力量发展重工业，建立国家工业化和国防现代化的初步基础；相应地发展交通运输业、轻工业、农业和商业；相应地培养建设人才；有步骤地促进农业、手工业的合作化；继续进行对资本主义工商业的改造；保证国民经济中社会主义成分的比重稳步增长，同时正确地发挥个体农业、手工业和资本主义工商业的作用；保证在发展生产的基础上逐步提高人民物质生活和文化生活的水平。

第一个五年计划开始的时候，虽然我国的工业已经恢复并且超过历史上的最高水平，但是工业化的起点仍然很低。1952 年，现代工业在我国工农业总产值中的比重只有 26.6%，重工业在工业总产值中的比重只有 35.5%。对此，毛泽东有一段给人印象深刻的描述："现在我们能造什么？能造桌子椅子，能造茶碗茶壶，能种粮食，还能磨成面粉，还能造纸。但是，一辆汽车、一架飞机、一辆坦克、一辆拖拉机都不能造。"我国仍然是一个落后的农业国家。特别是经过抗美援朝战争和受复杂国际局势的影响，改变我国工业，尤其是重工业极端落后状况的客观要求显得更为紧迫。在这样的历史条件下，中国参照苏联的经验，选择了一条优先发展重工业的工业化道路。"一五"计划规定，五年内国家用于经济和文化建设的投资总额达 766.4 亿元，折合黄金 7 亿多两。全部基本建设投资的 58.2% 用于工业，其中又把 88.8% 用于重工业建设。计划的制订和实施，得到苏联政府的很大帮助。中苏双方谈判确定：苏联帮助中国兴建 156 个项目。这是"一五"计划工业建设的中心。但是，党仍然坚持和强调自力更生为主，凡能自己解决的尽量自己解决。在"一五"计划期间，国家财政中来自国外的贷款，只占国家财政总收入的 2.7%。这些贷款，从 1955 年开始，就以我国对外贸易的顺差分年偿还。1956 年，中央进一步明确提出建立独立完整的工业体系的方针。这些对于后来在国际关系剧烈变化中我国坚持独立自主的立场，具有深远的意义。

国家工业化建设得到全国人民的热烈响应。工人阶级在努力提高自己的文化水平和科学技术知识水平的基础上，将热火朝天的劳动竞赛运动逐步发展成为以改进技术和管理、提高劳动生产率为中心的全国范围的技术革新运动，涌现了孟泰、马恒昌、王伦等一大批劳动英雄。农民用努力增加生产、积极交售粮棉的实际行动支援工业建设，并出现了李顺达这样的劳动模范。工程科学技术人员在工业化中大显身手。大批高等学校和各类专业技术学校的毕业生服从国家分配，不惧艰苦，奔赴祖国各地工业建设的最前线。为了从组织上保证国家大规模经济建设的展开，1953 年，中央从全国一次调集一万多名优秀干部到工业战线，培养他们成为工业建设的领导骨干。党中央号召：新老干部都要钻工业建设的业务。我们已经进入了钻社会主义工业化、社会主义改造、现代化的国防和原子能的历史新时期。

到 1957 年底，第一个五年建设计划的各项指标大都大幅度地超额完成，工业、交通运输业和基本建设各条战线喜报频传。1953 年 12 月，鞍山钢铁公司无缝钢管厂等三大工程举行开工生产典礼。包头钢铁公司和武汉钢铁公司也先后正式开始施工。到 1956 年，中国第一家生产载重汽车的工厂——长春第一汽车制造厂建成投产，中国第一家飞机制造厂成功试制第一架喷气式飞机，中国第一家制造机床的工厂——沈阳第一机床厂建成投产，大批量生产电子管的北京电子管厂正式投产。飞架南北的武汉长江大桥 1957 年建成。青藏、康藏、新藏公路相继建成通车。大大小小的建设项目不胜枚举。一大批旧中国没有的现代工业骨干企业，开始一个个建立起来；一大批能源基地和工业化原料基地的建立，使我国工业生产能力大幅度提高；一大批工矿企业在内地兴建，使旧中国工业过分偏于沿海的不合理布局初步得到改善。“一五”期间，新中国的工业建设和生产所取得的成就，远远超过了旧中国的一百年。同世界其他国家工业起飞时期的增长速度相比，也是名列前茅的。在全党全国人民同心同德的艰苦奋斗中，中国的社会主义工业化步伐在扎扎实实地向前迈进。

社会主义改造是围绕着社会主义工业化建设任务进行的。党和政府采取的实际步骤总是力求与经济发展的要求相适应，以便促进生产力的发展。正因为如此，社会主义改造这样一场极其深刻的社会变革，不仅没有引起激烈的社会动荡和经济破坏，而且使生产逐年增加。它成了社会主义建设的直接推动力量。1956 年，我国提前完成第一个五年计划规定的任务。国内生产总值从 1952 年“一五”计划实施前的 679 亿元，跃升到 1957 年的 1068 亿元。财政收入从 1952 年的 183.7 亿元增长到 1957 年的 310.2 亿元。这期间的主要工农业产品产量，也有大幅度提高。

3. 农业、手工业的合作化运动

随着过渡时期总路线的提出和第一个五年建设计划的实施，对农业、手工业和资本主义工商业的有系统的社会主义改造，也在大力向前推进。

土改后，一方面农村的生产迅速发展了，农民的生活有了明显的改善；另一方面许多农民由于缺少农具、耕畜和资金，生产经营上的困难仍然比较大，农村中的贫富分化也开始了。

1951 年 12 月，中共中央下发了《关于农业生产互助合作的决议（草案）》。草案指出，中国农民在土改基础上所发扬起来的生产积极性，集中地表现为两种积极性，即个体经济的积极性和劳动互助的积极性。党不能忽视和粗暴地挫伤农民个体经济的积极性；但是要“按照自愿和互利的原则，发展农民劳动互助的积极性”。

工业化的发展，急剧扩大了商品粮食的需求量，出现了粮食供应不足、农民待价惜售和私人粮商粮贩操纵粮食市场的局面。在中国实行工业化，必须依靠农业的发展和农民的支持。1953年10月，中共中央通过《关于实行粮食的计划收购和计划供应的决议》。粮食统购统销的实行，初步缓解了粮食供应的紧张，保持了市场物价的稳定，在不高的水准上满足了工业化对粮食的需要。互助合作、粮食征购，成为对小农经济进行改造的相互联系、相互促进的两大战略措施。

粮食供求关系紧张的矛盾，通过实行统购统销政策得到缓解，却不能根本改变农业生产落后于工业发展的状况。中央认为，现实的办法主要是合作化并在此基础上适当进行技术改革。1954年初，在开展过渡时期总路线宣传教育的基础上，农村很快掀起大办合作社的热潮。

农业合作化的组织形式主要有：

（1）互助组，具有社会主义的萌芽。

（2）初级农业生产合作社，在土地及牲畜、大农具私有的基础上土地入股、统一经营，有较多的公共财产，实行土地分红和按劳分配相结合的原则，具有半社会主义的性质。

（3）高级农业生产合作社，将土地及其他主要生产资料归集体所有，统一经营，集体劳动，实行各尽所能、按劳分配的原则。这具有社会主义的性质。

农业合作化基本原则和方针是：

（1）在中国的条件下，可以走先合作化、后机械化的道路。

（2）充分利用和发挥土改后农民的两种生产积极性，通过互助组、初级农业生产合作社、高级农业生产合作社这种由低到高的互助合作的组织形式，实行积极发展、稳步前进、逐步过渡的方针。

（3）农业互助合作的发展，要坚持自愿和互利的原则，采取典型示范、逐步推广的方法，发展一批，巩固一批。

（4）要始终把是否增产作为衡量合作社是否办好的标准。

（5）要把社会改造同技术改造相结合。在实现农业合作化以后，国家应努力用先进的技术和装备发展农业经济。

1955年春，全国的农业合作社达到67万个。农业合作社大发展中一些地方出现工作粗糙的现象，引起农民的不满。中央决定对农业生产合作社进行一次整顿。整顿的方针是：针对不同地区的情况，或者暂时停止发展，或者适当收缩，或者在巩固中继续发展，即“停、缩、发”。经过初步整顿，当年夏收，80%以上的农业社增产，说明这一年半时间农业社的发展和随后的整顿工作，基本上是健康的，初步奠定了农业合作化的基础。

在推进手工业合作化的过程中，中国共产党采取的是积极引导、稳步前进的方针。合作化的组织形式是先成立手工业生产合作小组，然后是手工业供销合作社，再到手工业生产合作社。其步骤是从供销入手，由小到大，由低到高，逐步实行社会主义改造和生产改造。1956 年底，手工业的合作化也基本完成了。

4. 资本主义工商业的社会主义改造

农业互助合作运动的发展和粮食统购统销政策的实行，直接推动了资本主义工商业社会主义改造的进程。对资本主义工商企业进行社会主义改造，就是要把民族资本主义工商业改造成为社会主义性质的企业，并对民族资产阶级实行赎买政策。1953 年 2 月，毛泽东指出：对民族资产阶级，可采取赎买办法。

和平赎买政策的实现采用了如下方式：

（1）是用赎买和国家资本主义的方法，有偿地而不是无偿地、逐步地而不是突然地改变资产阶级的所有制；

（2）在改造他们的同时，给予他们必要的工作安排；

（3）不剥夺资产阶级的选举权，并对于他们中积极拥护社会主义改造且在这个改造事业中有所贡献的代表人物给予恰当的政治安排。

我国之所以能够采取赎买的方式对资本主义工商业进行和平改造，是因为存在如下条件。首先，民族资产阶级具有两面性。我国工人阶级和民族资产阶级之间存在着剥削和被剥削的对抗性矛盾，但是，“如果处理得当，可以转变为非对抗性的矛盾，可以用和平的方法解决这个矛盾”。其次，中国共产党与民族资产阶级长期保持着统一战线的关系，这就为将工人阶级和民族资产阶级之间的对抗性矛盾转化为非对抗性矛盾并按照人民内部矛盾来处理提供了前提。再次，我国已经有了以工人阶级为领导、工农联盟为基础的人民民主专政的国家政权，建立了强大的社会主义国有经济并掌握了国家的经济命脉，这就造成了私人资本主义在政治上、经济上对社会主义的依赖。再加上当时国家对粮食和工业原料的统购统销，以及在资本主义企业中工人群众对资本家的监督等因素，这样，就使私人资本主义企业只能接受社会主义改造。

1953 年春，李维汉调查后，向中共中央提交了关于《资本主义工业中公私关系问题》的报告。报告总结了对资本主义经济进行改组和改造的经验，提出：“国家资本主义是我们利用和限制工业资本主义的主要形式，是改造资本主义工业使它逐步过渡到社会主义的主要形式。”

1953 年 6 月，政治局两次召开扩大会议，讨论这个报告。中央确定了经过国家资本主义改造资本主义工业的方针。9 月，毛泽东在对民主党派和工商界部分代表谈话时说：“有了三年多的经验，已经可以肯定：经过国家资本主义完成对私营工商业的社会主义改造，是较健全的方针和办法。”私营工业从低级国家资本主义形式（统购包销、加工订货）到高级国家资本主义形式（公私合营）发展的过程，事实上也就是逐步改造其生产关系和逐步走向社会主义的过程。这样，党对资本主义工商业的政策，概括为“利用、限制、改造”。利用和限制资本主义的过程，也就是改造资本主义的过程。对资本主义工商业利用、限制、改造政策的确定大大地促进了对资本主义工商业的改造。在1953年底以前，着重发展以加工订货为主的初级和中级国家资本主义形式。

国家资本主义经济：在人民政府管理之下的，用各种形式和国营社会主义经济联系着的，并受工人监督的资本主义经济。初级形式：仍由资本家经营，它同国营社会主义经济通过订立合同等办法，在企业外部建立这样那样的联系。其形式，在工业中有收购、加工、订货、统购包销；商业中有经销、代销、代购代销、公私联营等。高级形式：就是公私合营。实行公私合营以后，原来的资本主义企业同社会主义经济的联系已经不仅限于流通领域，而是深入到了企业内部，深入到了生产领域。社会主义经济在企业中已经具有决定意义的作用了，公方代表已经居于领导地位。企业利润采取"四马分肥"的办法，即分为国家所得税、企业公积金、工人福利费、股金红利四个部分。资方红利大体占四分之一。企业利润大部分归国家和工人，基本上是为国计民生服务的。这就使这些企业具有不同程度的社会主义性质。

1954年1月，中央财政经济委员会提出关于有步骤地将资本主义工业基本上改造为公私合营企业的意见。此后，全国开始转入重点发展公私合营这种高级形式的国家资本主义。

当时，私营企业大多设备陈旧，经营落后，加上原料、市场等方面的限制，不少私营企业经营渐感困难，主动要求国家支持，实行公私合营。这样，1954年到1955年扩展公私合营的工作取得很大进展。企业合营后，由于国家派遣干部加强领导，投资进行新建、扩建，整顿经营管理，工人劳动积极性提高，生产迅速发展，利润增加。这些情况，使更多的资本家要求公私合营，形成对工商业社会主义改造的有利形势。1954年12月，中央提出统筹兼顾、归口安排、按行业改造的方针。各行业以大带小，以先进带落后，先对中小企业进行改组、合并，然后实行公私合营，把个别合营和按行业的改组、改造结合起来。1955年11月，中央提出了大大加速资本主义工商业全行业公私合营的计划。在各行业私营工商业者的要求下，政府采取一次批准、全面合营的办法，即先承认全行业公私合营，然后进行清产核资，确定利息，并实行企业改组、人事调整、生产安排等。这种公私合营企业与国营企业在实质上已没有多大差别。

5. 社会主义制度的确立

1955年夏季起到1956年底，我国加快了对农业、手工业和资本主义工商业社会主义改造的步伐。在较短的时间里，全国实现了生产资料所有制的深刻变革，社会主义改造取得决定性的胜利。全民所有制和劳动群众集体所有制这两种社会主义公有制形式，已在整个国民经济中占据绝对优势地位。伴随着社会主义经济基础的建立，我国人民民主专政的国家制度也逐步健全起来。马克思主义在国家政治生活中指导地位的确立，促使社会主义的思想意识和社会道德规范在人民中间逐渐树立起来。有了新的社会主义经济基础，又依据社会主义的原则进行政治、文化、思想、社会生活等各方面建设的成果，这就初步建立了社会主义基本制度。当然，我国由新民主主义过渡到社会主义，只是进入社会主义的初级阶段。

在向社会主义过渡的进程中，党创造了一系列适合中国特点的过渡形式。在农业方面，创造了以初级农业生产合作社为主要形式的多种互助合作形式，使农民的个体私有制逐步转变为社会主义集体所有制。对个体手工业，也采取类似的办法。对资本主义工商业，创造了加工订货、经销代销、公私合营等一系列国家资本主义形式，使资本家私有制逐步过渡到社会主义公有制，成功地实现了对资产阶级的和平赎买。这些经验，丰富和发展了马克思主义的科学社会主义理论。在社会主义改造过程中，党和政府适时进行政策调整，注意对生产和流通的许多环节的统筹安排，纠正了改造高潮之中出现的紊乱现象，从而避免了通常情况下生产关系急剧变革引起的对社会生产力的破坏，而且总体上保证了工农业生产的增长，促进了整个国民经济的发展。尽管在社会主义改造工作的后期存在要求过急、工作过粗、改变过快、形式过于简单划一等缺点，以致在后期很长一段时间内遗留了一些问题。但就20世纪50年代中国经济、社会发展的全局以及所面临的复杂国际局势而论，当时对社会主义的选择是不可避免的，也是完全正确的。在一个几亿人口的大国中比较顺利地实现如此复杂、困难和深刻的社会变革，这为我国今后的进步和发展奠定了基础。

在以毛泽东为核心的第一代中央领导集体的领导下，新民主主义革命取得伟大胜利，建立了新中国，并确立了社会主义基本制度。这是中国社会在20世纪实现的第二次历史性的巨大变化。

（二）全面建设社会主义的开端

苏联20世纪30年代社会主义经济建设的经验，对战后建立的社会主义国家产生了巨大的示范效应，这些国家纷纷以苏联为榜样，走苏联经济发展道路，从而建立起苏联式的经济体制。中国革命胜利后，也不可避免地受到苏联经济建设经验的影响。但是，以毛泽东为代表的中国共产党人在学习苏联经验的同时，逐步提出了探索中国自己的社会主义建设道路。其主要原因是：

第一，经过“一五”计划的实践，我们积累了初步的建设经验，这就给以毛泽东为核心的党的第一代领导集体探索中国自己的社会主义建设道路提供了可能。

第二，1956年2月召开的苏共二十大，暴露了苏联在社会主义建设中存在的缺点和错误，在这种情况下，中国共产党决心走自己的路，开始探索适合中国国情的社会主义建设道路。毛泽东指出，赫鲁晓夫的秘密报告“揭开了盖子”，说明苏联、苏共、斯大林并不是一切都是正确的，这就破除了迷信，有利于反对教条主义。

1956年4月，在中共中央书记处会议上，毛泽东提出了马克思主义和中国实际的“第二次结合”的命题。

（三）早期探索的积极进展

1.《论十大关系》的发表

这个知识点主要讲三个问题：背景、内容、意义。

背景分析：为准备召开中国共产党第八次全国代表大会，毛泽东等进行了大规模的调查研究工作。1956 年 2 月至 4 月间，中共中央政治局分别约集三十多个经济部门的负责同志座谈，讨论社会主义建设中存在的各种问题。毛泽东集中大家的意见，在 4 月 25 日的中央政治局扩大会议和 5 月 2 日最高国务会议上作了《论十大关系》报告。

主要内容：十大关系是在总结我国经济建设的经验和以苏联经验为鉴戒的基础上提出来的。十大关系围绕着一个基本方针，即“一定要把党内党外、国内国外一切积极的因素，直接的、间接的积极因素，全部调动起来，把我国建设成为一个强大的社会主义国家”。前四大关系是经济关系——重工业和轻工业、农业的关系；沿海工业和内地工业的关系；经济建设和国防建设的关系；国家、生产单位和生产者个人的关系。后六大关系是政治关系——中央和地方的关系；汉族和少数民族的关系；党和非党的关系；革命和反革命的关系；是非关系；中国和外国的关系。

历史意义：《论十大关系》是以毛泽东为代表的中国共产党人开始自己探索社会主义建设道路的标志。它在新的历史条件下从经济和政治方面提出了新的指导方针，为中共八大的召开做了理论准备。

毛泽东曾经满意地说：“前八年照搬外国的经验，但从 1956 年提出十大关系，开始找到一条适合中国的道路。”

2. 中共八大路线的制定

1956 年 9 月 15 日至 27 日，中国共产党第八次全国代表大会在北京举行。出席大会的代表 1026 人，代表全国 1073 万党员。毛泽东致开幕词，刘少奇代表中央委员会作政治报告，邓小平作关于修改党章的报告，周恩来作关于发展国民经济的第二个五年计划的建议的报告，朱德、陈云等一百多位代表作了大会发言或书面发言。

大会选举产生党的第八届中央委员会，97 人当选为中央委员。随后在八届一中全会上，选出 14 名政治局委员，选举毛泽东为中央委员会主席，刘少奇、周恩来、朱德、陈云为副主席，邓小平为总书记，由上述 6 人组成中央政治局常务委员会。

主要内容包括：

第一，阐明了社会主义改造完成后国内的主要矛盾和主要任务。主要矛盾，即人民对于经济文化迅速发展的需要同当前经济文化不能满足人民需要状况之间的矛盾。主要任务，即集中力量发展生产力，实现工业化，逐步满足人民日益增长的物质和文化需要。根本任务，即在新的生产关系下保护和发展生产力。

第二，在经济建设上，坚持既反保守又反冒进，在综合平衡中稳步前进的方针。大会还采纳了陈云“三个主体，三个补充”的主张。

第三，在政治建设上，大会确定了扩大社会主义民主，健全社会主义法制，党和政府的活动要有法可依、有法必依的方针。

第四，在执政党建设上，大会强调要提高全党的马克思列宁主义思想水平，健全民主集中制，坚持集体领导，反对个人崇拜，发展党内民主和人民民主，加强党和人民群众的联系等。

历史意义：中共八大的路线是正确的，为社会主义建设事业的发展指明了方向。

3.《关于正确处理人民内部矛盾的问题》的发表

苏共二十大后，东欧一些社会主义国家弥漫着动荡不安的气氛，相继发生波兰和匈牙利事件。帝国主义乘机掀起反苏反共反社会主义的浪潮。

国内背景：社会主义改造基本完成后，不少人对新制度不能适应，再加上党和政府的一些工作部门存在着主观主义、官僚主义作风，引起一些群众不满，加上苏共二十大的影响，1956 年下半年，一些地区出现了罢工、罢课、退社等情况。各级领导对此缺乏对策，错误地当作敌我矛盾来处理。怎么认识这些矛盾，又如何解决？于是在此种情形下，毛泽东于 1957 年 2 月在扩大的最高国务会议上发表了《关于正确处理人民内部矛盾的问题》。

主要内容包括：

第一，社会主义社会的基本矛盾的理论；

第二，社会主义社会两类不同性质的矛盾的理论；

第三，正确区分和处理人民内部矛盾是国家政治生活的主题；

第四，正确处理人民内部矛盾的方针。

4. 整风运动和反右派斗争

背景：1957 年 4 月 27 日，针对党内存在的主观主义、官僚主义、宗派主义等作风，中央下发《关于整风运动的指示》，开始在党内进行整风运动，以加强党的思想、组织、作风建设。

在执政的条件下，党容易产生脱离群众的官僚主义等错误倾向，需要采取整风的办法加以解决。根据中共中央的设想，这次整风应当是一次既严肃认真又和风细雨的思想教育运动，是一次认真开展批评和自我批评的自我教育运动，通过发动群众向党员和党的各级组织提意见，帮助党纠正官僚主义等问题。毛泽东指出，开展整风，正确处理人民内部矛盾，“这是天下第一大事”“不整风党就毁了”。

经过：

（1）整风运动：这场运动采取开门整风的形式。各级党组织纷纷召开座谈会和小组会，听取党内外群众的意见，迅速在全社会形成一个“鸣放”的高潮。毛泽东和中共中央真诚地希望通过这种方式，加强党外人士对共产党员特别是党员领导干部的批评、监督，进一步密切党同群众的联系，努力造成又有集中又有民主，又有纪律又有自由，又有统一意志，又有个人心情舒畅、生动活泼的政治局面。

进行整风和提出“六又”政治局面等思想，是中共八大路线的继续和发展，是党探索社会主义建设道路的新成果。

（2）反右派运动的全面展开及扩大化：在整风运动中人们提出的各种意见，绝大多数是诚恳的。但确有极少数资产阶级右派分子乘机向党和新生的社会主义制度发动进攻。他们把共产党在国家政治生活中的领导地位攻击为“党天下”，要求“轮流坐庄”；他们竭力抹杀社会主义改造和建设的成绩，根本否认社会主义的优越性；他们还把人民民主专政制度说成是产生主观主义、官僚主义和宗派主义的根源；有人甚至散布煽动性言论，鼓动一些不明真相的人上街闹事。

6月8日，中央发出组织力量反击右派分子进攻的党内指示，《人民日报》发表题为《这是为什么？》的社论。一场全国规模的群众性反右派运动全面展开。

影响：对极少数右派分子的进攻实行坚决反击，是完全正确的和必要的。在涉及重大政治原则的大是大非问题上如果不能旗帜鲜明，就会造成思想上和政治上的混乱。邓小平曾经指出：“一九五七年反右派斗争还是要肯定。三大改造完成以后，确实有一股势力、一股思潮是反社会主义的，是资产阶级性质的。反击这股思潮是必要的。我多次说过，那时候有的人确实杀气腾腾，想要否定共产党的领导，扭转社会主义的方向，不反击，我们就不能前进。”

（四）探索中的严重曲折

1. 反右派斗争严重扩大化

但是随着整风运动的迅猛展开，反右派斗争被严重地扩大化了。到1958年夏季运动结束时，全国划定的右派分子达552877人，其中绝大多数属于错划。许多党的干部和有才华的知识分子由此受到长期压抑和打击。这不仅是他们个人的损失，更是党和国家整个事业的严重损失。而在运动中采取的大鸣、大放、大辩论、大字报的错误斗争方式，也是反右派斗争严重扩大化的一个重要因素。

反右派斗争扩大化的严重后果之一，是改变了八大一次会议关于社会主要矛盾的论断和社会阶级关系状况的分析，认为当前国内的主要矛盾仍然是无产阶级和资产阶级、社会主义道路和资本主义道路的矛盾，使党的指导思想开始出现“左”的偏差。

毛泽东在1957年九十月间召开的八届三中全会上提出：“无产阶级和资产阶级的矛盾，社会主义道路和资本主义道路的矛盾，毫无疑问，这是当前我国社会的主要矛盾。”八大二次会议正式肯定这一论断，并认为我国社会有“两个剥削阶级和两个劳动阶级”：右派分子同被打倒了的地主买办阶级和其他反动派被称为一个剥削阶级，“正在逐步地接受社会主义改造的民族资产阶级和它的知识分子”被称为另一个剥削阶级；工人和农民是两个劳动阶级。这就改变了八大一次会议关于我国社会阶级关系的正确分析。

这一理论上和指导思想上的失误造成了长时期的严重后果，成为后来党在阶级斗争问题上屡犯扩大化错误的理论根源。

2.“大跃进”运动的发动（1957.11—1958.11）

（1）“大跃进”的发动。

原因：一是“一五”计划提前完成，极大地激发了全国人民在短时间内彻底改变祖国“一穷二白”面貌的斗志，增强了中国共产党人领导经济建设的自信心。在胜利面前，中央和地方不少领导干部滋长了骄傲自满情绪，夸大了主观意志和主观努力的作用，忽视经济规律，急于求成，对社会主义建设的长期性、复杂性估计严重不足。二是，国际上赶超热潮的影响。赫鲁晓夫提出 15 年超过美国，于是党中央提出 15 年赶上英国的口号。这样，为了更快地建设社会主义，改变国家落后的面貌，党中央轻率地发动了“大跃进”运动。

1957 年 10 月至 11 月召开的中共八届三中全会通过农业发展纲要四十条，随后在农村开展了关于农业生产建设的大辩论。11 月 13 日《人民日报》社论提出“在生产战线上来一个大的跃进”。“大跃进”的序幕也由此揭开。

（2）提出社会主义建设总路线。

1958 年 5 月，中共八大二次会议通过了“鼓足干劲、力争上游、多快好省地建设社会主义”的社会主义建设总路线。

这条总路线及其基本点，其正确的一面，是反映了广大人民群众迫切要求改变国家经济文化落后状况的普遍愿望，其缺点是忽视了客观的经济规律。总路线提出的“多快好省”这四个字，本来是相互制约的，但在宣传中和实际工作中片面地突出了一个“快”字，提出“速度是总路线的灵魂”。

“大跃进”的发动表明，中国共产党力图抓住 20 世纪 50 年代中期出现的有利于国内和平建设的不可多得的历史机遇，在中国社会主义现代化建设上开创一个跨越式发展的局面。但是，实践的结果证明，由于错误地判断国内形势，忽视客观规律，实际上改变了中共八大确定的既反保守又反冒进，即在综合平衡中稳步前进的经济建设方针，又没有经过认真的调查研究和试点，就轻率地发动了“大跃进”和人民公社化运动，使得以高指标、瞎指挥、浮夸风和“共产风”为主要标志的“左”倾错误严重地泛滥开来。

由于“大跃进”中片面地追求建设的高速度、高指标，在各项高指标中又特别突出地强调钢铁指标和粮食指标，严重地破坏了国民经济各部门的综合平衡。

3. 初步纠正“左”倾错误的努力（1958.11—1959.7）

毛泽东是中共中央领导集体中较早察觉并纠正错误的领导人。薄一波后来回忆说：“如果不是毛主席从纷繁的事务中，找出人民公社问题的症结所在，我们的事业就可能被‘共产风’所葬送。”

1958 年 11 月，毛泽东主持召开第一次郑州会议，指出当时大有立即宣布全民所有、废除商业、消灭商品生产之势，发展下去势必会重犯苏联剥夺农民的历史性错误。这次会议对于正在急剧膨胀的“左”倾错误起了一定程度的遏制作用。

1958 年 11 月到 12 月间，毛泽东在武昌先后主持召开中共中央政治局会议和八届六中全会，着重纠正急于向全民所有制和向共产主义过渡的倾向，以及企图过早地取消商品生产和商品交换的倾向，并决定开展整顿人民公社的工作。

1959 年 2 月，毛泽东主持召开第二次郑州会议，针对人民公社存在的平均主义和过分集中的问题，提出队为基础、分级管理、三级核算、各计盈亏、按劳分配、承认差别的方针。同年三四月间召开的中共中央政治局上海会议制定了《关于人民公社的十八个问题》，并开始调整钢产量的高指标，进一步巩固了武昌会议和第二次郑州会议的纠“左”成果。

4. 国民经济调整阶段（1960.11—1966.5）

（1）国民经济的调整。

由于“大跃进”和“反右倾”斗争的错误，加上当时的自然灾害和苏联的背信弃义，中国国民经济在 1959 年到 1961 年发生严重的困难。面对严重困难，中共中央和毛泽东决心认真进行调查研究，调整政策，纠正错误。毛泽东在 1960 年 6 月写的《十年总结》一文中说，对于社会主义时期的革命和建设，还有一个很大的未被认识的必然王国，要以十年时间去调查研究它。

1961 年 1 月中共八届九中全会决定对国民经济实行“调整、巩固、充实、提高”的八字方针，毛泽东在会上号召全党大兴调查研究之风。会后，毛泽东、刘少奇、周恩来、朱德、陈云、邓小平等深入基层进行调研。

同年 3 月，毛泽东在广州主持起草了《农村人民公社工作条例（草案）》(简称《农业六十条》)，以后又几经修改，确定以生产队为基本核算单位，要求认真贯彻按劳分配的原则，废除供给制，停办公共食堂。《农业六十条》的贯彻执行，对于克服严重存在的平均主义，调动农民的生产积极性，推动恢复和发展农业生产，起到了十分重要的作用。

之后，在刘少奇、周恩来、陈云、邓小平等的主持下，中共中央陆续制定了工业、商业、教育、科学、文艺等工作条例草案，继续纠正“左”的错误。社会主义建设重新逐步出现欣欣向荣的景象。

（2）“七千人大会”的召开。

1962 年 1 月 11 日至 2 月 7 日，党中央在北京召开扩大的工作会议（七千人大会），在三年调整期间具有关键性的作用。这次会议恢复和发扬了党内的民主精神和自我批评精神，统一了全党的认识，对全面贯彻八字方针起了极其重要的推动作用。

（3）调整国民经济任务基本完成。

从 1962 年到 1965 年，由于全党和全国人民的主要注意力一直放在贯彻执行八字方针上，加上党和国家在经济、政治方面采取的有力措施，国民经济开始得到比较顺利的恢复和发展。1964 年底到 1965 年初召开的第三届全国人民代表大会提出“四个现代化”

的宏伟目标，并宣布：调整国民经济的任务已经基本完成，整个国民经济将进入一个新的发展时期。今后发展国民经济的主要任务，是要在不太长的历史时期内，把我国建设成为一个具有现代农业、现代工业、现代国防和现代科学技术的社会主义强国，赶上和超过世界先进水平。

（五）“文化大革命”的十年

1.“文化大革命”的发动原因

党中央发动“文化大革命”的主观愿望，是为抵御帝国主义“和平演变”的图谋，消除官僚主义和特权等现象，防止国内资本主义复辟，并为人民群众参与对国家事务的监督和管理寻找一条途径。新中国成立后，党中央曾为此做过多次尝试。然而，到了20世纪60年代中期，在“以阶级斗争为纲”的指导思想支配下，党中央对当时国内阶级斗争形势以及党和国家的政治状况做出了严重的错误估计，甚至认为党内出现了修正主义，整个国家面临资本主义复辟的现实危险，因此只有实行“文化大革命”，公开地、全面地、自下而上地发动群众来揭发上述阴暗面，才能把被“走资本主义道路的当权派”篡夺的权力重新夺回来。

2.“文化大革命”的结束

1975年1月13日至17日，第四届全国人民代表大会第一次会议在北京召开。周恩来在政府工作报告中重申了实现四个现代化的宏伟蓝图。大会决定了以周恩来为总理、邓小平等为副总理的国务院领导人选。会后，周恩来病重，邓小平在毛泽东的支持下主持中共中央和国务院的日常工作。

（1）邓小平1975年的全面整顿。

经过“文化大革命”，问题成堆，困难重重。1975年，邓小平着手对各方面的工作进行整顿，形势开始有了明显好转。这次整顿实际上是后来拨乱反正的预演。

邓小平领导的整顿最初得到毛泽东的支持。5月27日和6月3日，邓小平主持中共中央政治局会议，讨论毛泽东对江青等人的批评意见，王洪文、江青被迫作了检讨。

（2）悼念周总理、反对“四人帮”的群众运动。

1976年1月8日，周恩来逝世，举国悲痛。清明节前后，爆发了以天安门事件为代表的悼念周总理、反对“四人帮”的运动。这场运动实质上是拥护以邓小平为代表的中国共产党的正确领导，并为后来粉碎“四人帮”奠定了群众基础。

（3）粉碎江青反革命集团。

1976年9月9日，毛泽东逝世。江青反革命集团加紧进行夺取党和国家最高领导权的阴谋活动。10月6日晚，中共中央政治局执行党和人民的意志，毅然粉碎了江青反革命集团，结束了“文化大革命”。10月14日，中共中央公布粉碎“四人帮”的消息，举国上下一片欢腾。中国人民在经历了十年磨难和挫折之后，终于迎来了社会主义现代化事业发展的新时期。

（六）严重的曲折，深刻的教训

1. 错误的性质

1957年下半年以来中国共产党所犯的错误，特别是“文化大革命”的严重错误，是中国共产党在独立地寻找中国自己的社会主义建设道路过程中发生的严重错误。它是一种探索中的失误。

首先，社会主义是人类历史上全新的事业，以毛泽东为主要代表的中国共产党人以苏联为借鉴，致力于探索一条中国自己的社会主义建设道路，表明了他们对祖国、对人民高度负责的精神。

其次，我国经济文化比较落后，要把马列主义基本原理同中国实际全面地正确地结合起来，不能不经历一个长期探索的过程。既然是探索，就难免有失误。

最后，我们党所犯的错误归根结底不是社会主义根本制度造成的，相反，恰恰都是依靠社会主义制度的自我完善和发展纠正。

2. 犯错误的原因

第一，社会主义运动的历史不长，社会主义国家的历史更短，中国的社会主义建设刚刚起步，我们党缺乏社会主义建设的经验。

第二，新民主主义革命和社会主义改造的接连胜利、“一五”计划的提前超额完成，使我们党产生了骄傲自满情绪。

第三，党的民主集中制和集体领导制度遭到了严重破坏，致使党无法依靠制度和集体的力量及时地发现并纠正错误。

3. 对错误进行科学分析

第一，我们党在犯严重错误时，党的性质和宗旨并没有改变。人民群众依然把党看作自己根本利益的代表者，对它表示信任并寄予希望。我们党仍然具有强大的凝聚力和号召力。

第二，我们党能够紧紧依靠广大党员、干部和人民群众，并在广大群众的帮助和支持下，发现错误，抵制错误，纠正错误。

第三，要历史地、辩证地看待中国共产党所犯的错误，经过正确总结的经验教训同样是宝贵财富。

邓小平：“过去的成功是我们的财富，过去的错误也是我们的财富。我们根本否定‘文化大革命’，但应该说‘文化大革命’也有一‘功’，它提供了反面教训。没有‘文化大革命’的教训，就不可能制定十一届三中全会以来的思想、政治、组织路线和一系列政策。三中全会确定将工作重点由以阶级斗争为纲转到以发展生产力、建设四个现代化为中心，受到了全党和全国人民的拥护。为什么呢？就是因为有‘文化大革命’作比较。‘文化大革命’变成了我们的财富。”

第四，尽管我们党犯了严重错误，但社会主义建设的各项事业仍然取得了举世公认的成就。

（七）独立的、比较完整的工业体系和国民经济体系的基本建立

1. 较快的发展速度

从“一五”时期到1976年的20多年，是中国社会主义现代化事业打基础的重要发展时期。尽管经历了“大跃进”和“文化大革命”的严重挫折，这个时期中国经济的发展速度仍然是比较快的。

（1）工农业总产值保持了较高的年增长率。1953—1978年工农业总产值年平均增长率为8.2%，其中工业年均增长率11.4%。

（2）主要工农业产品产量的世界排名明显提前。

（3）国家经济实力显著增强。

2. 从根本上解决“从无到有”的问题

新中国刚刚建立时，由于没有自己独立的工业体系，主要工业产品全部依赖进口。从“一五”计划开始，国家以苏联援建的156项重点工程、694个大中型建设项目为中心，进行了大规模投资，从“一五”时期起到“四五”时期，国家基本建设投资累计达4956.43亿元。

（1）建成一批门类较为齐全的基础工业项目。

（2）主要工业产品生产能力有了飞跃。

（3）铁路、交通运输等基础设施建设得到较快发展（武汉长江大桥建成通车）。

（4）“三线”建设大规模地开展。

一线：从黑龙江到广西沿海各省市区是一线。三线：西南三省，西北大部分地区，除了新疆、内蒙古部分地区，湘西、鄂西、豫西、山西等地区。中间地带是二线。

独立的、比较完整的工业体系和国民经济体系的建立，不仅使中国在政治上赢得独立，在经济上也赢得了独立，而且为中国以后的发展奠定了牢固的技术基础。

（八）人民生活水平的提高与文化、医疗、科技事业的发展

1. 保障人民的基本生活需要

中国共产党和人民政府始终十分关注人民群众的生活，把满足人民基本生活需要作为发展经济的根本目的。1956年党的八大提出，社会主义制度建立后，党和人民政府的主要任务是集中力量发展社会生产力，实现国家的工业化，逐步满足人民日益增长的物质和文化需要。

粮棉生产水平的提高。粮食总产量从1949年的2263.6亿斤增加到1976年的5726.1亿斤，亩产量从1949年的137斤增加到1976年的316斤；棉花总产量从888.8万担增加到4110.9万担，亩产量从22斤增加到56斤。粮食生产初步满足了占世界1/4人口的基本生活需求，在当时被世界公认是一个奇迹。

2. 提高人民的文化素质和健康水平

（1）教育事业有了较大发展。

1949年，全国小学入学率只有20%，文盲率高达80%。新中国成立后通过大力兴办教育和开展扫盲识字运动等，使90%以上的民众摘掉了文盲的帽子。1949—1976年，我国的小学、中学、大学的数量和在校生的人数均大幅度增加。

（2）文学艺术工作取得了不小的成就。

文学艺术工作尽管不断受到“左”的干扰，但在“古为今用、洋为中用、百花齐放、推陈出新”文艺方针的指引下，仍然取得了不小的成就。戏剧、音乐、舞蹈、小说、散文和诗歌等都涌现出大批优秀作品。

（3）医疗事业得到蓬勃发展。

全国人口的死亡率从1949年的20‰下降到1976年的7.25‰。全国人口的平均预期寿命由1949年前的34岁，上升到1975年的68.18岁。不到三十年的时间，人口平均预期寿命提高了30多岁。

3. 取得一批重要的科技成果

（1）新中国在尖端科学技术领域的主要成就：我国第一颗原子弹爆炸成功，第一颗氢弹爆炸成功，第一颗人造地球卫星升空。

（2）科研人才：钱三强、钱学森、邓稼先等。

（3）新中国先后制定了两个科学技术长远发展规划。

4. 国际地位的提高与国际环境的改善

新中国从建立之日起，就把坚持独立自主、维护世界和平、促进人类进步事业作为对外工作的目标，努力为国内和平建设创造良好的外部环境。

（1）积极争取苏联和其他社会主义国家的支持和援助。新中国在成立初期，奉行独立自主基础上的“一边倒”政策，积极争取苏联和其他社会主义国家对中国国内建设与外交工作的支持、援助。

（2）新中国国际地位的极大提高。例如抗美援朝战争、日内瓦会议、万隆会议、和平共处五项原则等。

（3）建立和发展与亚非拉广大发展中国家的关系。与邻国边界问题的解决；援越战争；支持亚非拉民族解放运动。

（4）恢复新中国在联合国的合法席位。

（5）发展与美国等西方国家的关系。

（九）探索中形成的建设社会主义的若干理论创造

以毛泽东为主要代表的中国共产党人在创建新中国和探索适合中国国情的社会主义建设道路的过程中，阐明了必须实行马克思列宁主义和中国实际的“第二次结合”的基本思想，作出了一系列重要的理论创造。

（1）关于社会主义发展阶段，毛泽东提出，社会主义这个阶段又可分为两个阶段，第一个阶段是不发达的社会主义，第二个阶段是比较发达的社会主义。

（2）关于社会主义现代化建设的战略目标和步骤，毛泽东强调，实现社会主义现代化建设的战略目标，应当采取“两步走”发展战略，第一步，建成一个独立的比较完整的工业体系和国民经济体系；第二步，全面实现农业、工业、国防和科学技术的现代化，使中国的经济走在世界前列。

毛泽东领导党和人民在建设社会主义过程中所取得的成就为中国共产党继续探索并系统形成中国特色社会主义理论提供了重要的基础。

三、案例思考

案例 1

案例呈现

以毛泽东同志为核心的党的第一代中央领导集体带领全党全国各族人民完成了新民主主义革命，进行了社会主义改造，确立了社会主义基本制度，成功实现了中国历史上最深刻最伟大的社会变革，为当代中国一切发展进步奠定了根本政治前提和制度基础。在探索过程中，虽然经历了严重曲折，但党在社会主义建设中取得的独创性理论成果和巨大成就，为新的历史时期开创中国特色社会主义提供了宝贵经验、理论准备、物质基础。

——摘自胡锦涛:《中国共产党第十八次全国代表大会上的报告》(2012 年 11 月 17 日)

案例讨论

1. 以毛泽东同志为核心的党的第一代中央领导集体探索社会主义建设规律取得的主要成果有哪些？

2. 以毛泽东同志为核心的党的第一代中央领导集体探索社会主义建设规律的意义是什么？

案例点评

1. 以毛泽东为核心的中共第一代领导集体对社会主义建设规律的探索取得了重要的

成果。第一，提出了以苏联经验为借鉴、探索中国自己的社会主义建设道路的问题，从而向全党提出了进行马克思主义和中国实际第二次结合的伟大任务。第二，正确回答了社会主义制度基本确立后中国社会的主要矛盾和党的中心工作，以及提出调动国内外一切积极因素，建设社会主义国家的基本方针。第三，提出关于社会主义社会分为不发达和比较发达两个阶段，中国处在不发达的社会主义阶段的论断。第四，提出实现“四个现代化”的“两步走”战略。第五，提出执政条件下加强党的建设的必要性及建设的主要内容，提出“两个务必”。第六，最重大的成果是提出关于社会主义社会的基本矛盾、正确认识和处理两类不同性质的社会矛盾，以及正确处理和解决人民内部矛盾的一系列方针、政策。关于社会主义社会基本矛盾的学说成为中国改革的理论依据；正确处理和解决人民内部矛盾的一系列方针、政策，如对于政治思想领域的人民内部矛盾，实行“团结—批评—团结”的方针，坚持说服教育、讨论的方法；对于物质利益、分配方面的人民内部矛盾，实行统筹兼顾、适当安排的方针，兼顾国家、集体和个人三方面的利益；对于人民群众和政府机关的矛盾，要坚持民主集中制原则，努力克服官僚主义，也要加强对群众的思想教育；对科学文化领域里的矛盾，实行“百花齐放，百家争鸣”的方针，通过自由讨论和科学实践、艺术实践去解决；对于共产党和民主党派的矛盾，实行在坚持社会主义道路和共产党领导下的“长期共存、互相监督”的方针；对于民族之间的矛盾，实行民族平等、团结互助的方针等。这些成果在今天对我们落实科学发展观、构建社会主义和谐社会，仍具有指导意义。

2. 以毛泽东同志为核心的党的第一代中央领导集体率领下的中国共产党人，是中国特色社会主义建设道路最早的探索者和开拓者。虽然最终未能在这一伟大而艰巨的任务上取得重大突破和成功，但他们在探索中取得的初步成果，对后来者具有基础性、铺垫性的作用。这些探索从内容上、理论品格上为中国特色社会主义理论体系的形成奠定了基础，具有重要的理论和实践上的意义。第一，以毛泽东同志为核心的党的第一代中央领导集体对中国特色社会主义建设道路的探索取得的重大成果，为中国特色社会主义理论体系提供了一定的理论基础和重要内容。如前所述，这些理论成果都是围绕着中国特色社会主义建设道路这一目标展开的，因而自然成为中国特色社会主义理论体系的理论基础和思想来源。第二，以毛泽东同志为核心的党的第一代中央领导集体探索的成果为中国特色社会主义理论体系提供了一条正确的思想路线。第三，以毛泽东同志为核心的党的第一代中央领导集体在探索社会主义若干重大理论过程中所表现的敢于创新的精神和理论品格，对中国特色社会主义道路和中国特色社会主义理论体系的成功探索具有明显的示范作用。中国特色社会主义建设道路初步探索的结果是在中国社会由新民主主义向社会主义过渡的过程中，中国共产党选择了苏联模式。但苏联模式未必适合中国。

1953 年斯大林逝世后，苏联的社会主义建设开始暴露出一些缺点和错误，这揭示了苏联模式存在着一些弊端，如国民经济比例失调、管理体制高度集中等。正是在这种历史条件下，毛泽东于 1955 年底在党内首先提出了如何以苏联经验为借鉴，探索适合中国国情的社会主义建设道路的重大问题。1956 年 4 月到 1966 年 4 月，是开始全面建设社会主义的十年，是对社会主义建设道路的初步探索。1956 年苏共二十大召开以后，在复杂的国际形势和严峻的挑战面前，毛泽东率先提出了要科学对待一切外国的东西，以苏联经验为借鉴，实现马克思列宁主义同中国实际的第二次结合，走中国自己的社会主义建设道路的历史性任务，并且取得了探索的初步而丰富的成果。

案例 2

案例呈现

彻底否定“文化大革命”的准确含义

彻底否定“文化大革命”，是具有特定含义的。它是指彻底否定以“文化大革命”为总题目的那一套理论、方法、方针、组织和活动，而不是说凡是在那 10 年中发生的一切，都要予以否定。道理很清楚，在那 10 年间，中国共产党、中国政府和人民除了进行“文化大革命”外，还做了其他许多事情，包括在任何时期为了生存和发展都必须进行的生产活动和其他活动。虽然其他工作也受到“文化大革命”的严重影响，但它们本身并不具有“文化大革命”的特定内容，也不是“文化大革命”本身不可缺少的有机组成部分。那 10 年间，有破坏、也有建设，有错误、也有对错误的抵制和纠正，有大量坏人坏事，也不乏好人好事。这就是说，从 1966—1976 年的 10 年虽然称之为“文化大革命”时期，只是因为“文化大革命”是这 10 年独有的，用以同其他历史时期相区别，而绝不是说，这 10 年除了“文化大革命”之外，没有做其他任何事。恰恰相反，新中国成立后其他时期所进行的工农业生产、基本建设、教育和科研、文化和卫生以及社会消费等人类社会维持正常生活不可缺少的一切，这 10 年也照样都是有的，只不过是打上了“文化大革命”的烙印罢了。因此，对“文化大革命”本身和这 10 年的历史是必须加以区别的。对“文化大革命”本身必须彻底否定，而对这 10 年的历史，对于具体复杂的客观的历史进程，是不能简单地、笼统地全盘否定的。

案例讨论

应该怎样评价“文化大革命”？

案例点评

“文化大革命”的发生，对党、国家、人民来说是一场灾难。第一，国民经济遭受严重损失；第二，民主和法制遭到践踏，大批干部和群众遭受迫害；第三，科学文化事业在许多方面遭到摧残，科技水平与世界先进国家的差距进一步拉大；第四，党和社会风气遭到严重破坏。

历史已经证明，“文化大革命”是一场由领导者错误发动，被反革命集团利用，给党、国家和各族人民带来严重灾难的内乱。

“文化大革命”造成的这种历史悲剧，决不允许重演。

“文化大革命”给党、国家和民族造成的损失是十分巨大的，它所提供的教训是极为沉痛和深刻的。但是，错误和挫折并没有摧毁中国共产党。中国共产党从自己所犯的错误中学习，最终还是依靠自身的力量和人民群众的支持、帮助，彻底纠正了这些错误，使党和国家的工作重新回到正确的轨道。这个事实表明，中国共产党作为一个对人民负责任的马克思主义政党，在政治上具有自我净化、自我发展的能力。

四、实践课堂

实践活动　历史事件模拟报道方案

内容

1. 活动主题设计

指导学生扮演新闻记者，采访报道全面建设社会主义时期的重大历史事件和新闻人物，并在课堂上播报或者在课程网站的交流平台上展示。

2. 教学目的

让学生参与到教学活动中，培养学生客观评判历史事件的能力。

3. 活动准备和要求

（1）每个班分成 4 个小组，每组设定一个组长，具体负责。

（2）安排学习、搜集相关资料，观看影片。

（3）每个小组成员，按照特长进行任务分工，搜集资料，撰写剧本。情景剧内容要集中，主题突出，时间设计不宜过长，保持在 10 分钟左右。

（4）根据剧情需要，安排所扮演的人物角色，演练台词，设计情景和搜集所需的道具。

（5）准备时间：2~3 周。

活动实施步骤和过程

1. 创设情景，激发兴趣

在教室里采访模拟场景。空间场景设计，扮演者适当化妆，多媒体播放背景场面。经过布置，把教室变成实地采访的小场景。

2. 参与活动，学习知识

以小组为单位，按抽签顺序依次进行模拟采访。演出时扮演者要熟练台词，对白尽可能自然、真实，模拟历史情景，再现历史场面。

3. 总结教学，转化情感

演出结束后，教师引导学生回顾和总结历史，启发学生通过“参与”和“活动”，培养学生客观评判历史事件的能力。

评价

1. 根据每个小组准备、演绎过程和总结情况，教师和学生共同打分评出优劣。
2. 本次活动，小组集体计分，作为一次平时成绩。

五、习题训练

一、单项选择题

1. “过渡时期”是中国共产党领导中国革命和建设过程中的一个重要阶段，“过渡时期”是指（　）。

A. 1919—1949 年的新民主主义革命时期
B. 1949—1953 年的国民经济恢复时期
C. 1953—1956 年的社会主义改造时期
D. 1949—1956 年向社会主义过渡时期

2. “一五”期间，“坚决优先保证工业不在 1949 年以前建立起工业的沿海城市发展，而是面向华北、西北和华中的新工业中心”，大部分工厂“都建在离开沿海省份的城市，如湖北的武汉、内蒙古的包头、吉林的长春和四川的成都”。这说明“一五”计划（　）。

A. 实施了优先发展重工业的战略　　B. 改善了我国工业地域分布的格局
C. 有效地提升了我国的产业结构　　D. 不利于新中国各地区的均衡发展

3. 党正式提出过渡时期总路线的时间是（　）。

A. 1952 年　　B. 1953 年　　C. 1954 年　　D. 1955 年

4. 在社会主义改造时期，国家的政策是将社会主义工业化与社会主义改造（　）。

A. 分部进行　　B. 先工业化后改造
C. 同时并举　　D. 先改造后工业化

5. 对资本主义工商企业进行社会主义改造，就是要把民族资本主义工商业改造成为（　）。

A. 资本主义性质的企业　　B. 社会主义性质的企业
C. 新民主主义性质的企业　　D. 封建主义性质的企业

二、多项选择题

1．改革开放前我国社会主义建设的经验教训主要有（ ）。

A. 忽视生产力发展　　B. 机械地理解马克思主义

C. 照搬苏联经验　　D. 混淆社会主义本质、特征和体制的区别

2．毛泽东指出，从建设社会主义基本制度到建成一个伟大的社会主义国家，至少需要五十年到一百年的时间，这是由于（ ）。

A. 我国进入社会主义的特殊历史条件决定的

B. 我国的现实状况决定的

C. 我国现代化建设所处的国际环境和时代特点决定的

D. 社会发展的自身规律决定的

3．在探索社会主义建设道路的初期，以毛泽东为代表的党的第一代领导人在经济体制和管理制度上提出的思想有（ ）。

A.“三个主体，三个补充”的思想

B. 消灭资本主义，又搞资本主义

C. 实行农业生产责任制

D. 发展社会主义商品生产，重视价值规律

4．针对人民内部矛盾在具体实践中的不同情况，毛泽东提出了一系列具体方针，下面（ ）是正确的。

A. 对于思想政治领域的人民内部矛盾，实行“团结—批评—团结”的方针

B. 对科学文化领域里的矛盾，实行“百花齐放，百家争鸣”的方针

C. 对于共产党和民主党派的矛盾，实行在坚持社会主义道路和共产党领导的前提下“长期共存，肝胆相照”的方针

D. 对于民族之间的矛盾，实行民族平等、团结互助的方针

三、材料分析题

材料 1：

全面彻底的土地改革，不仅完全实现了“耕者有其田”，而且通过没收地主的生产资料和生活资料分配给贫苦农民的办法，改善了农村贫苦农民的生产和生活条件，缩小了农村的贫富差距。与此同时，国家还通过兴修水利、增加农贷、城乡交流和缩小工农产品剪刀差等办法促进农村经济迅速恢复，增加农民收入。经过三年的经济恢复，农民生活有了较明显的改善。全国按农村人口的人均乡村社会商品零售，1950 年为 21.7 元，到 1952 年则提高到 30.7 元，平均每年递增 18.9%。

——摘自武力:《中华人民共和国经济史》(上册)，中国时代经济出版社，2010 年版，第 161 页

材料 2：

五年计划，是中国国民经济计划的重要部分，属长期计划。主要是对国家重大建设项目、生产力分布和国民经济重要比例关系等作出规划，为国民经济发展远景规定目标和方向。第一个五年计划，简称“一五”计划（1953—1957 年），是在党中央的直接领导下，由周恩来、陈云同志主持制定的，1955 年 7 月经全国人大一届二次会议审议通过。至 1957 年，“一五”计划超额完成了规定的任务，实现了国民经济的快速增长，并为我国的工业化奠定了初步基础。第一个五年计划的制定与实施标志着系统建设社会主义的开始。

请回答：

1. 阅读材料 1，说明新中国成立之初，党和政府帮助贫苦农民改善生活状况的措施和成效。

2. 结合材料 2 和所学知识，谈谈如何解读新中国的“一五计划”。

四、论述题

1. 为什么说新民主主义社会是过渡性质的社会？

2. 分析“大跃进”“人民公社化运动”“文化大革命”等“左”倾错误发生的原因。

参考答案

一、单项选择题

1. D　2. B　3. B　4. C　5. B

二、多项选择题

1. ABCD　2. ABCD　3. ABC　4. ABD

三、材料分析题

1. 措施：通过土地改革解放农村生产力，改善农民生产生活条件，缩小贫富差距；通过兴修水利，提供贷款，缩小工农业产品差价等措施发展农业生产，增加农民收入。

成效：到 1952 年，农民的生活明显改善，商品消费额有较大的增加。

2. 原因：新中国政权的巩固和国民经济的根本好转为有计划的经济建设创造条件；照搬苏联的经济建设模式。

内容：优先发展重工业，建立国家工业化和国防现代化的初步基础；有步骤地促进农业、手工业和资本主义工商业的社会主义改造。

影响：形成东北重工业基地，开始改变工业落后面貌，奠定社会主义工业化的初步基础；"一五"计划超额完成了规定的任务，实现了国民经济的快速增长，重工业在工业总产值比重逐步提高，增强了国防力量；农业、手工业和资本主义工商业的社会主义改造完成，中国社会主义经济体系建立。

四、论述题

1. 在新民主主义社会中，存在着五种经济成分，即社会主义性质的国有经济、半社会主义性质的合作社经济、农民和手工业者的个体经济、资本主义经济和国家资本主义经济。其中国有经济处于领导地位。

（1）在我国新民主主义社会中，社会主义的因素不论在经济上还是政治上都已经居于领导地位，但非社会主义因素仍有很大的比重。由于社会主义因素的优越性和领导地位，加上当时有利于发展社会主义的国际条件，决定了社会主义因素将不断增长并获得最终胜利。

（2）为了促进社会生产力的进一步发展，为了实现国家富强、民族振兴，我国新民主主义社会必须适时地逐步过渡到社会主义社会。

（3）我国新民主主义社会是属于社会主义体系的，是逐步过渡到社会主义社会的过渡性质的社会。

2. 建设社会主义是一个艰难的探索过程，需要经受实践的检验。阶级斗争问题以及社会主义建设规模和速度问题是这一时期社会主义建设探索需要面对和解决的主要问题。由于党在这两个问题的认识和处理上受到逐渐发展的"左"倾错误思想的严重影响，一度出现失误，使探索出现挫折。首先，反右派斗争的扩大化，改变了八大关于社会主要矛盾的正确判断，在理论和指导思想上出现失误，造成了长期的严重后果。接着是社会主义建设总路线的提出，"鼓足干劲，力争上游，多快好省地建设社会主义"本意是好的，但由于忽视了客观的经济规律，在宣传和实际工作中片面地突出一个"快"字，轻率地发动了"大跃进"运动和人民公社化运动，使"左"倾错误严重泛滥。由于"大跃进"和"反右倾"斗争的错误，加上天灾和苏联政府撕毁合同，造成了国民经济的三年严重困难局面。由于在政治思想领域，"左"倾思想未能实事求是地总结和纠正，1962 年又提出"以阶级斗争为纲"，政治生活和社会生活都逐渐失衡，终于导致了 1966 年"文化大革命"的爆发和之后的 10 年内乱，中国失去了一段重要的发展时期。"文化大革命"在党的历史发展过程中是"左"倾错误占统治地位时间最长、危害最大的时期，使党、国家和各族人民遭到新中国成立以来最严重的挫折和损失。

第九章

改革开放与中国社会主义的开创和发展

一、理论要点

(一) 教学目的

认识中共十一届三中全会实现了中华人民共和国自成立以来党和国家的伟大历史转折，具有深远意义，中国由此进入改革开放和社会主义现代化建设新时期。了解中国特色社会主义道路开辟和发展的历史过程，认识中国共产党在社会主义初级阶段的基本理论、基本路线、基本纲领和基本经验。了解新时期马克思主义中国化的历史进程及其理论成果，认识中国共产党所进行的实践创新和理论创新，以及两种创新之间的关系。了解改革开放和现代化建设取得的巨大成就，认识坚持走中国特色社会主义道路对于实现中华民族伟大复兴的伟大意义。

(二) 教学要点

1. 深刻认识十一届三中全会是新中国成立以后的伟大历史转折

2. 充分认识邓小平对于中国特色社会主义理论与实践的历史性贡献及其在开创改革开放和现代化建设新时期中的历史地位

3. 充分认识改革开放以来的伟大历史性成就，正确认识这些成就同新中国成立以来所取得成就之间的相互关系

4. 全面理解十三届四中全会以来和十六大以来的理论创新和实践创新

(三) 关键词

改革开放；伟大成就；创新

二、理论知识

(一) 伟大的历史性转折

1.“两个凡是”的错误方针

“两个凡是”是指：“凡是毛主席作出的决策，我们都坚决维护；凡是毛主席的指示，我们都始终不渝地遵循。”华国锋提出“两个凡是”的错误思想，实际上仍然肯定“文化大革命”的错误理论和实践，使我党很难彻底纠正“文化大革命”的错误，很难彻底扭转十年内乱造成的严重局势。

为了冲破“两个凡是”的严重束缚，邓小平提出要完整地、准确地理解毛泽东思想

的科学体系，旗帜鲜明地提出“两个凡是”不符合马克思主义。他与叶剑英、陈云、李先念、胡耀邦等领导、支持了真理标准问题的讨论。

2. 真理标准问题的讨论

1978 年 5 月 11 日，《光明日报》以特约评论员的名义发表了题为《实践是检验真理的唯一标准》的文章，从而掀起了一场关于真理标准问题的大讨论。这场讨论是继延安整风运动后又一场马克思重要思想解放运动，成为拨乱反正和改革开放的思想先导，为党重新确立实事求是的思想路线，纠正长期以来的“左”倾错误，实现历史性的转折做了思想理论准备。

（二）历史性的伟大转折——中共十一届三中全会

1. 中共中央在北京召开工作会议

1978 年 11 月 10 日至 12 月 15 日，中共中央在北京召开工作会议。会议原定是讨论经济工作。中央工作会议前，根据邓小平的提议，中共中央政治局常委会议、政治局会议决定，这次中央工作会议先用两三天的时间讨论从 1979 年起把全党工作重点转移到社会主义现代化建设上来的问题。中央工作会议开始后，陈云在分组讨论中提出要系统地解决历史遗留问题的意见，得到与会者的响应，从而改变了会议议程。在与会者的强烈要求下，11 月 25 日，中央政治局作出为“天安门事件”“反击右倾翻案风”等重大错案平反的决定。

12 月 13 日，邓小平在中央工作会议闭幕会上作了题为《解放思想，实事求是，团结一致向前看》的讲话。这个讲话实际上是十一届三中全会的主题报告，它为全会实现具有划时代意义的伟大转折奠定了重要基础。

2. 十一届三中全会

1978 年 12 月 18 日至 22 日，中共十一届三中全会在北京召开。全会冲破长期“左”倾错误的严重束缚，彻底否定了“两个凡是”的错误方针，高度评价了关于真理标准问题的讨论，并且断然否定“以阶级斗争为纲”的指导思想，作出了把工作重点转移到社会主义现代化建设上来和实行改革开放的战略决策，重新确立了马克思主义的思想路线、政治路线和组织路线。全会恢复了党的民主集中制的优良传统，审查解决了历史上遗留的一批重大问题和一些重要领导人的功过是非问题。

中共十一届三中全会是新中国成立以来我党历史上具有深远意义的伟大转折。全会结束了粉碎“四人帮”之后的两年党的工作在徘徊中前进的局面，开始了中国共产党在思想、政治、组织等领域的全面拨乱反正，形成了以邓小平为核心的党中央领导集体，揭开了社会主义改革开放的序幕。以十一届三中全会为起点，中国进入了改革开放和社会主义现代化建设的历史新时期。

（三）改革开放的起步

1. 农村改革的突破性进展

中共十一届三中全会后，农业和农村经济的发展面临两大问题。一是“政社合一”的人民公社体制亟待改革；二是还有一亿农民的温饱问题尚未解决。这些都涉及农村生产关系的调整问题。

从 1978 年开始，安徽、四川的基层干部和农民群众，在省委支持下，开始探索试行包产到组、包产到户、包干到户等多种形式的农业生产责任制，取得了很好的效果。其他一些地方也开始实行农村联产责任制。1979 年 9 月，中共十一届四中全会通过了《关于加快农业发展若干问题的决定》，提出要保障基层干部和农民因时因地制宜的自主权，发挥其主动性。1980 年 5 月，邓小平发表《关于农村政策问题的谈话》，肯定了包产到户这种形式，指出它不会影响我们制度的社会主义性质。后来，中央又进一步肯定包产到户、包干到户是社会主义集体经济的生产责任制，是合作经济的一个经营层次。

在中共中央的支持和推动下，以包产到户、包干到户为主要形式的家庭联产承包责任制，在全国各地逐渐推广开来。

“统分结合”的农村家庭联产承包责任制的普遍实行，促进了“政社合一”的人民公社体制的解体。1983 年 10 月，中央作出决定，废除人民公社，建立乡（镇）政府作为基层政权，同时成立村民委员会作为村民自治组织。

2. 以城市为重点的经济体制改革

这期间，也开始了对城市经济体制改革的探索。如逐步扩大国有企业经营自主权，把部分中央和省属企业下放给城市管理，开始实行政企分开，进行城市经济体制综合改革试点等。对外开放也迈出了较大的步伐。1980 年 3 月，中央决定在深圳、珠海、汕头、厦门设立经济特区，采取多种形式吸引和利用外资，学习国外的先进技术和经营管理方法。此后，经济特区加快发展。

3. 开始政治体制改革和其他方面体制的改革和建设

在推进经济体制改革的同时，也开始了政治体制和其他体制的改革和建设。逐步废除干部领导职务实际上存在的终身制，推进干部队伍的革命化、年轻化、知识化、专业化。加强各级人民代表大会的工作，省、县两级人民代表大会增设常设机构，县级和县级以下人民代表普遍实行由选民直接选举的制度。恢复、制定和施行了一系列重要的法律法规，加强了司法、检察和公安机关的工作。

（四）改革开放的全面展开

1. 社会主义现代化建设宏伟纲领的制定

1982 年 9 月 1 日至 11 日，中国共产党第十二次全国代表大会在北京召开。邓小平在开幕词中提出，“把马克思主义的普遍真理同我国的具体实际结合起来，走自己的道路，建设有中国特色的社会主义”。这是通过总结党的长期历史经验得出的基本结论，成为新时期指引全党和全国人民前进的基本口号。十二大提出，中国共产党在新的历史时期的总任务是：“团结全国各族人民，自力更生，艰苦奋斗，逐步实现工业、农业、国防和科学技术现代化，把我国建设成为高度文明、高度民主的社会主义国家。”报告根据邓小平的设想，进一步提出了国内工农业生产总值在 20 世纪末“翻两番”的奋斗目标，即由 1980 年的 7100 亿元增加到 2000 年的 2.8 万亿元左右，人民的物质文化生活达到小康水平。

中共十二大以后不久，1982 年 11 月至 12 月召开的第五届全国人大第五次会议，完成了修改《中华人民共和国宪法》的工作。这部新宪法，彻底纠正了 1975 年四届全国人大一次会议通过的宪法和 1978 年五届全国人大一次会议通过的宪法中存在的问题，充分体现了十一届三中全会以来党和国家在社会主义现代化建设和社会主义民主法制建设方面的新思想、新举措和新要求。

2. 改革重点从农村转向城市

中共十二大以后，经济体制改革全面展开。随着农村经济发展，大批富余劳动力逐渐从土地上转移出来，从事工业和加工业，使乡镇企业异军突起。

1984 年 10 月，中共十二届三中全会通过《关于经济体制改革的决定》。该《决定》总结了新中国成立以来特别是十一届三中全会以来经济体制改革的经验，比较系统地提出和阐明了经济体制改革中的一系列重大理论和实践问题。该《决定》突破把计划经济同商品经济对立起来的观点，指出我国社会主义经济是在公有制基础上的有计划的商品经济。

该《决定》的提出和实施，使经济体制改革以城市为重点全面展开，在一些方面取得了重要进展。所有制结构突破单一公有制结构，形成以公有制为主体、多种经济成分开始发展的局面。国有企业的经营自主权逐步扩大，所有权和经营权适当分离。改革高度集中的计划管理体制，经济杠杆在国家宏观调控中的作用明显增强。

3. 多层次对外开放格局的形成

在继续推进城乡改革的同时，对外开放也进一步扩大。1983 年 4 月，中共中央和国务院决定对海南岛实行经济特区的某些政策，给予较多的自主权，以加速海南岛的开发，并于 1988 年 4 月建立海南省，将全海南岛辟为经济特区。

1984 年 1 月，邓小平视察深圳、珠海、厦门等地，对经济特区的发展给予充分肯定。根据他的建议，同年5月，中共中央决定进一步开放天津、上海、大连、秦皇岛、烟台、青岛、连云港、南通、宁波、温州、福州、广州、湛江、北海14个沿海港口城市。1985年2月，决定把长江三角洲、珠江三角洲、闽南厦门泉州漳州三角地区开辟为沿海经济开放区。

这样，就逐步形成了“经济特区——沿海开放城市——沿海经济开放区——内地”这样一个多层次、有重点、点面结合的对外开放格局，在引进外资、先进技术和设备以及提高出口创汇能力方面取得显著成效。到1987年，全国累计签订利用外资协议（合同）项目10350项，累计协议金额625.091亿美元。

4. 整党和精神文明建设

中共十二大决定，从1983年下半年开始，用三年时间分期分批对党员作风和党的组织进行一次全面整顿。1983年10月召开的十二届二中全会作出关于整党的决定，开始全面整党。

这次整党的任务是：统一思想，纠正一切违反四项基本原则、违反十一届三中全会以来党的路线的“左”的和右的错误倾向；整顿作风，纠正各种利用职权谋取私利的行为；加强纪律，坚持民主集中制的组织原则，改变党组织的软弱涣散状况；纯洁组织，把坚持反对党、危害党的分子清理出去。这次整党历时三年半，到1987年5月基本结束。经过整党，全党在思想、作风、组织、纪律等方面都有了进步，并积累了在新时期正确处理党内矛盾和问题的经验，推进了党的建设。

随着改革开放的全面展开，加强社会主义精神文明建设的任务被进一步提上了日程。1986年9月，中共十二届六中全会作出《关于社会主义精神文明建设指导方针的决议》，阐述了社会主义精神文明建设的战略地位和根本任务、基本方针，提出要以经济建设为中心，坚定不移地进行经济体制改革，坚定不移地进行政治体制改革，坚定不移地加强精神文明建设，并且使这几个方面互相配合，互相促进。社会主义精神文明建设的根本任务，是适应社会主义现代化建设的需要，培养有理想、有道德、有文化、有纪律的社会主义公民，提高整个中华民族的思想道德素质和科学文化素质。邓小平在此次全会上强调，必须坚持反对资产阶级自由化。“搞自由化，就会破坏我们安定团结的政治局面，没有一个安定团结的局面，就不可能搞建设”。

（五）改革开放和现代化建设的深入推进

1. 社会主义初级阶段理论和党的基本路线的提出

1987年10月25日至11月1日，中国共产党第十三次全国代表大会在北京召开。大会比较系统地阐述了关于社会主义初级阶段的理论，完整地概括了中国共产党在社会主义初级阶段“一个中心，两个基本点”的基本路线，制定了下一步经济体制改革和政治体制改革的基本任务和奋斗目标。

大会指出，我国正处在社会主义建设的初级阶段。这个论断，包括两层含义：第一，我国社会已经是社会主义社会，我们必须坚持而不能离开社会主义；第二，我国的社会主义社会还处在初级阶段，我们必须从这个实际出发，而不能超越这个阶段。党在社会主义初级阶段的基本路线是：领导和团结全国各族人民，以经济建设为中心，坚持四项基本原则，坚持改革开放，自力更生，艰苦创业，为把我国建设成为富强、民主、文明的社会主义现代化国家而奋斗。

2.“三步走”发展战略的制定和实施

中共十一届三中全会以后，随着改革开放的不断深入，邓小平对经济发展战略的思考不断趋于成熟。十三大正式制定了社会主义现代化建设“三步走”的战略部署：第一步，实现国民生产总值比1980年翻一番，解决人民的温饱问题，这个任务已经基本实现；第二步，到20世纪末，使国民生产总值再增长一倍，人民生活达到小康水平；第三步，到21世纪中叶，人均国民生产总值达到中等发达国家水平，人民生活比较富裕，基本实现现代化。

为了更好地实现“三步走”的战略，邓小平提出了“台阶式”发展的思想，要求抓住机遇，加快发展，争取每隔几年使国民经济上一个新台阶。同时，还进一步阐明了允许和鼓励一部分地区、一部分人先富起来，逐步达到共同富裕的政策。

“三步走”发展战略及相关政策的制定，进一步解决了中国现代化建设的目标、步骤等关系全局的重大问题，对中国未来几十年的发展产生了深远的影响。中共十一届三中全会以来的实践历程，正是“三步走”的现代化建设宏伟蓝图逐步变为现实的过程。

3. 政治体制改革基本思路的提出

1980年8月，邓小平在中共中央政治局扩大会议上发表《党和国家领导制度的改革》的讲话，分析了党和国家领导体制中存在的问题和弊端，提出了政治体制改革的基本任务。1986年，他又在多次讲话中阐明了政治体制改革的基本思路。他指出：政治体制改革要认真解决官僚主义、权力过分集中、党政不分、事实上存在的领导职务终身制等问题，认真肃清封建主义残余影响和资产阶级思想影响，发展社会主义民主，调动广大人民群众的积极性。政治体制改革是社会主义制度的自我完善，必须以四项基本原则为指导，遵循统一领导、循序渐进的原则，在中国共产党的领导下有步骤、有秩序地推进；必须坚持从本国国情出发，总结本国的实践经验，同时借鉴人类政治文明的有益成果，绝不应照搬西方政治制度的模式，绝不能搞资产阶级自由化。

根据邓小平提出的上述基本思路，1986年9月，中共十二届六中全会把坚定不移地进行政治体制改革，确定为社会主义现代化建设的总体布局的重要内容之一。1987年10月，中共十二届七中全会讨论并原则通过中央制定的《政治体制改革总体设想》，决定将其主要内容写入十三大报告稿，提交大会审议。十三大报告将政治体制改革问题列为重要内容，阐述了政治体制改革的任务、性质、目标及方法、步骤等一系列问题。

（六）中国特色社会主义事业的继续推进

1. 中共中央领导集体的顺利过渡

1989年6月23日至24日，中共十三届四中全会在北京召开。全会决定选举江泽民为中共中央总书记，增选江泽民、宋平、李瑞环为中共中央政治局常委。江泽民在会上讲话，强调要继续坚决执行党的十一届三中全会以来的路线、方针和政策，继续坚决执行党的十三大确定的“一个中心，两个基本点”的基本路线。四项基本原则是立国之本，必须毫不动摇、始终一贯地加以坚持；改革开放是强国之路，必须坚定不移、一如既往地贯彻执行，绝不回到闭关锁国的老路上去。

1989年9月，邓小平向中共中央郑重提出了从领导岗位退下来的请求。同年11月召开的中共十三届五中全会接受了邓小平辞去中央军委主席职务的请求，决定由江泽民任中共中央军事委员会主席。这样就顺利地实现了从第二代中央领导集体向第三代领导集体的过渡。

2. 继续开展国民经济的治理整顿工作

1989年11月6日至9日召开中共十三届五中全会，通过了《关于进一步治理整顿和深化改革的决定》，明确了治理整顿的主要目标和必须抓好的重要环节。治理整顿在实践中进展顺利，到1990年底就取得了明显的成效。

在治理整顿的同时，改革开放也进一步推进，推出了搞活国有大中型企业的一系列措施。

中国农业的改革与发展，是邓小平十分关注的重要问题。1990年3月3日，他在同江泽民等谈话时提出了“两个飞跃”的思想。他强调：中国社会主义农业的改革和发展会有两个飞跃，第一个飞跃是废除人民公社，实行家庭联产承包为主的责任制，第二个飞跃就是发展集体经济。社会主义经济以公有制为主体，农业也一样，最终要以公有制为主体。从长远的观点看，科学技术发展了，管理能力增强了，又会产生一个飞跃。农村经济最终还是要实现集体化和集约化。这是一个长期发展的历史过程。

3. 对外工作在打破对华“制裁”中全方位推进

从1989年9月到1990年，邓小平多次接见美国政要和学者，指出：第一，中国目前的局势是稳定的；第二，中国人吓不倒。在判断中国局势的时候，这两点必须看清楚。结束中美关系的严峻事态要由美国采取主动。随后，邓小平又根据苏联解体、东欧剧变后国际格局的重大变化，提出冷静观察、稳住阵脚、沉着应付、韬光养晦、善于守拙、决不当头、有所作为的方针。这些正确的方针，使党和国家在打破美国等西方国家对华“制裁”，应对苏联解体、东欧剧变后的国际局势的过程中始终处于主动的地位。

中国政府既坚持原则，顶住压力，又利用矛盾，多做工作，积极开展睦邻外交，稳定同周边国家的关系，加强同第三世界国家的友好合作，继续发展同西方发达国家的关系。这一时期，中国同沙特阿拉伯、新加坡、文莱、以色列、韩国、独联体各国建立了外交关系，中越关系实现正常化，同印度尼西亚恢复了外交关系。

与此同时，中国政府继续坚持全方位对外开放的方针。继 1985 年和 1988 年中国吸收外商直接投资的两次高潮之后，在 1991 年出现了第三次投资高潮。到 1992 年，中国已同 200 多个国家和地区发展贸易、科技、文化交流与合作，赢得了更加有利的国际环境和周边环境。

4. 全面推进中国共产党的自身建设

党要管党、从严治党，是以江泽民为核心的中央领导集体紧抓不放的一件大事。在 1990 年 3 月召开的中共十三届六中全会上，通过了《关于加强党同人民群众联系的决定》，强调能否始终保持和发展党同人民群众的血肉联系，直接关系到党和国家的盛衰兴亡；提出在党内普遍深入地进行马克思主义群众观点和群众路线的再教育，克服党内存在的各种腐败现象。这次全会以后，中共中央政治局常委带头，深入基层，深入群众，认真开展调查研究工作，为全党转变工作作风起了极大的推动作用。

（七）改革开放新的历史性突破

1. 邓小平南方谈话

1992 年 1 月 18 日至 2 月 21 日，邓小平先后视察武昌、深圳、珠海、上海等地，发表重要谈话，统称为“南方谈话”。

20 世纪 90 年代初，国家社会主义实践处于改革开放和现代化建设的重大历史关头。要不要改革，如何深化改革，是亟待解决的重大问题。

南方谈话的主要内容包括：

（1）阐明社会主义本质，强调坚持党的基本路线一百年不动摇。

（2）提出发展才是硬道理。要求抓住时机，发展自己，关键是发展经济。

（3）坚定社会主义信念。

（4）要加快改革开放的步伐。

邓小平的南方谈话，在经历国际国内政治风波严峻考验的重大历史关头，科学地总结了十一届三中全会以来党的基本实践和基本经验，明确回答了长期困扰和束缚人们思想的许多重大认识问题，对整个社会主义现代化建设事业产生了重大而深远的影响。

2. 确立社会主义市场经济体制的改革目标

1992 年 10 月 12 日至 18 日，中国共产党第十四次全国代表大会在北京召开。

大会确立了邓小平建设中国特色社会主义理论在全党的指导地位，概括了建设中国特色社会主义理论的主要内容，指出这个理论第一次比较系统地初步回答了中国如何建设、巩固和发展社会主义的一系列根本性问题，是马克思列宁主义基本原理同当代中国实际和时代特征相结合的产物，是毛泽东思想的继承和发展，是全党和全国人民集体智慧的结晶，是中国共产党和中国人民最宝贵的精神财富。大会提出，我国经济体制改革的目标是建立社会主义市场经济体制。

（八）进一步推进改革开放和现代化建设

1. 经济体制改革的深入推进

1993 年 11 月召开的中共十四届三中全会，通过了《关于建立社会主义市场经济体制若干问题的决定》，将十四大提出的社会主义市场经济体制改革的目标和基本原则具体化，进一步勾画了社会主义市场经济体制的基本框架，明确了国有企业改革的基本方向，成为 20 世纪 90 年代进行经济体制改革的行动纲领。

这一时期，对外开放也迈出了重大步伐。建立起一批经济技术开发区和保税区，开放了哈尔滨等 4 个边境、沿海省会城市和太原等 11 个内陆省会城市及一大批内陆市县。到 1997 年，中国对外开放的一类口岸达到 235 个，二类口岸达到 350 个，逐步形成了从沿海到沿江、从沿边到内陆，多层次、多渠道、多种形式的全方位对外开放的新格局。

2. 正确处理改革、发展、稳定的关系

1993 年底，中共中央根据十四大的精神，立足改革发展的实际，提出了“抓住机遇、深化改革、扩大开放、促进发展、保持稳定”的基本方针，要求全党在各项工作中认真加以贯彻。1994 年 5 月，江泽民进一步提出：“稳定是前提，改革是动力，发展是目的，三者相互促进。”

3. 精神文明建设与民主法制建设不断加强

1996 年 10 月，中共十四届六中全会作出了《关于加强社会主义精神文明建设若干重要问题的决议》，对新形势下的精神文明建设作出了具体部署和规划，强调要以科学的理论武装人，以正确的舆论引导人，以高尚的精神塑造人，以优秀的作品鼓舞人，培养有理想、有道德、有文化、有纪律的社会主义公民。这个决议的贯彻，使社会主义精神文明建设得到进一步加强，为继续深化改革、加快发展创造了良好氛围。

社会主义民主法制建设也取得重大进展。自 1993 年至 1997 年，全国人大及其常委会制定了近百个法律及有关法律的决定。

（九）中国特色社会主义事业的跨世纪发展

1. 高举邓小平理论伟大旗帜，提出跨世纪发展战略

1997 年 2 月 19 日，中国社会主义改革开放和现代化建设的总设计师邓小平逝世。邓小平逝世后，中国能否继续沿着邓小平开辟的建设中国特色社会主义道路走下去，即

中国今后举什么旗、走什么路，举世关注。

同年 9 月 12 日至 18 日，中国共产党第十五次全国代表大会在北京召开。大会的主题是：高举邓小平理论伟大旗帜，把建设有中国特色社会主义事业全面推向 21 世纪。大会把邓小平理论同马克思列宁主义、毛泽东思想一道确立为中国共产党的指导思想，并写入修改后的《中国共产党章程》。

大会阐明了建设中国特色社会主义的经济、政治和文化的基本目标和基本政策，提出了党在社会主义初级阶段的基本纲领。这是党的基本路线在经济、政治、文化等方面的展开，是这些年来最主要经验的总结。

中共十五大在世纪之交的关键时刻，明确回答了中国的改革开放和现代化建设继续向前发展的一系列重大理论问题和政策问题，从思想上、政治上、组织上为中国特色社会主义事业的跨世纪发展提供了根本保证。

2. 改革开放和现代化建设在经受风险考验中前进

1997 年爆发的亚洲金融危机，对中国经济产生了严重冲击。1998 年，长江、嫩江和松花江等流域发生了历史上罕见的洪涝灾害。1999 年，又接连发生了以美国为首的北大西洋公约组织（简称北约）袭击中国驻南斯拉夫使馆、“法轮功”邪教组织策划和煽动非法聚众闹事等事件。面对这些风险和考验，中共中央、国务院冷静分析，正确把握，果断决策，采取一系列措施，取得了一个又一个胜利，保证了改革开放和现代化建设的航船沿着正确的方向破浪前进。

2001 年 12 月 11 日，经过长达 15 年的艰苦谈判，中国正式加入世界贸易组织，标志着对外开放进入一个新阶段。

3. 祖国统一大业的推进

20 世纪 70 年代末 80 年代初，邓小平提出了“一个国家，两种制度”的构想，就是在一个中国的前提下，国家的主体坚持社会主义制度；香港、澳门、台湾是中华人民共和国不可分离的部分，它们作为特别行政区保持原有的资本主义制度长期不变。在国际上代表中国的，只能是中华人民共和国。这个构想，是对马克思主义国家学说的创造性发展，为和平时期解决某些相关的历史遗留问题指明了出路。

1997 年 7 月 1 日，中国和英国两国政府举行了香港交接仪式，宣告中国对香港恢复行使主权。1999 年 12 月 20 日，澳门也回归祖国。香港、澳门的回归，使“一国两制”从科学构想变为现实，标志着祖国统一大业又向前迈出了重要的一步。

中国政府还加强大陆同台湾的经济技术合作与交流，促进双方人员往来。1992 年 10 月，大陆海峡两岸关系协会与台湾海峡交流基金会举行商谈，达成“九二共识”。1993 年 4 月，在新加坡举行“汪辜会谈”，标志着两岸关系的发展迈出了历史性的重要一步。1995 年 1 月 30 日，江泽民发表《为促进祖国统一大业的完成而继续奋斗》的讲话，提出了发展两岸关系、推进祖国和平统一的八项主张。经过海峡两岸同胞的共同努力，两岸往来日渐频繁，民间交流不断扩大，经贸合作蓬勃发展。

4. 推进党的建设新的伟大工程

中共十四大以后，以江泽民为核心的中央领导集体在继续抓好经济建设的同时，十分重视加强党的建设，坚持党要管党、从严治党的方针，切实解决提高党的领导水平和执政水平、提高拒腐防变和抵御风险能力这两大历史性课题。

1994 年 9 月，中共十四届四中全会通过《中共中央关于加强党的建设几个重大问题的决定》，从推进新的伟大工程的高度，对党的建设面临的一些重大问题作出了具体部署。

1998 年 11 月 21 日，根据中共十五大的部署，中央决定在县级以上党政领导班子、领导干部中深入开展以讲学习、讲政治、讲正气为主要内容的党性党风教育。实践证明，进行“三讲”教育，是加强党的建设特别是领导班子、领导干部思想政治建设的一次创造性探索和成功实践。

5.“三个代表”重要思想的提出

“三个代表”重要思想是 2000 年 2 月江泽民在广东考察工作时提出来的，其主要内容是：中国共产党始终代表着中国先进生产力的发展要求，代表着中国先进文化的前进方向，代表着中国最广大人民的根本利益。“三个代表”是中国共产党的立党之本、执政之基、力量之源。

“三个代表”重要思想的提出，在国内外引起强烈反响，全党和全国上下兴起了学习贯彻“三个代表”重要思想的高潮，有力地推动了改革开放和现代化建设的跨世纪发展，也为中共十六大的召开奠定了思想基础。

（十）全面建设小康社会

1. 全面建设小康社会行动纲领的制定

2002 年 11 月 8 日至 14 日，中国共产党第十六次全国代表大会在北京召开。大会高度评价“三个代表”重要思想的历史地位和重要作用，把“三个代表”重要思想同马克思列宁主义、毛泽东思想、邓小平理论一道确立为中国共产党必须长期坚持的指导思想，并写入党章，实现了党的指导思想的又一次与时俱进。大会对全面贯彻“三个代表”重要思想提出了根本要求。

大会从十个方面总结概括了党领导人民建设中国特色社会主义的基本经验。这十条基本经验，集中体现了中国共产党在中国特色社会主义实践中形成的重大认识和重大方针，同党的基本理论、基本路线、基本纲领一致，对于党和国家事业的发展具有长远的指导作用。

大会明确了全面建设小康社会的奋斗目标。提出要在本世纪头二十年，紧紧抓住这一重要战略机遇期，集中力量，全面建设惠及十几亿人口的更高水平的小康社会，使经济更加发展、民主更加健全、科教更加进步、文化更加繁荣、社会更加和谐、人民生活更加殷实。这是实现现代化建设第三步战略目标必经的承上启下的发展阶段，也是完善社会主义市场经济体制和扩大对外开放的关键阶段。

2. 以科学发展观统领经济社会发展全局

（1）树立和落实科学发展观。

2003 年 10 月召开的中共十六届三中全会，正式提出了坚持以人为本、全面协调可持续的科学发展观。

2004 年 3 月 10 日，胡锦涛在中央人口资源环境工作座谈会上，进一步阐明了科学发展观，指出：坚持以人为本，就是要以实现人的全面发展为目标，从人民群众的根本利益出发谋发展、促发展，不断满足人民群众日益增长的物质文化需要，切实保障人民群众的经济、政治和文化权益，让发展的成果惠及全体人民。全面发展，就是要以经济建设为中心，全面推进经济、政治、文化建设，实现经济发展和社会全面进步。协调发展，就是要统筹城乡发展、统筹区域发展、统筹经济社会发展、统筹人与自然和谐发展、统筹国内发展和对外开放，推进生产力和生产关系、经济基础和上层建筑相协调，推进经济、政治、文化建设的各个环节、各个方面相协调。可持续发展，就是要促进人与自然的和谐，实现经济发展和人口、资源、环境相协调，坚持走生产发展、生活富裕、生态良好的文明发展道路，保证一代接一代地永续发展。

科学发展观同马克思列宁主义、毛泽东思想、邓小平理论、“三个代表”重要思想关于发展的思想一脉相承，是对经济社会发展一般规律认识的进一步深化，是指导发展的世界观和方法论的集中体现，是推进社会主义经济建设、政治建设、文化建设、社会建设全面发展的指导方针。

（2）构建社会主义和谐社会。

2004 年 9 月，中共十六届四中全会提出构建社会主义和谐社会的战略任务。2005 年 2 月，胡锦涛在中央党校省部级主要领导干部专题研讨班上，对构建社会主义和谐社会的重大战略思想作了全面论述，深刻阐明了社会主义和谐社会的主要特征是民主法治、公平正义、诚信友爱、充满活力、安定有序、人与自然和谐相处。构建社会主义和谐社会战略思想的提出，使中国特色社会主义事业的总体布局由社会主义经济建设、政治建设、文化建设三位一体发展为社会主义经济建设、政治建设、文化建设、社会建设四位一体，反映出中国共产党对中国特色社会主义发展战略的理解和把握更加全面、深刻、协调、均衡，丰富和发展了马克思主义关于社会主义社会建设的理论。

2006 年 10 月，中共十六届六中全会审议通过了《中共中央关于构建社会主义和谐社会若干重大问题的决定》。该《决定》指出：社会和谐是中国特色社会主义的本质属性，是国家富强、民族振兴、人民幸福的重要保证。我们要构建的社会主义和谐社会，是在中国特色社会主义道路上，中国共产党领导全体人民共同建设、共同享有的和谐社会。《决定》首次将“和谐”列入现代化建设的奋斗目标，号召全国各族人民“为把我国建设成为富强民主文明和谐的社会主义现代化国家而奋斗”。

《决定》提出到2020年，构建社会主义和谐社会的目标和主要任务是：社会主义民主法制更加完善，依法治国基本方略得到全面落实，人民的权益得到切实尊重和保障；城乡、区域发展差距扩大的趋势逐步扭转，合理有序的收入分配格局基本形成，家庭财产普遍增加，人民过上更加富足的生活；社会就业比较充分，覆盖城乡居民的社会保障体系基本建立；基本公共服务体系更加完备，政府管理和服务水平有较大提高；全民族的思想道德素质、科学文化素质和健康素质明显提高，良好道德风尚、和谐人际关系进一步形成；全社会创造活力显著增强，创新型国家基本建成；社会管理体系更加完善，社会秩序良好；资源利用效率显著提高，生态环境明显好转；实现全面建设惠及十几亿人口的更高水平的小康社会的目标，努力形成全体人民各尽其能、各得其所而又和谐相处的局面。

（3）推动经济又快又好地发展和促进社会全面进步。

2003年10月召开的中共十六届三中全会，通过了《中共中央关于完善社会主义市场经济体制若干问题的决定》，明确了完善社会主义市场经济体制的目标和任务。该《决定》提出要按照统筹城乡发展、统筹区域发展、统筹经济社会发展、统筹人与自然和谐发展、统筹国内发展和对外开放的要求，更大程度地发挥市场在资源配置中的基础性作用，增强企业活力和竞争力，健全国家宏观调控，完善政府社会管理和公共服务职能，为全面建设小康社会提供强有力的体制保障。按照《决定》的部署，大力推进农村税费改革、粮食流通体制改革、国有资产管理体制改革、投资体制改革、金融体制改革等各项改革事业。

三、案例思考

案例呈现

“18个红手印”拉开了农村经济改革的序幕。1978年12月安徽凤阳县梨园公社小岗生产队20名农民代表全队20户农民，聚在村里一间屋里，神态严峻，写下了一纸契约，实行分田到户，每个姓名之下，均覆有一片血红，其中有18个指印，三方图章。

案例讨论

改革为什么先从农村开始呢？

案例点评

十一届三中全会后中国大规模的经济体制改革首先是从农村开始的，而农村经济体制的改革又是从建立农业生产责任制开始的。20世纪70年代安徽凤阳县小岗村“吃粮靠返销，用钱靠救济，生产靠贷款”，不得不家家外出要饭，而新年的花鼓词是“凤阳地多不打粮，碾子一住就逃荒，只见凤阳女嫁出，不见新娘进凤阳”，改革开放后的顺口溜变成了“大包干，大包干，直来直去不拐弯。交够国家的，留足集体的，剩下都是自己的”，那么，改革为什么先从农村开始呢？其原因主要有以下几个方面。

一是农村和农业的发展状况，对我国的国民经济和社会发展关系重大。

二是人民公社体制束缚了生产力的发展。

三是到1978年，全国还有2亿农民没有解决温饱问题。

四、实践课堂

实践活动　采访调查改革开放以来的成就和变化

内容

1. 采访调查

对改革开放以来的成就和变化的采访调查，内容包括社会主义建设的路线、方针、政策。

2. 活动主题设计

学生分成若干小组，利用周末时间，走出课堂，深入社会，到社区、农村采访调查，了解、感受改革开放以来的成就和变化，撰写调查报告。

3. 活动目标

通过对改革开放以来的成就和变化的采访调查，锻炼学生的社会实践能力，加深学生对社会主义建设路线、方针、政策的了解。

4. 活动准备和要求

（1）每个班分成4个小组，每组设定一个组长，具体负责。

（2）安排学习、搜集相关资料，进行实地调研。

（3）每个小组成员，按照特长进行任务分工，搜集资料，分块调查分析数据。

（4）根据调研结果，安排1~2名小组成员，对调研报告进行汇报。

（5）准备时间：2~3 周。

活动实施步骤和过程

1. 深入调研，激发兴趣

以实地采访调查的形式，使学生深入学习。

2. 参与活动，学习知识

以小组为单位，按抽签顺序依次进行调研报告汇报。

3. 总结教学，转化情感

（1）汇报后，进一步整理调研报告文本。

（2）教师引导学生回顾和总结历史。

（3）对改革开放以来的成就和变化，社会主义建设路线、方针、政策进行深入了解。

评价

1. 根据每个小组准备、演绎过程和总结情况，教师和学生共同打分评出优劣。
2. 本次活动，小组集体计分，作为一次平时成绩。

五、习题训练

一、单项选择题

1．中国进入改革开放和社会主义现代化建设历史新时期的起点是（　）。

A. 中共十三大

B. 中共十一届三中全会

C. 关于真理标准问题的讨论

D. 粉碎“四人帮”

2．四项基本原则是邓小平同志在（　）提出的。

A. 1979 年 6 月理论工作务虚会上的讲话中

B. 十一届三中全会上

C. 对“两个凡是”方针的批评的基础上

D. 十一届六中全会上

3．1980 年 2 月，中共十一届五中全会决定（　）。

A. 为刘少奇彻底平反

B. 为彭德怀彻底平反

C. 为贺龙彻底平反

D. 为“天安门事件”彻底平反

4．标志着中国共产党指导思想上拨乱反正的胜利完成是（ ）。

A.《关于党的若干历史问题的决议》的通过

B.《关于建国以来党的若干历史问题的决议》的通过

C.《关于加快农业发展若干问题的决定》的通过

D.《关于经济体制改革的决定》的通过

5．中美两国正式建立外交关系是在（ ）。

A. 1971 年

B. 1972 年

C. 1978 年

D. 1979 年

6．进一步阐明台湾回归祖国，实现和平统一的九项方针政策的中国领导人是（ ）

A. 毛泽东

B. 邓小平

C. 叶剑英

D. 江泽民

7．邓小平同志提出建设有中国特色社会主义的思想是在（ ）。

A. 十一届三中全会

B. 十一届六中全会

C. 中共十二大

D. 中共十三大

8．1984 年 10 月，中共十二届三中全会通过《关于经济体制改革的决定》，指出我国社会主义经济是（ ）。

A. 计划经济

B. 市场经济

C. 社会主义市场经济

D. 在公有制基础上的有计划的商品经济

9．中国共产党比较系统地阐述关于社会主义初级阶段理论的代表大会是（ ）。

A. 中共十二大

B. 中共十三大

C. 中共十四大

D. 中共十五大

10．社会主义现代化的“三步走”战略部署制定于（ ）。

A. 中共十一大

B. 中共十二大

C. 中共十三大

D. 中共十四大

二、多项选择题

1．为保障人民民主，加强社会主义法制必须做到（ ）。

A. 有法可依

B. 有法必依

C. 执法必严

D. 违法必究

2．毛泽东思想活的灵魂的三个基本方面是（ ）。

A. 自力更生

B. 实事求是

C. 群众路线

D. 独立自主

3．“第二个历史决议”对毛泽东思想的科学体系和活的灵魂作了概括，指出：毛泽东思想是（ ）。

A. 马克思列宁主义在中国的运用和发展

B. 被实践证明了的关于中国革命和建设的正确的理论原则和经验总结

C. 中国共产党集体智慧的结晶

D. 我们党的宝贵的精神财富

4．1980 年 5 月，中共中央决定设立的经济特区有（ ）。

A. 深圳

B. 珠海

C. 汕头

D. 厦门

5．家庭联产承包责任制的主要形式有（ ）。

A. 包产到户

B. 公私结合

C. 包干到户

D. 客商结合

三、材料分析题

材料 1:

中国的历史、文化、传统、规模、经济活力和自我形象，都驱使它在东亚寻求各种霸权地位。所有其他大国英国、法国、德国、日本、美国和苏联，在经历高速工业化和经济增长的同时或在紧随其后的年代里，都进行了对外扩张自我伸张和实行帝国主义。没有理由认为，中国在经济和军事实力增强后不会采取同样的做法。

——摘自美国政治学家亨廷顿《文明的冲突和世界秩序的重建》

材料 2：

当代意义上的"中国威胁论"肇始于 20 世纪 90 年代初，最早的鼓噪者是日本防卫大学副教授村井友秀。他于 1990 年 8 月在《诸君》月刊上发表了一篇《论中国这个潜在的威胁》的文章，从国力的角度把中国视为一个潜在的威胁。美国国务院负责亚洲事务的助理国务卿洛德 1995 年春在美国国会公开声称："现在中国不对我们构成直接威胁，不过显而易见的是，今后几十年，中国将变得越来越强大。因此，我们正在奉行一种政策，以便遏制这种潜在的威胁。"

请回答：

如何认识"中国威胁论"？

四、论述题

论述为什么说党的十一届三中全会是新中国成立以来的伟大历史转折。

参考答案

一、单项选择题

1. B　2. A　3. A　4. B　5. D　6. C　7. C　8. B　9. D　10. C

二、多项选择题

1. ABCD　2. BCD　3. ABCD　4. ABCD　5. AC

三、材料分析题

中共十六大以后，党和国家在坚持一贯奉行的独立自主的和平外交政策的同时，提出了坚持走和平发展道路的主张。2004 年 8 月，胡锦涛在纪念邓小平同志诞辰一百周年大会上的讲话中提出，要高举和平、发展、合作的旗帜，坚持走和平发展的道路。2005 年 11 月，他在英国伦敦金融城发表演讲，系统地阐述了走和平发展道路的基本内涵和重大意义。坚持走和平发展的道路，就是中国既通过争取和平的国际环境来发展自己，又通过自己的发展来促进世界和平，永远做维护世界和平、促进共同发展的坚定力量；主要依靠自身力量和改革创新来实现发展，同时坚持对外开放的基本国策，在平等互利的基础上同世界各国开展交流合作，努力实现互利共赢。

中国遵循走和平发展道路的要求，按照大国是关键、周边是首要、发展中国家是基础的外交工作部署，全方位开展对外交往，积极参与国际事务，努力为全面建设小康社会争取和平良好的国际环境和周边环境。中国还同国际社会其他成员携手努力，为实现各国和谐相处、全球经济和谐发展、不同文明和谐进步的美好前景发挥积极作用，共同致力于建设一个持久和平、共同繁荣的和谐世界。

四、论述题

（1）全会重新确立了解放思想、实事求是的思想路线。

（2）全会作出了把党和国家工作重心转移到社会主义现代化建设上来的战略决策。

（3）全会作出了实行改革、开放的伟大决策。

（4）全会审查和解决了历史上遗留的一批重大问题和一批重要领导人的功过是非问题。

（5）全会决定加强党的领导机构，健全党的民主集中制，健全党规党法，严肃党纪。

中共十一届三中全会是新中国成立以来党的历史上具有深远意义的伟大转折，也是共和国历史上的一个伟大转折点。全会从根本上突破了长期“左”倾错误的束缚，重新确立了马克思主义的思想路线、政治路线和组织路线，形成了以邓小平为核心的第二代中央领导集体，结束了1976年10月以来党和国家工作在徘徊中前进的局面，开始全面、认真地纠正“文化大革命”中及其以前的“左”倾错误。全会作出把党和国家工作重心转移到社会主义现代化建设上来和实行改革开放的伟大决策，因而成为开辟中国特色社会主义道路，开创中国社会主义事业发展新时期的伟大起点。

第十章

中国特色社会主义进入新时代

一、理论要点

(一) 教学目的

科学认识中国特色社会主义进入新时代的依据，明确新时代的内涵与我国社会主要矛盾的变化，理解进入新时代的意义。全面把握中共十八大以来党和国家事业取得的历史性成就、发生的历史性变革及其原因，理解这些历史性变革是深层次和根本性的。准确理解构建人类命运共同体的时代背景、内涵和途径，认识构建人类命运共同体的意义。认识新时代夺取中国特色社会主义事业伟大胜利的要求，明确当代青年的责任、使命与担当。

(二) 教学要点

1. 怎样认识中国特色社会主义进入新时代与我国社会主要矛盾的新变化?
2. 中共十八大以来，党和国家事业发生怎样的历史性变革？其意义是什么?
3. 如何认识习近平新时代中国特色社会主义思想的历史地位?

(三) 关键词

新时代；中国特色社会主义思想；人类命运共同体

二、理论知识

2012年11月底，习近平在参观《复兴之路》展览时强调，实现中华民族伟大复兴，就是中华民族近代以来最伟大的梦想。中共十八大以来，中国特色社会主义进入新时代，具有多种意蕴，承载多重使命，展现光明前景。为什么说中国特色社会主义进入了新时代？中共十八大以来取得的历史性成就、发生的历史性变革有哪些？如何准确理解构建人类命运共同体？怎样夺取新时代中国特色社会主义的伟大胜利？以下将对上述问题作出分析。

(一) 为什么说中国特色社会主义进入了新时代

1. 中国特色社会主义进入新时代的背景条件

“新时代”是中共十九大报告最耀眼也最打动人心的词汇，入选“2017年度中国媒体十大流行语”。这里所说的“新时代”，不是指时间上的“新”，而是指中国特色社会主义发展阶段的“新”。中国特色社会主义进入新时代的论断，不是主观臆想的结果，而是有其客观依据和外在条件的。

（1）中共十八大以来取得的历史性成就、发生的历史性变革是中国特色社会主义进入新时代的现实依据。

（2）2012年11月15日，习近平在新一届中央政治局常委同中外记者见面时庄严承诺："与人民心心相印、与人民同甘共苦、与人民团结奋斗，夙夜在公，勤勉工作，努力向历史、向人民交出一份合格的答卷。"中共十八大以来，在以习近平同志为核心的党中央领导下，中国特色社会主义建设取得举世瞩目的成就。国内生产总值稳居世界第二，"连续多年对世界经济增长贡献率超过30%，成为世界经济增长的主要稳定器和动力源"。高速铁路营运里程、高速公路通车里程、4G网络规模、互联网用户规模、外汇储备量均位居世界第一。我们党团结带领全国各族人民不懈奋斗，"推动我国经济实力、科技实力、国防实力、综合国力进入世界前列，推动我国国际地位实现前所未有的提升，党的面貌、国家的面貌、人民的面貌、军队的面貌、中华民族的面貌发生了前所未有的变化"。

（3）我国社会主要矛盾的变迁是中国特色社会主义进入新时代的根本依据。

中共十九大报告指出："中国特色社会主义进入新时代，我国社会主要矛盾已经转化为人民日益增长的美好生活需要和不平衡不充分的发展之间的矛盾。"社会主要矛盾的变化，是新中国成立以来人民生活水平不断提高的必然成果。2017年，我国人均国内生产总值比1978年增长22.8倍，扣除价格因素，年均实际增长8.5%，人均国民总收入超过中等偏上收入国家平均水平，人民生活水平显著提高。人民美好生活需要日益广泛，不仅对物质文化生活提出了更高要求，而且在民主、法治、公平、正义、安全、环境等方面的要求日益增长。我国社会生产力水平总体上显著提高，社会生产能力在很多方面进入世界前列，更加突出的问题是发展不平衡不充分，这已经成为满足人民日益增长的美好生活需要的主要制约因素。

我国社会主要矛盾的变化是关系全局的历史性变化。从原来讲的"物质文化需要"到"美好生活需要"，从解决"落后的社会生产"问题到解决"不平衡不充分的发展"问题，反映了我国社会发展的巨大进步，反映了发展的阶段性要求，也反映了新时代到来后党和国家事业发展的重点新要求。我们要在继续推动发展的基础上，着力解决好发展不平衡不充分问题，大力提升发展质量和效益，更好满足人民在经济、政治、文化、社会、生态等方面日益增长的需要，更好推动人的全面发展、社会的全面进步。

（4）中国特色社会主义进入新时代的外在条件。

中共十八大以来，中国的国际地位和国际影响力明显提升，而美国等西方大国的国际地位和国际影响力逐步下降，"东升西降"态势更加明显。习近平在中央外事工作会议上指出：当前，我国处于近代以来最好的发展时期，世界处于百年未有之大变局，两者同步交织、相互激荡。此后，他又多次重申这个论断。"大变局"是对世界格局、国际力量对比、全球治理体系及治理规则、人类文明发展道路发生重大变迁的重大判断。

当前，世界多极化、经济全球化、社会信息化、文化多样化深入发展，全球治理体系和国际秩序变革加速推进，新兴市场国家和发展中国家快速崛起，国际力量对比更趋均衡。随着全球治理主体和议题日益多元化，以及全球治理规则和理念加速演变，长期以来发达国家“治人”，发展中国家“治于人”的全球治理格局也出现了新的变化。西方发展经验在非西方世界出现“水土不服”，各国根据国情走自己道路的自觉增强。“中国之治”同“西方之乱”形成鲜明对比，中国经验、中国方案在广大发展中国家影响日益扩大。国际形势发生的这些变化，为彰显中国特色社会主义的优势提供了难得机遇，也为中国特色社会主义的发展提供了难得机会，这是中国特色社会主义进入新时代的国际背景。

2. 中国特色社会主义进入新时代的丰富内涵

中国特色社会主义进入新时代，既有充分的客观依据，又有其丰富内涵。中共十九大报告论述了新时代的丰富内涵，同时也为我们展现了新时代坚持和发展中国特色社会主义的“路线图”。

新时代是承前启后、继往开来、在新的历史条件下继续夺取中国特色社会主义伟大胜利的时代。“中国特色社会主义”是改革开放以来中国共产党历次党代会报告的关键词汇，并且经历了从“有中国特色的社会主义”到“有中国特色社会主义”，再到“中国特色社会主义”的变化过程，反映出党和国家对中国特色社会主义认识的深化。中国特色社会主义主要包括中国特色社会主义道路、中国特色社会主义理论、中国特色社会主义制度、中国特色社会主义文化。进入新时代，中共十三大以来历次人民代表大会报告的主题坚定不移高举中国特色社会主义伟大旗帜，推进中国特色社会主义伟大事业，仍是党和国家发展不变的主题和任务。

新时代是进入全面建成小康社会、进而全面建设社会主义现代化强国的时代。中共十八大报告正式提出到2020年全面建成小康社会的目标，中共十九大进一步明确了“两个一百年”的奋斗目标：到建党一百年时，建成经济更加发展、民主更加健全、科教更加进步、文化更加繁荣、社会更加和谐、人民生活更加殷实的小康社会，然后再奋斗三十年，到新中国成立一百年时，基本实现现代化，把我国建成社会主义现代化国家。从中共十九大到中共二十大，是“两个一百年”奋斗目标的历史交汇期。我们既要全面建成小康社会，实现第一个百年奋斗目标，又要乘势而上，开启全面建设社会主义现代化国家新征程，向第二个百年奋斗目标进军。在此基础上，中共十九大对我国从2020年到本世纪中叶的发展作出了两个阶段的安排：第一个阶段，从2020年到2035年，在全面建成小康社会的基础上，再奋斗十五年，基本实现社会主义现代化；第二个阶段，从2035年到本世纪中叶，在基本实现现代化的基础上，再奋斗十五年，把我国建成富强民主文明和谐美丽的社会主义现代化强国，这两个阶段或者说两大任务，正是新时代中国特色社会主义的奋斗目标。

新时代是全国各族人民团结奋斗、不断创造美好生活、逐步实现全体人民共同富裕的时代，共同富裕是社会主义的本质规定和奋斗目标，但共同富裕不是平均主义。共同富裕的内在要求是各地区各民族人民的共同富裕，实现共同富裕的途径是解决好发展不平衡不充分的问题。尽管中国特色社会主义事业取得了巨大成就，人民生活水平有了极大提高，但我国沿海内地、城市乡村、东中西部仍存在发展不平衡不充分的问题，人民生产生活困难亟待解决。新时代面临的重要任务之一，就是解决发展不平衡的问题，解决新时代我国社会主要矛盾，以真正实现共同富裕。

新时代是全体中华儿女勠力同心、奋力实现中华民族伟大复兴中国梦的时代。中国共产党领导革命、建设、改革的过程，就是以人民为主体，实现中华民族伟大复兴的过程。在革命时期，实现中华民族伟大复兴的任务是推翻“三座大山”，实现民族独立、人民解放、国家统一、社会稳定；在建设阶段，实现中华民族伟大复兴的任务是建立符合我国国情的中国特色社会主义政治、经济、文化、社会等方面的制度，推动我国经济社会发展；在改革开放时期，实现中华民族伟大复兴的任务是合乎时代潮流，顺应人民意愿，通过改革开放促进经济社会发展。新时代实现中华民族伟大复兴，需要全体中华儿女勠力同心，不懈奋斗，推动中国特色社会主义事业不断前进。

新时代是我国日益走近世界舞台中央、不断为人类作出更大贡献的时代。2014 年 11 月，习近平在中央外事工作会议上提出构建“有自己特色的大国外交”要求，强调新时代外交的基本原则是“高举和平、发展、合作、共赢的旗帜”，新时代外交的具体任务是“注重阐述中国梦的世界意义，丰富和平发展战略思想，强调建立以合作共赢为核心的新型国家关系，提出和贯彻正确义利观，倡导共同、综合、合作、可持续的安全观，推动构建新型大国关系”。人类命运共同体理念体现了新时代中国共产党和中华民族的大国担当，推动世界形势向和平与发展、合作与共赢方面前进的基本立场。中共十八大以来，我们党和国家提出“一带一路”等一系列倡议，更在事实上粉碎了别有用心之人将中国梦歪曲为“扩张梦”“霸权梦”的论调。

3. 中国特色社会主义进入新时代的重大意义

中国特色社会主义进入新时代，在中华人民共和国发展史、中华民族发展史上有重大意义，在世界社会主义发展史、人类社会发展史上也具有重大意义。这集中体现在中共十九大报告阐述的“三个意味着”。

新时代意味着中华民族迎来了从站起来、富起来到强起来的伟大飞跃，迎来了实现中华民族伟大复兴的光明前景。近代以来，半殖民地半封建的中国，外有西方列强的侵略剥削，内有封建军阀的割据混战，人民惨遭奴役，国家负债累累，贫弱的现实又造成国际地位低下。中国共产党成立后，带领全国各族人民进行新民主主义革命，推翻“三座大山”的压迫，建立了中华人民共和国，为国家富强、民族振兴、人民幸福奠定了基础，随后完成社会主义改造，确立社会主义制度，经济、政治、文化、社会等各项事业得到恢复和发展。改革开放激发了广大人民群众的积极性、主动性、创造性，解放了生产力，促成经济腾飞。新中国成立后特别是改革开放以来，我们党领导人民成功走出了一条中国特色社会主义道路，不仅解决了十几亿人口的温饱问题，而且人民生活水平显著改善，综合国力显著增强，国际地位稳步提升。中华民族不仅站了起来，而且正在富裕起来，中国强起来的步伐不可阻挡。

新时代意味着科学社会主义在21世纪的中国焕发出强大生机活力，在世界上高高举起了中国特色社会主义伟大旗帜。世界社会主义的发展，经历了从空想到科学、从理论到实践、从一国到多国的转变。从世界历史的角度来看，科学社会主义的实践道路并非一帆风顺，苏联解体、东欧剧变，使世界社会主义遭遇重大挫折。在此背景下，西方部分媒体、政要、学者片面否定科学社会主义，“社会主义失败论”“历史终结论”等论调不绝于耳。当今世界，中国无疑是人口最多、地域最广、发展最好、国际影响最大的社会主义国家。中国特色社会主义进入新时代，以强有力的事实驳斥了西方反社会主义的各种论调，是对科学社会主义及其优越性最有力的诠释。原民主德国统一社会党中央总书记埃贡·克伦茨认为:“全世界所有追求真正的社会主义的力量，所有爱好和平的力量，今天都把希望寄托在中国共产党人的肩上。”这说明，中国特色社会主义发展道路、发展成就，赢得了国际社会的认可。

新时代意味着中国特色社会主义道路、理论、制度、文化不断发展，拓展了发展中国家走向现代化的途径，给世界上那些既希望加快发展又希望保持自身独立的国家和民族提供了全新选择。中共十八大报告首次提出“三个自信”的命题，即中国特色社会主义道路自信、理论自信、制度自信。2016年7月1日，习近平在庆祝中国共产党成立95周年大会上的讲话中提出：中国共产党人“坚持不忘初心、继续前进，就要坚持中国特色社会主义道路自信、理论自信、制度自信、文化自信”。“四个自信”是坚持中国特色社会主义的精神支柱和内在动力，也是实现中华民族伟大复兴中国梦的根本保障。中国特色社会主义事业不断发展，到如今全面建成小康社会，即将步入富强民主文明和谐美丽的社会主义现代化强国新征程，一个根本原因就在于形成了自己的道路、理论、制度和文化。

从世界历史发展来看，近现代可供参考和选择的国家发展路径并不多。发展较为成功的仍是少数几个通过殖民、侵略完成资本原始积累而走在世界前列的西方发达国家。当今世界为数众多的广大发展中国家，曾把实现工业化和现代化的希望寄托在走西方发达国家的道路上，但事实教育了它们，使它们对“华盛顿共识”等西式方案不再抱有幻想。近代中国的起点是半殖民地半封建社会，与当前世界绝大部分发展中国家境遇相似，中国现在仍是世界上最大的发展中国家，与广大发展中国家经历过大体相同的发展阶段。中国由“一穷二白”到如今成为世界第二大经济体，长期保持快速稳定的发展，中国的发展道路无疑拓展了广大发展中国家谋求现代化的途径，给它们带来新的希望，提供新的选择。

(二) 如何认识中共十八大以来取得的历史性成就、发生的历史性变革

1. 中共十八大以来取得历史性成就、发生历史性变革的主要体现

中共十八大报告指出，建设中国特色社会主义的总布局是“五位一体”。所谓“五位一体”，即经济建设、政治建设、文化建设、社会建设、生态文明建设统筹推进，协调发展。2014年12月，习近平在江苏调研时，首次提出“协调推进全面建成小康社会、全面深化改革、全面依法治国、全面从严治党，推动改革开放和社会主义现代化建设迈上新台阶”。中共十八大以来，以习近平同志为核心的党中央统筹推进“五位一体”总体布局、协调推进“四个全面”战略布局，“十二五”规划胜利完成，“十三五”规划顺利实施，党和国家事业全面开创新局面。

经济建设取得重大成就。国内生产总值由2012年的51.9万亿元稳步快速增长、2017年首次踏上80万亿元的历史新台阶，当年经济增量折合1.2万亿美元，相当于2016年全球第十四大经济体澳大利亚的经济总量，2019年突破99万亿元，2020年突破100万亿元。2012年我国人均国内生产总值38420元，2019年达到70892元。2012年国家一般公共预算收入11.7万亿元，2019年达到19万亿元，财政实力显著增强。供给侧结构性改革深入推进，经济结构不断优化，新兴产业蓬勃发展，农业现代化稳步推进，城镇化率稳步提高，区域发展协调性增强。创新驱动发展战略大力实施，天宫、蛟龙、天眼、悟空、墨子、大飞机等重大科技成果相继问世。南海岛礁建设积极推进，开放型经济新体制逐步健全。

全面深化改革取得重大进展。习近平指出，“改革开放是决定当代中国命运的关键一招，也是决定实现‘两个一百年’奋斗目标、实现中华民族伟大复兴的关键一招”。中共十八届三中全会审议通过《中共中央关于全面深化改革若干重大问题的决定》，对深化改革进行了顶层设计和战略安排。随后成立的中央全面深化改革领导小组（中共十九大后改为“中央全面深化改革委员会”），对改革进行了具体部署。中共十八大以来，改革全面发力、多点突破、纵深推进，改革的系统性、整体性、协同性增强，重要领域和关键环节改革取得突破性进展，主要领域改革主体框架基本确立。

民主法治建设迈出重大步伐。中共十八大以来，以保证人民当家作主为根本，坚持发展社会主义民主政治。推进全面依法治国，党的领导、人民当家作主、依法治国有机统一的制度建设全面加强，人民代表大会制度、多党合作和政治协商制度、民族区域自治制度、基层群众自治制度等更加健全。党的领导体制机制不断完善，社会主义民主不断发展，党内民主更加广泛，社会主义协商民主全面展开，爱国统一战线巩固发展，民族宗教工作创新推进。科学立法、严格执法、公正司法、全民守法深入推进，法治国家、法治政府、法治社会建设相互促进。2018年3月，十三届全国人大一次会议审议通过《中华人民共和国宪法修正案》，之后对一大批法律法规进行了修改完善，并颁布了《中华人民共和国监察法》等法律法规，中国特色社会主义法律体系日益完善，全社会

法制观念明显增强。国家监察体制改革试点取得实效，行政体制改革、司法体制改革、权力运行制约和监督体系建设有效实施。

思想文化建设取得重大进展。加强党对意识形态工作的领导，党的理论创新全面推进，马克思主义在意识形态领域的指导地位更加鲜明，中国特色社会主义和中国梦深入人心，社会主义核心价值观和中华优秀传统文化广泛弘扬，群众性精神文明创建活动扎实开展。公共文化服务水平不断提高，文艺创作持续繁荣，文化事业和文化产业蓬勃发展，互联网建设管理运用不断完善，全民健身和竞技体育全面发展。主旋律更加响亮，正能量更加强劲，文化自信得到彰显，国家文化软实力和中华文化影响力大幅提升，全党全社会思想上的团结统一更加巩固。在哲学社会科学方面，提出加快构建中国特色哲学社会科学，在指导思想、学科体系、学术体系、话语体系等方面充分体现中国特色、中国风格、中国气派，中国特色哲学社会科学应该体现继承性与民族性、原创性与时代性、系统性与专业性。在思想政治教育方面，先后召开全国高校思想政治工作会议、全国教育大会、学校思想政治理论课教师座谈会。2019 年 3 月 18 日，习近平主持召开学校思想政治理论课教师座谈会时强调，思想政治理论课是立德树人的“关键课程”，办好思想政治理论课“最根本的是要全面贯彻党的教育方针，解决好培养什么人、怎样培养人、为谁培养人这个根本问题”“办好思想政治理论课关键在教师，关键在发挥教师的积极性、主动性、创造性”。

人民生活不断改善。2012 年到 2019 年，是人民生活极大改善和提高的时期，也是社会保障事业、扶贫脱贫事业飞速发展的时期，脱贫攻坚取得决定性进展，6000 多万人口稳定脱贫，贫困发生率从 10.2% 下降到 4% 以下，我国成为世界上减贫人口最多的国家，也是世界上率先完成联合国千年发展目标的国家。粮食年产量连续稳定在 1.3 万亿斤以上，粮食安全得到充分保障。教育事业全面发展，中西部和农村教育明显加强，高等教育进入普及化阶段。就业状况持续改善，城镇新增就业年均 1300 万人以上。人民生活水平极大提高，民用汽车的保有量、出游人次几乎倍增，建成世界上规模最大的社会保障体系，基本医疗保险覆盖超过 13 亿人，基本养老保险覆盖近 10 亿人。截至 2019 年底，全国电话用户总数 179238 万户，其中移动电话用户 160134 万户，移动电话普及率上升至 114.4 部 / 百人，固定互联网宽带接入用户 44928 万用户，全年移动互联网用户接入量 1220 亿 GB。在消费支出中，用于医疗保健、文教娱乐、交通通信等项的支出占 1/3。

生态文明建设成效显著。中共十八大以来，生态文明建设被纳入“五位一体”总体布局，污染防治力度加大，生态环境明显改善。2013 年 9 月，国务院印发《大气污染防治行动计划》，对大气污染防治制定了具体要求。根据 2018 年 5 月生态环境部发布的《2017 年中国生态环境状况公报》，我国 338 个地级及以上城市可吸入颗粒物（PM10）平均浓度比 2013 年下降 22.7%，京津冀、长三角、珠三角区域细颗粒物（PM2.5）平均浓度比 2013 年分别下降 39.6%、34.3%、27.7%。北京市 PM2.5 平均浓度由 2013 年的

89.5 微克 / 立方米降至 58 微克 / 立方米。这一串数字的背后，意味着《大气污染防治行动计划》空气质量改善目标和重点工作任务全面完成。2015 年 4 月，国务院印发《水污染防治行动计划》；2016 年 5 月，国务院印发《土壤污染防治行动计划》，对水、土污染的防治提出了基本要求，制定了基本目标。为了完成污染防治目标，2016 年 12 月，中共中央办公厅、国务院办公厅印发《关于全面推行河长制的意见》。2018 年，全国共明确省、市、县、乡四级河长 30 万余名，设立村级河长 93 万多名，实现了河流水污染治理的责任制。与此同时，田长制近两年也在逐步摸索试点之中。

全面从严治党成效卓著。中共十八大以来，全面加强党的领导和党的建设，形成了党的建设新格局。2012 年 12 月，中共中央政治局召开会议，审议通过改进工作作风，密切联系群众的中央八项规定，即改进调查研究、精简会议活动、精简文件简报，规范出访活动、改进警卫工作、改进新闻报道、严格文稿发表、厉行勤俭节约。此后，整肃“四风”，查处违反中央八项规定成为一项常态性工作，中央纪律检查委员会、国家监察委员会网站长期设置“四风问题”“违反中央八项规定精神问题”的监督举报曝光专区。随着党的群众路线教育实践活动、“三严三实”专题教育活动、“两学一做”学习教育、“不忘初心、牢记使命”主题教育活动的开展，全党政治意识、大局意识、核心意识、看齐意识增强。巡视利剑作用彰显，实现了中央和省级党委巡视全覆盖。在反腐败斗争方面，坚持“打虎”“拍蝇”“猎狐”，不敢腐的目标初步实现，不能腐的笼子越扎越牢，不想腐的堤坝正在构筑，反腐败斗争压倒性态势已经形成并巩固发展。

强军兴军开创新局面。中共十八大以来，着眼于实现中国梦、强军梦，在强军兴军道路上迈出重要步伐，国防和军队建设水平大幅提升，军队组织形态实现重大变革。2013 年 3 月习近平明确提出新形势下的强军目标，即“建设一支听党指挥、能打胜仗、作风优良的人民军队”。其中，听党指挥是灵魂，能打胜仗是核心，作风优良是保证。2014 年 10 月，全军政治工作会议在福建省上杭县古田镇召开，习近平发表重要讲话，强调把理想信念在全军牢固立起来，把党性原则在全军牢固立起来，把战斗力标准在全军牢固立起来，把政治工作诚信在全军牢固立起来。强调坚持党对军队绝对领导是强军之魂，铸牢军魂是我军政治工作的核心任务。随后，习近平在中央军委改革工作会议上要求全面实施强军战略，提出改革军队的一系列举措：推进领导掌握部队和高效指挥部队有机统一，形成军委管总、战区主战、军种主建的格局，优化规模结构和部队编成，推动我军由数量规模型向质量效能型转变，等等。军民融合发展上升为国家战略。进入新时代，人民军队政治生态得到有效治理。加强练兵备战，有效遂行海上维权、反恐维稳、抢险救灾、国际维和、亚丁湾护航、人道主义救援等重大任务，武器装备加快发展，军事斗争准备取得重大进展。人民军队在中国特色强军之路上迈出坚定步伐。

港澳台工作取得新进展。全面准确贯彻“一国两制”方针，牢牢掌握宪法和基本法赋予的中央对香港、澳门全面管治权，深化内地和港澳地区交流合作，保持香港、澳门繁荣稳定。2020 年 6 月 30 日，十三届全国人大常委会第二十次会议表决通过了《中华人民共和国香港特别行政区维护国家安全法》，以切实有效维护国家安全，保障香港长治久安和长期繁荣稳定，确保香港“一国两制”事业行稳致远，坚持一个中国原则和“九二共识”，推动两岸关系和平发展，加强两岸经济文化交流合作，妥善应对台湾局势变化，坚决反对和遏制“台独”分裂势力，有力维护台海和平稳定。

全方位外交深入展开。中共十八大以来，全面推进中国特色大国外交，形成了全方位、多层次、立体化的外交布局。2013 年 9 月和 10 月，习近平在出访中亚和东南亚国家期间，先后提出共建“丝绸之路经济带”和“21 世纪海上丝绸之路”（以下简称“一带一路”）的重大倡议，受到国际社会高度关注。2019 年 4 月，第二届“一带一路”国际合作高峰论坛的成功举行，反映了“一带一路”的国际影响力和产生的实际效果。在习近平倡议下，2015 年 12 月，亚洲基础设施投资银行正式成立，截至 2019 年 7 月 13 日，已拥有 100 个正式成员国，为援助亚太地区国家的基础设施建设奠定了坚实基础。在 2016 年 9 月召开的二十国集团领导人杭州峰会上，“首次全面阐释我国的全球经济治理观，首次把创新作为核心成果，首次把发展议题置于全球宏观政策协调的突出位置，首次形成全球多边投资规则框架，首次发布气候变化问题主席声明，首次把绿色金融列入二十国集团议程”。2017 年 11 月，第七十四届联合国大会第一委员会将中国提出的人类命运共同体理念，写入“防止外空军备竞赛进一步切实措施”和“不首先在外空放置武器”两份安全决议。这表明，人类命运共同体的倡议符合国际社会的普遍期待，新时代中国的国际地位日益提升，中国思想、中国理念得到国际社会广泛认可，为世界和平作出了新的贡献。

2. 中共十八大以来取得历史性成就、发生历史性变革的原因

中共十八大以来之所以能取得历史性成就、发生历史性变革，是以习近平同志为核心的党中央坚强领导的结果，是习近平新时代中国特色社会主义思想科学指引的结果，是全国各族人民共同奋斗的结果。

以习近平同志为核心的党中央的坚强领导。党的领导是中国特色社会主义的本质特征，也是中国特色社会主义制度的最大优势。中共十八大以来取得历史性成就、发生历史性变革，是坚持党的全面领导的结果。在统筹推进“五位一体”总体布局、协调推进“四个全面”战略布局、实践新发展理念的过程中，习近平同志的核心地位和作用日益凸显出来。中共十八届六中全会提出“以习近平同志为核心的党中央”，正式确立了习近平同志在党中央和全党的核心地位，这是全党全军全国各族人民的共同心愿，也是党和国家的根本利益所在。以习近平同志为核心的党中央举旗定向、运筹帷幄，坚持不忘初心，牢记使命，把握时代大势，回应实践要求，有效应对国际国内重大风险和挑战。党中央的坚强领导是党和国家事业取得历史性成就、发生历史性变革的根本政治保障。

习近平新时代中国特色社会主义思想的科学指引。实践需要理论指导，中国共产党人的实践是科学理论指导下的实践。中共十八大以来，以习近平同志为核心的党中央立足长远，顺应时代发展要求和国际社会发展趋势，系统回答了新时代坚持和发展什么样的中国特色社会主义、怎样坚持和发展中国特色社会主义这个重大时代课题，创立了习近平新时代中国特色社会主义思想。以此为指导，党中央对我国经济社会发展进行了顶层设计和精心安排，强化了各项方针政策的执行力，将习近平新时代中国特色社会主义思想转化为发展举措、发展实践，取得历史性成就、发生历史性变革。

全国各族人民的共同奋斗。人民是历史的创造者，是我国经济社会发展的主体。习近平在十三届全国人大一次会议上指出，中国人民是具有伟大创造精神、伟大奋斗精神、伟大团结精神、伟大梦想精神的人民。全国各族人民之所以能团结在一起共同奋斗，一个重要原因在于有实现中华民族伟大复兴的中国梦作为共同的追求，有社会主义核心价值观作为“最大公约数”和“同心圆”。中共十八大以来取得的历史性成就、发生的历史性变革，既凝聚了人民群众的创造和智慧，也是人民群众实践的结果。同时，通过共享发展成果，全国各族人民的凝聚力日益增强，并转化为发展动力，进而推动中国特色社会主义事业不断发展。全党全国各族人民的共同奋斗，是中共十八大以来取得历史性成就、发生历史性变革的力量基础。

（三）如何准确理解构建人类命运共同体

1. 构建人类命运共同体提出的时代背景

“人类命运共同体，顾名思义，就是每个民族、每个国家的前途命运都紧紧联系在一起，应该风雨同舟，荣辱与共，努力把我们生于斯、长于斯的这个星球建成一个和睦的大家庭，把世界各国人民对美好生活的向往变成现实。”

中共十八大报告在说明协调国际关系的“合作共赢”精神时，提出要“倡导人类命运共同体意识”。2013 年 3 月 23 日，习近平在莫斯科国际关系学院演讲时指出：“这个世界，各国相互联系、相互依存的程度空前加深，人类生活在同一个地球村里，生活在历史和现实交汇的同一个时空里，越来越成为你中有我、我中有你的命运共同体。”

人类社会历史发展经验的深刻总结。人类社会历史是在光明与黑暗、文明与野蛮、战争与和平中艰难前行的历史。发生在 20 世纪的两次世界大战，给人类社会带来巨大灾难，留下痛苦记忆。推动构建人类命运共同体，实现更好的发展，消除战争根源，避免战争灾难，是人类的普遍向往和追求。正是基于历史经验的深刻总结和反思，习近平指出：“这 100 多年全人类的共同愿望，就是和平与发展。”构建人类命运共同体是实现人类持久和平、共同发展的价值理想。

应对全球性挑战的现实诉求。当今世界并不太平，世界经济增长乏力，金融危机阴云不散，发展鸿沟日益突出，兵戎相见时有发生，冷战思维和强权政治阴魂不散，恐怖主义、难民危机、重大传染性疾病、气候变化等非传统安全威胁持续蔓延。伴随中国的迅速发展，敌对势力产生了明显的战略焦虑和政治敌意，世界和平面临全新的风险。世界怎么了？世界将向何处去？这是中国领导人一直在思考的问题。构建人类命运共同体是解决国际社会面临的一系列问题、实现全球治理体系变革、确保人类文明永续发展的中国方案。

体现中国作为负责任大国的担当。中国是发展中大国，维护世界和平、促进共同发展，是党和政府的一贯立场和主张。新中国发展历史表明，中国是一个独立自主发展的国家，中国的发展不会给世界带来任何威胁，而是维护国际和平稳定的重要力量，也是构建人类命运共同体的重要力量。同时，中国发展需要和平的国际环境，需要周边地区的安定。构建人类命运共同体，对于促进中国发展、实现中华民族伟大复兴具有重要意义。习近平在中共十九大报告中指出：中国共产党是为中国人民谋幸福的政党，也是为人类进步事业而奋斗的政党。中国共产党始终把为人类作出新的更大的贡献作为自己的使命。人类命运共同体倡议的提出，体现了中国共产党和政府为人类作出更大贡献的担当和努力。

2. 构建人类命运共同体的目标和途径

2015 年 9 月 28 日，习近平在第七十届联合国大会一般性辩论上的讲话指出，打造人类会运共同体，我们需要做出以下努力：建立平等相待、互商互谅的伙伴关系；营造公道正义、共建共享的安全格局；谋求开放创新、包容互惠的发展前景；促进和而不同、兼收并蓄的文明交流；构筑尊崇自然、绿色发展的生态体系。2017 年 1 月 18 日，习近平在联合国日内瓦总部发表演讲时，系统阐述了构建人类命运共同体的主张：坚持对话协商，建设一个持久和平的世界；坚持共建共享，建设一个普遍安全的世界；整持合作共赢，建设一个共同繁荣的世界；坚持交流互鉴，建设一个开放包容的世界；坚持绿色低碳，建设一个清洁美丽的世界。这两次演讲，集中诠释了构建人类命运共同体的目标和途径。

坚持对话协商，建设一个持久和平的世界。维护和平是每个国家应该肩负的责任，没有和平，经济增长、民生改善、社会稳定、人民往来等都会沦为空谈。世界历史发展证明，平等相待、对话协商，才能解决国家之间的分歧和争端，实现携手共进、互利共赢、持久和平。在世界多极化的今天，协商对话的前提是必须构建平等相待、互商互谅的伙伴关系，世界各国一律平等，国际社会要完善协商机制和沟通手段，更好化解纷争和矛盾、消弭战乱和冲突，只有如此，才能建设一个持久和平的世界。

坚持共建共享，建设一个普遍安全的世界。世上没有绝对安全的世外桃源，各国之间的安全相互影响、彼此关联。局部地区的动荡和混乱不仅影响当地经济社会发展和人民福祉，也对其他国家安全和世界发展造成威胁。在世界联系日益紧密的今天，一国的安全不能建立在别国的动荡之上，他国的威胁也可能成为本国的挑战，只有世界安全才能有稳定的国家安全。当前，国际社会应反对一切形式的冷战思维、争霸思维，树立共同、综合、合作、可持续的新安全观。只有共同建设世界的安全格局，才能共同享受安全带来的经济、政治、文化、社会、生态等方面的发展回报。

坚持合作共赢，建设一个共同繁荣的世界。当今世界，发达国家与不发达国家之间差距巨大，必然影响和平与发展大局。大家一起发展才是真发展，可持续发展才是好发展，人类命运共同体归根结底追求的是世界的共同繁荣。共同繁荣需要改变发达资本主义国家在世界体系中将发展中国家作为廉价原料和劳动力供应商，利用剪刀差进行掠夺的现状。共同繁荣需要各国秉承开放精神，互带互助、互惠互利，在此方面，中国倡导的一带一路建设无疑是一个重要平台，中非合作论坛是一个合作共赢、共同发展的典范。

坚持交流互借鉴，建设一个开放包容的世界。文明的多样性是世界的基本特点之一，交流互鉴是文明发展的本质要求。只有同其他文明交流互鉴、取长补短，才能保持旺盛生命活力。文明的多样性孕育着精彩和繁荣，也容易导致冲突和对立。不同文明凝聚不同国家、民族的智慧和历史，没有高低优劣之分，不同文明需要相互尊重才能和平共生，需要彼此交流才能融合进步，需要学习借鉴才能取长补短。促进交流，让不同文化兼收并蓄，让文明多样性成为人类亚洲文明发展的动力而非国家民族冲突的渊源，是构建人类命运共同体的一项重要任务和使命。

坚持绿色低碳，建设一个清洁美丽的世界。人与自然共生共存，人类社会发展的历史，也是认识自然、改造自然的历史。工业化创造了前所未有的物质财富，也产生了难以弥补的生态创伤。在追求发展过程中，各种全球环境问题让人们越来越深刻地认识到以牺牲环境为代价的发展终将得不偿失。2015 年 1 月，习近平出席气候变化巴黎大会时，提出"携手构建合作共赢、公平合理的气候变化治理机制"的主张，总结了中国坚持正确义利观，积极参与气候变化国际合作的举措和成效。构建人类命运共同体，需要解决好发展过程中的环境问题，应该遵循天人合一、道法自然的理念，寻求永续发展之路。

3. 构建人类命运共同体的重要意义

构建人类命运共同体倡议的提出，对于全球治理体系变革产生了重要影响，指明了人类社会发展方向。

构建人类命运共同体倡议体现了中国负责任大国的胸襟抱负。中华人民共和国成立后，始终坚持走和平发展之路，奉行独立自主的外交政策，呼吁构建公正合理的国际政治经济新秩序与平等互利、和平共处的国家关系。中共十八大以来，以习近平同志为核心的党中央积极推动外交理论和实践创新，构建人类命运共同体倡议是对新中国外交思想的总结和升华，既体现了我国外交的一贯原则，也反映了新时代将中国发展与世界发展相统一的全球视野、世界胸怀和大国担当，绘制了中华民族复兴未来走向的理想图景。

构建人类命运共同体倡议反映了全人类的共同价值追求，对全球治理具有重要指导意义。和平、发展、公平、正义等，不仅是中国传统文化的基本价值导向，也是西方乃至全世界人民的共同价值目标。联合国之所以能够得到世界各国的普遍承认，就在于联合国的宗旨包括：维持世界各地和平；发展国家之间的友好关系；帮助各国共同努力，改善贫困人民的生活，战胜饥饿、疾病和扫除文盲，并鼓励尊重彼此的权利和自由等，从根本上反映了各国人民的共同价值追求。构建人类命运共同体倡议以维护世界和平与发展为根本目标，要求各国之间加强协商对话、共建共享、合作共赢，建设持久和平、普遍安全、共同繁荣、开放包容、清洁美丽的世界，其目标取向、基本途径，与联合国的宗旨高度一致，反映了全人类的价值追求。构建人类命运共同体倡议揭示了世界各国相互依存和人类命运紧密相连的客观规律，对全球治理有着重要理论和实践指导意义。

构建人类命运共同体倡议指明了人类社会发展方向。构建人类命运共同体的倡议顺应了和平、发展、合作、共赢的时代潮流，准确把握了世界和人类社会发展趋势，必将深刻影响人类社会的前途命运，为人类社会发展指明前进方向。同时，人类命运共同体倡议符合马克思主义关于解放全人类和造福全人类的宗旨，是对马克思主义共同体理论的创新发展。

（四）怎样夺取新时代中国特色社会主义的伟大胜利

1. 坚持以习近平新时代中国特色社会主义思想为指导

习近平新时代中国特色社会主义思想是在中国特色社会主义进入新时代、科学社会主义迈向新阶段、当今世界经历大变局、中国共产党面临执政新考验的历史条件下形成和发展起来的，回答了新时代坚持和发展什么样的中国特色社会主义、怎样坚持和发展中国特色社会主义的问题，贯穿为人民谋幸福、为民族谋复兴、为世界谋大同的主线，明确了新时代坚持和发展中国特色社会主义的基本问题，阐明了新时代坚持和发展中国特色社会主义的实践要求。习近平新时代中国特色社会主义思想逻辑严密、内涵丰富、博大精深，贯通马克思主义哲学、政治经济学、科学社会主义，贯通历史、现实和未来，贯通改革发展稳定、内政外交国防、治党治国治军等各领域，深化了对共产党执政规律、社会主义建设规律、人类社会发展规律的认识，为发展马克思主义作出了原创性贡献。习近平新时代中国特色社会主义思想彰显着坚定理想信念，展现着真挚人民情怀，贯穿着高度自觉自信，体现着鲜明问题导向，充满着无畏担当精神，是实现“两个一百年”奋斗目标的行动指南。

2. 深入推进党的建设新的伟大工程

办好中国的事情，关键在党。习近平在中共九大报告中指出：伟大斗争、伟大工程、伟大事业、伟大梦想，紧密联系、相互贯通、相互作用，其中起决定性作用的是党的建设新的伟大工程。中国特色社会主义最本质的特征就是坚持中国共产党的领导，没有中国共产党的领导，就没有中国特色社会主义事业的坚持和发展。夺取新时代中国特色社会主义伟大胜利，关键在于推进党的建设新的伟大工程，不断增强党的政治领导力、思想引领力、群众组织力、社会号召力，不断提高党的执政能力和执政水平。2018 年 1 月

5日，习近平在学习贯彻党的十九大精神研讨班开班式上发表重要讲话，提出三个“一以贯之”，其中之一就是“推进党的建设新的伟大工程要一以贯之”，并且强调：“要把新时代坚持和发展中国特色社会主义这场伟大社会革命进行好，我们党必须勇于进行自我革命，把党建设得更加坚强有力。”通过党的自我革命，推进党的建设新的伟大工程，是坚持和发展中国特色社会主义的关键所在。

3. 坚持和完善中国特色社会主义制度、推进国家治理体系与治理能力现代化

2013年11月中共十八届三中全会审议通过的《中共中央关于全面深化改革若干重大问题的决定》提出，全面深化改革的总目标是完善和发展中国特色社会主义制度，推进国家治理体系和治理能力现代化。2019年10月，中共十九届四中全会审议通过《中共中央关于坚持和完善中国特色社会主义制度 推进国家治理体系和治理能力现代化若干重大问题的决定》（以下简称《决定》），围绕全面深化改革总目标作出具体规划和安排，对决胜全面建成小康社会、全面建设社会主义现代化国家，对巩固党的执政地位、确保党和国家长治久安，具有重大而深远的意义。

《决定》强调指出，中国特色社会主义制度和国家治理体系是以马克思主义为指导、植根中国大地、具有深厚中华文化根基、深得人民拥护的制度和治理体系，是具有强大生命力和巨大优越性的制度和治理体系，是能够持续推动拥有14亿人口大国进步和发展、确保拥有5000多年文明史的中华民族实现“两个一百年”奋斗目标进而实现伟大复兴的制度和治理体系。

《决定》明确，坚持和完善中国特色社会主义制度、推进国家治理体系和治理能力现代化的总体目标是：到我们党成立100年时，在各方面制度更加成熟更加定型上取得明显成效；到2035年，各方面制度更加完善，基本实现国家治理体系和治理能力现代化；到新中国成立100年时，全面实现国家治理体系和治理能力现代化，使中国特色社会主义制度更加巩固、优越性充分展现。《决定》聚焦“坚持和巩固什么，完善和发展什么”这个重大政治问题，从中共十九大确立的战略目标和重大任务出发，对需要深化的重大体制机制改革、需要推进的重点工作任务作了全面部署。要认识到，坚持和发展中国特色社会主义的前进道路上，面临重大挑战、风险、阻力和矛盾，对于这些困难和问题认识不到位、方法不得当、应对不及时，将带来灾难性后果。其中，重大风险存在于政治、意识形态、经济、科技、社会、外部环境、党的建设等领域。习近平在学习贯彻党的十九大精神研讨班开班式上的重要讲话中强调，增强忧患意识、防范风险挑战要一以贯之。2019年1月21日，习近平在省部级主要领导干部坚持底线思维着力防范化解重大风险专题研讨班开班式上发表重要讲话时强调，面对波谲云诡的国际形势、复杂敏感的周边环境、艰巨繁重的改革发展稳定任务，我们必须始终保持高度警惕，既要高度警惕“黑天鹅”事件，也要防范“灰犀牛”事件；既要有防范风险的先手，也要有应对和化解风险挑战的高招；既要打好防范和抵御风险的有准备之战，也要打好化险为夷、

转危为机的战略主动战。坚持底线思维，防范化解重大风险，才能避免“黑天鹅”“灰犀牛”事件对中国特色社会主义事业的干扰，进而夺取新时代中国特色社会主义伟大胜利。

中华民族伟大复兴，绝不是轻轻松松、敲锣打鼓就能实现的。同样，要实现新时代的奋斗目标，就必须准备应对许多具有新的历史特点的伟大斗争。当今世界正处于百年未有之大变局，我们党领导的伟大斗争、伟大工程、伟大事业、伟大梦想正在如火如荼进行，改革发展稳定任务艰巨繁重，我们面临着难得的历史机遇，也面临着一系列重大风险考验。胜利实现我们党确定的目标任务，必须发扬斗争精神，增强斗争本领。2019年9月3日，习近平在中央党校（国家行政学院）中青年干部培训班开班式上发表重要讲话，强调共产党人的斗争是有方向、有立场、有原则的，大方向就是坚持中国共产党领导和我国社会主义制度不动摇。凡是危害中国共产党领导和我国社会主义制度的各种风险挑战，凡是危害我国主权、安全、发展利益的各种风险挑战，凡是危害我国核心利益和重大原则的各种风险挑战，凡是危害我国人民根本利益的各种风险挑战，凡是危害我国实现“两个一百年”奋斗目标、实现中华民族伟大复兴的各种风险挑战，只要来了，我们就必须进行坚决斗争，而且必须取得斗争胜利。我们的头脑要特别清醒、立场要特别坚定，牢牢把握正确斗争方向，做到在各种重大斗争考验面前“不畏浮云遮望眼”“乱云飞渡仍从容”。习近平强调，斗争是一门艺术，要善于斗争。他指出，在原则问题上寸步不让，在策略问题上灵活机动。要根据形势需要，把握时、度、效，及时调整斗争策略。要团结一切可以团结的力量，调动一切积极因素，在斗争中争取团结，在斗争中谋求合作，在斗争中争取共赢。

三、案例思考

案例 1

案例呈现

习近平总书记指出：“5年来的成就是全方位的、开创性的，5年来的变革是深层次的、根本性的。”这一重大论断，高度凝练地概括了党的十八大以来党和国家事业取得的历史性成就、发生的历史性变革的深刻内涵。准确认识过去5年来的历史性成就是全方位的、开创性的。这5年党中央统筹推进“五位一体”总布局、协调推进“四个全面”战略布局，坚持和贯彻新发展理念，推动经济建设取得大成就，全面深化改革取得重大突破，民主法治建设迈出重大步伐，思想文化建设取得重大进展，人民生活不断改善，生态文明建设成效显著，强军兴军开创新局面。

港澳台工作取得新进展，全方位外交布局深入展开，全面从严治党成效卓著，党和国家事业全面开创新局面。我们前所未有地走近世界舞台中央，前所未有地接近实现中华民族伟大复兴的目标，前所未有地具有实现这个目标的能力和信心。这 5 年，我国经济保持中高速增长，在世界主要国家中名列前茅，国内生产总值从 54 万亿元增长到 82.7 万亿元，年均增长 7.1%，对世界经济增长贡献率超过 30%。8000 多万农业转移人口成为城镇居民，6000 多万贫困人口稳定脱贫，每年减贫 1300 万人以上，城镇新增就业年均在 1300 万人以上。这些历史性成就大大增强了我国的综合国力、国际影响力和人民获得感、幸福感、安全感，为党和国家事业全面发展奠定了更加坚实的基础，为中国特色社会主义进入新时代作出了开创性贡献。准确认识过去 5 年的历史性变革是深层次的、根本性的。这 5 年，面对国际国内形势的复杂变化，面对党内存在的突出问题，以习近平同志为核心的党中央直面问题，攻坚克难，推动党和国家事业发生历史性变革。党的领导得到全面加强，党的领导被忽视、淡化、削弱的状况得到明显改变；坚定不移贯彻新发展理念，发展观念不正确、发展方式粗放的状况得到明显改变；坚定不移全面深化改革，各方面体制机制弊端制约发展活力和社会活力的状况得到明显改变；坚定不移全面推进依法治国，有法不依、执法不严、违法不究、司法不公问题严重的状况得到明显改变；加强党对意识形态工作的领导，社会思想舆论环境中的混乱状况得到明显改变；坚定不移推进生态文明建设，忽视生态环境保护、生态环境恶化的状况得到明显改变；坚定不移推进国防和军队现代化，人民军队中一度存在的不良政治状况得到明显改变；坚定不移推进中国特色大国外交，我国在国际力量对比中面临的不利状况得到明显改变；坚定不移推进全面从严治党，管党治党“宽松软”的状况得到明显改变。这些历史性变革的力度之大、程度之深、范围之广、成效之卓著，在党的历史、新中国历史、中华民族发展史上都具有极其重要的意义，必将对中国特色社会主义事业的发展产生全局性和根本性的影响。

——中共中央宣传部:《习近平新时代中国特色社会主义思想三十讲》，北京：学习出版社，2018 年版，第 48—50 页

此个案在讲述党的十八大以来的历史性历史成就、历史性变革时可以运用，以加深学生对历史性成就和历史性变革的认识。

案例 2

案例呈现

“习近平新时代中国特色社会主义思想内涵非常丰富。”刘春认为，中国特色社会主义理论体系的不断丰富发展，依托于不断推进的时代潮流、蓬勃生动的中国特色社会主

义实践，紧密结合着历史发展的脉络。他认为，习近平新时代中国特色社会主义思想，用“八个明确”清晰阐明了在新时代坚持和发展什么样的中国特色社会主义，用十四项基本方略具体谋划了怎样坚持和发展中国特色社会主义这一重大时代课题。“‘八个明确、十四个坚持’是习近平新时代中国特色社会主义思想的具体展开和内涵逻辑，从世界观和方法论的高度，系统全面地回答了中国特色社会主义进入新时代后，中国共产党的‘新目标’‘新使命’，面临的‘新矛盾’等一系列带有根本性的问题，与治党治国治军的各方面工作紧密相连，既有理论高度，更具实践价值，将指导我们更好坚持和发展中国特色社会主义。”刘峰认为。

“八个明确从新时代坚持和发展中国特色社会主义的总目标、总任务、总体布局、战略布局和发展方向、发展方式、发展动力、战略步骤、外部条件、政治保证等基本问题破题，阐明了习近平新时代中国特色社会主义思想的深刻内涵，充分体现了理论创新在历史与现实、理论与实践方面的有机结合，把在新时代坚持和发展什么样的中国特色社会主义这一重大问题具体化了。”中国人民大学马克思主义学院教授陶文昭说：“八个明确，是对十八大以来重要理论和实践创新进行的系统化归纳，是习近平新时代中国特色社会主义思想的核心内容，构成了一个完备科学的思想理论体系。”

在“八个明确”中，指明了坚持和发展中国特色社会主义的总任务。在2020年全面建成小康社会的基础上，我们将用两个15年分阶段建成富强、民主、文明、和谐、美丽的社会主义现代化强国。这一新目标的提出，勾画了实现中华民族伟大复兴最后一公里的时间表和路线图。田改伟说：“这让人切身感受到了‘我们比历史上何时期都更接近、更有信心和能力实现中华民族伟大复兴的目标’这一论断是那么真实、可感。十四个坚持是新时代具体领域工作的政策定位。”刘春认为：“十四个坚持，围绕着新时代中国特色社会主义这一基本判断和根本主题，谋划了今后我们要干什么、怎么干、怎么干得更好。十四个坚持之间是彼此依存、相互关联协调、不可分割的关系，形成了一个整体，构成习近平新时代中国特色社会主义思想的方略体系。”“十四个坚持，以新时代中国特色社会主义为圆心，从‘坚持党对一切工作的领导’开始布局，对经济、政治、法治、科技、文化、教育、民生、民族、宗教、社会、生态文明、国家安全、国防和军队、一国两制和祖国统一、统一战线、外交、党的建设等各方面进行谋划，直到以‘坚持全面从严治党压轴，形成了一个逻辑严密的同心圆。”竹立家说，十四个坚持构成了新时代的发展蓝图，既是改革发展的路径，也是改革发展的目标，同时还是改革发展的方法。

——摘自《习近平新时代中国特色社会主义思想何以诞生？》，新华网，2017年10月21日

此个案在讲述习近平新时代中国特色社会主义思想时可以运用，资料中各位专家的观点可以加深学生对习近平新时代中国特色社会主义思想核心内容的理解。

四、实践课堂

实践活动 影视作品赏析

内容

1. 活动主题设计

组织学生观看反映新时代党和国家取得重大成就、发生历史性变革的文献纪录片，撰写观后感，组织讨论并进行课堂汇报。

2. 活动目标

通过撰写观后感，组织讨论并进行课堂汇报：党和国家事业发生怎样的历史性变革？其意义是什么？

3. 活动准备和要求

（1）每个班分成 4 个小组，每组设定 1 个组长，具体负责。

（2）安排学习、搜集相关资料，观看《我和我的祖国》影片。

（3）每个小组成员，按照特长进行任务分工，搜集资料，分组认领不同角度切入点进行分析，课堂汇报保持在 10 分钟左右。

（4）准备时间：2~3 周。

活动实施步骤和过程

1. 参与活动，学习知识

以小组为单位，按抽签顺序依次进行观后感汇报演示。汇报时要求脱稿，并将小组分工加以注明。

2. 总结教学，转化情感

汇报结束后，教师引导学生回顾和总结历史，展望未来。启发学生通过观影“参与”和“活动”，自觉感悟祖国的发展和希望。

评价

1. 根据每个小组准备、演绎过程和总结情况，教师和学生共同打分评出优劣。

2. 本次活动，小组集体计分，作为一次平时成绩。

五、习题训练

一、单项选择题

1. 2012年11月8日至14日，中国共产党第（　）全国代表大会在北京召开。

A. 十六次　B. 十七次　C. 十八次　D. 十九次

2. 2017年10月18日至24日，中国共产党第（　）全国代表大会在北京召开。

A. 十六次　B. 十七次　C. 十八次　D. 十九次

3. 2015年11月，中共中央召开扶贫开发工作会议，提出坚持精准（　）、精准脱贫，坚决打赢脱贫攻坚战，确保到2020年所有贫困地区和贫困人口同全国人民一道迈入全面小康社会。

A. 扶贫　B. 帮贫　C. 助贫　D. 扶贫

4. 2015年4月，县处级以上领导干部（　）专题教育陆续展开。这是党的群众路线教育实践活动的延展深化。

A. “三严三实”　B. “老虎”“苍蝇”一起打
C. “天网”行动　D. “四风”问题

5. 中共十八大以来的五年，我国经济保持中高速增长，国内生产总值从54万亿元增长到82.7万亿元，稳居世界（　），年均增长7.1%。

A. 第一　B. 第二　C. 第三　D. 第四

6. 中共十八大以来的五年，我国全方位外交布局深入展开，形成全方位、（　）、立体化的外交布局，为我国发展营造了良好外部条件。

A. 有层次　B. 全局性　C. 多层次　D. 走出去

7. 党的十九大作出中国特色社会主义进入新时代、我国社会主要矛盾发生新变化的重大政治论断。大会指出，经过长期努力，中国特色社会主义进入了（　），这是我国发展新的历史方位。

A. 新时代　B. 新征程　C. 新挑战　D. 新局面

8. 从十九大召开到2020年，是全面建成小康社会（　）。

A. 规划期　B. 过渡期　C. 完成期　D. 攻坚期

9. 十九大对推进新时代中国特色社会主义伟大事业作出具体部署，指出坚持和完善我国社会主义基本经济制度和分配制度，毫不动摇巩固和发展公有制经济，毫不动摇鼓励、支持、引导（　）发展。

A. 非公有制经济　B. 个体经济
C. 私营经济　D. 集体经济

10．2014 年 8 月，十二届全国人大常委会第十次会议决定，将（　）设立为烈士纪念日。

A. 8 月 15 日　　B. 9 月 10 日　　C. 9 月 20 日　　D. 9 月 30 日

二、多项选择题

1．中共十八大以来，中共中央从坚持和发展中国特色社会主义全局出发，提出并形成了（　）的战略布局，简称“四个全面”战略布局。

A. 全面建成小康社会　　B. 全面深化改革
C. 全面依法治国　　D. 全面从严治党

2．中共十八大以来，中共中央统筹推进“五位一体”总体布局是指：经济建设、（　）五位一体。

A. 政治建设　　B. 文化建设　　C. 社会建设　　D. 生态文明建设

3．2012 年 11 月 8 日至 14 日，中国共产党第十八次全国代表大会在北京召开，指出科学发展观同马克思列宁主义、（　）一道，是党必须长期坚持的指导思想。

A. 毛泽东思想　　B. 邓小平理论
C.“三个代表”重要思想　　D. 和谐社会理论

4．中国共产党第十八次全国代表大会要求，全面提高党的建设科学化水平，以加强党的执政能力建设、先进性和纯洁性建设为主线，建设（　）的马克思主义执政党。

A. 学习型　　B. 服务型　　C. 创新型　　D. 科学型

5．2013 年 11 月，中共十八届三中全会审议通过《中共中央关于全面深化改革若干重大问题的决定》，从经济、政治、文化、（　）方面，具体部署了全面深化改革的主要任务和重大举措。

A. 社会　　B. 生态文明　　C. 国防　　D. 军队

三、材料分析题

材料 1：

1978 年我国做出改革开放的战略决策时，美国《时代》杂志曾质疑说：“他们的目标几乎不可能按期实现，甚至不可能实现。”经过 30 多年的改革开放，我国国内生产总值、外贸进出口总额均已达到世界第二位，经济总量占世界经济的份额提升到 10% 左右，对世界经济增长的贡献率年平均超过 20%。据世界银行统计，我国已进入中高收入国家行列。

在物质文化生活得到提高之后，人民群众对未来期待更高，过去施工建厂，首先考虑的是经济利益，今天引进项目，担心的却是环境污染；过去期盼吃饱穿暖，今天却追求吃得健康、安全；过去梦想有车有房，现在则忧虑 PM2.5 排放。城乡居民收入整体都有提高，但城乡区域发展差距和居民收入分配差距依然较大，近 10 年来中国基尼系数始终处于0.4以上，超出国际公认“警戒线”。这个经济飞速发展、财富不断积累的世界第二大经济体，在创造着“中国式奇迹”的同时，仍有一些“中国式难题”亟待破解。

“改革开放是我们党的历史上一次伟大觉醒，正是这个伟大觉醒孕育了我们党从理论到实践的伟大创造。”习近平在党的十八大之后首次到地方调研就选择了广东，并向深圳莲花山顶的邓小平铜像敬献了花篮。习近平表示，之所以到广东来，就是要到在我国改革开放中得风气之先的地方，现场回顾我国改革开放的历史进程，将改革开放继续推向前行。我们来瞻仰邓小平铜像，就是要表明我们将坚定不移推进改革开放，奋力推进改革开放和现代化建设取得新进展、实现新突破、迈上新台阶。

——摘编自《人民日报》、新华网等

材料2：

1992年，邓小平同志在“南方谈话”中说：“不坚持社会主义，不改革开放，不发展经济，不改善人民生活，只能是死路一条。”回过头来看，我们对邓小平同志这番话就有更深的理解了。所以，我们讲，只有社会主义才能救中国，只有改革开放才能发展中国、发展社会主义、发展马克思主义。

正是从历史经验和现实需要的高度，党的十八大以来，中央反复强调，改革开放是决定当代中国命运的关键一招，也是决定实现“两个一百年”奋斗目标、实现中华民族伟大复兴的关键一招，实践发展永无止境，解放思想永无止改革开放也永无止境，停顿和倒退没有出路，改革开放只有进行时、没有完成时。

——摘自习近平《关于〈中共中央关于全面深化改革若干重大问题的决定〉的说明》

请回答：

1. 如何看待改革开放进程中的“中国式奇迹”与“中国式难题”？
2. 运用社会基本矛盾原理分析为什么“改革开放只有进行时、没有完成时”？

四、论述题

怎样认识中国特色社会主义进入新时代与我国社会主要矛盾的新变化？

参考答案

一、单项选择题

1. C　2. D　3. A　4. A　5. B　6. C　7. A　8. D　9. A　10. D

二、多项选择题

1. ABCD　2. ABCD　3. ABC　4. ABC　5. ABCD

三、材料分析题

1. 在改革开放的进程中，我们既取得了辉煌的“中国式奇迹”：经济平稳较快发展；综合国力大幅提升，改革开放取得重大进展；农村综合改革、集体林权制度改革、国有企业改革不断深化，非公有制经济健康发展；开放型经济达到新水平，进出口总额跃居世界第二位；人民生活水平显著提高；民主法制建设迈出新步伐；文化建设迈上新台阶；社会建设取得新进步。这些成就都是改革开放取得的辉煌成果。

同时，必须清醒看到，我们的工作中还存在许多不足，前进道路上还有不少困难和问题。发展中不平面、不协调，不可持续问题依然突出，科技创新能力不强，产业结构不合理，农业基础依然薄弱，资源环境约束加剧，制约科学发展的体制机制障碍较多，深化改革开放和转变经济发展方式任务艰巨；城乡区域发展差距和居民收入分配差距依然较大，社会矛盾明显增多，教育、就业、社会保障、医疗、住房等关系群众切身利益的问题较多，部分群众生活比较困难；一些领域存在道德失范、诚信缺失现象；少数党员干部理想信念动摇、宗旨意识淡薄，形式主义、官僚主义问题突出，奢侈浪费现象严重，反腐败斗争形势依然严峻。对这些困难和问题，我们必须高度重视，通过进一步改革，认真加以解决。

2. 我国社会主义改造完成以后，社会主义社会的基本矛盾仍然是生产力和生产关系之间的矛盾、上层建筑和经济基础之间的矛盾，它们表现在社会生活的各个方面，是推动社会主义社会不断前进的根本动力。这就决定了我们必须通过改革推动社会发展。

社会主义社会的基本矛盾性质是非对抗性的，具有“又相适应又相矛盾”的特点，可以通过社会主义制度本身即改革解决社会基本矛盾。也就是说，我们既不能走封闭僵化的老路，也不能走改旗易帜的邪路，只能走中国特色社会主义道路。改革是社会主义制度的自我完善和发展，必须坚持社会主义方向。全面深化改革，必须立足于“我国长期处于社会主义初级阶段”这个最大实际，坚持“发展仍是解决我国所有问题的关键”这个重大战略判断，以经济建设为中心，发挥经济体制改革牵引作用，推动生产关系同生产力、上层建筑同经济基础相适应，推动经济社会持续健康发展。

问题就是矛盾。社会主义社会的基本矛盾是推动社会主义社会不断前进的根本动力。改革是由问题倒逼而产生，又在不断解决问题中得以深化。改革开放是坚持和发展中国特色社会主义的必由之路。没有改革开放，就没有中国的今天，也就没有中国的明天。“改革开放是项长期的、艰巨的、繁重的事业，必须一代又一代接力干下去。旧的问题解决了，新的问题又会产生”，发展永无止境、实践永无止境，认识也永无止境。“改革开放只有进行时、没有完成时”。

四、论述题

鸦片战争后中国社会的主要矛盾是帝国主义和中华民族的矛盾、封建主义和人民大众的矛盾。在社会主义改造基本完成以后，主要矛盾是人民日益增长的物质文化需要同落后的社会生产之间的矛盾。

1981年，党的十一届六中全会通过的“历史决议”对我国社会主要矛盾作了规范的表述：“在社会主义改造基本完成以后，我国所要解决的主要矛盾，是人民日益增长的物质文化需要同落后的社会生产之间的矛盾。”

中国特色社会主义进入新时代，我国社会主要矛盾已经转化为人民日益增长的美好生活需要和不平衡不充分的发展之间的矛盾。人民美好生活需要日益广泛，不仅对物质文化生活提出了更高要求，而且在民主、法治、公平、正义、安全、环境等方面的要求也日益增长。同时，我国社会生产力水平总体上显著提高，社会生产能力在很多方面进入世界前列，但更加突出的问题是发展不平衡不充分，这已经成为满足人民日益增长的美好生活需要的主要制约因素。

新时代中国社会主要矛盾的变化是关系全局的历史性变化。这一变化不仅是巨大的，也是极为深刻的，要求我们在继续推动发展的基础上，着力解决好发展不平衡不充分的问题，大力提升发展质量和效益，更好满足人民在经济、政治、文化、社会、生态等方面日益增长的需要，更好推动人的全面发展、社会全面进步。

中国社会主要矛盾的变化，没有改变中国正处于并将长期处于社会主义初级阶段的基本国情。中国发展必须立足于社会主义初级阶段这个最大实际，牢牢坚持党的基本路线，以经济建设为中心，坚持四项基本原则，坚持改革开放，自力更生，艰苦创业，为把我国建设成为富强民主文明和谐美丽的社会主义现代化强国而奋斗。

后 记

本书是“中国近现代史纲要”课程一线教师集体合作完成的成果。由宁波工程学院马克思主义学院张新光负责丛书主编，陈园园负责该实践教程主编，各个章节内容由编写者本人定稿。具体编写分工是：迟青峰博士，第一、二、三章；张弘毅博士，第四、五章；陈园园副教授，第六、七、八（部分）章；张岩竹老师，第八（部分）、九、十章。

本书在编写过程中，严格遵循高等教育出版社出版的全国统编教材《中国近现代史纲要（2021 版）》的基本观点，并努力借鉴、学习、包容、吸收了学术界最新观点和前人的研究成果，也得到了宁波工程学院韩玉、陈红、赵静的支持。教程编写得到了浙江省和宁波市高校思政名师工作室（张新光）、“宁波市新时代思想政治理论与实践研究基地”“宁波工程学院融合创新教学团队”“高校思想政治‘三课堂’联动实践育人研究”项目的经费资助。在此对以上提供支持和帮助的老师表示衷心的感谢。

编 者

2021 年 12 月 10 日

版权声明

（联系电话：010-60206144；邮箱：2033489814@qq.com）